WOLFGANG KÜENTZLE

Die Haftung für Verkehrsunfälle im französischen und deutschen Recht

Schriften zum Völkerrecht

Band 32

Die Haftung für Verkehrsunfälle im französischen und deutschen Recht

Ein Vergleich der Grundlagen, Rechtsprechung und Dogmatik des französischen und deutschen Verkehrshaftpflichtrechts

Von

Dr. Wolfgang Küentzle

DUNCKER & HUMBLOT / BERLIN

Gedruckt: 1974 bei Feese & Schulz, Berlin 41
Printed in Germany
ISBN 3 428 03038 9

Vorwort

Die nachfolgende Arbeit hat im WS 1971/72 der Juristischen Fakultät der Universität Heidelberg als Dissertation vorgelegen. Die Anregung zu einer Beschäftigung mit dem Thema und den sich daraus ergebenden Problemstellungen stammt von meinem verehrten Lehrer, Herrn Prof. Dr. Weitnauer, dem ich hier für seine hilfreiche Kritik besonderen Dank sagen möchte. Herrn Ministerialrat a. D. Dr. Broermann danke ich für die bereitwillige Aufnahme in die „Schriften zum Völkerrecht".

Inhaltsverzeichnis

Drittes Kapitel

Die Entlastungsgründe 60

Viertes Kapitel

Die teilweise Entlastung 115

Fünftes Kapitel

Einleitung

In den letzten Jahren haben zahlreiche Projekte und sonstige Anregungen die Diskussion um eine Reform des Verkehrshaftpflichtrechts auch in Frankreich und Deutschland neu belebt[1].

Gerade in Frankreich hat sich die in ihren Ansätzen zunächst nur punktuelle Kritik an Unzulänglichkeiten des geltenden Haftpflichtrechts inzwischen zur Grundsatzkritik am gesamten System ausgeweitet. Im französischen Recht fehlt allerdings bis zum heutigen Tag jede Spezialregelung für die Behandlung der haftungsrechtlichen Fragen von Verkehrsunfällen. Grundlage der geltenden Regelung bilden nach wie vor die Artikel 1382 und 1384 § 1 des Code civil in ihrer seit 1804 nur unmaßgeblich veränderten Fassung und in der Auslegung, welche sie durch die Rechtsprechung erfahren haben[2].

Ein Großteil der französischen Reformer begnügt sich heute nicht damit, mittels Vorschlägen zu einer Kodifizierung der haftungsrechtlichen Grundsätze Unklarheiten und Abgrenzungsprobleme auf dem Boden des praktizierten Rechts zu beseitigen. Insbesondere Tunc, dessen Reformschrift „La sécurité routière" unter dem Namen „Projekt Tunc" nicht nur in Frankreich Aufsehen erregt hat, sieht in der grundsätzlichen Beibehaltung der bisherigen haftungsrechtlichen Konzeption keine Möglichkeit mehr, den Schutz der Unfallopfer auf sachgerechte Weise zu gewährleisten.

---

[1] Vgl. für das franz. Recht insbes.: *Bedour*, Pour un droit spécial; *Blaevolet*, D 1966. chron. 113; *Carbonnier* II, § 170; *Marty*, Rev. dr. contempor. 1966, Nr. 1, 79; *Toulemon* et *Moore*, Gaz.Pal. 1966.2.120 ff.; *Tunc*, La sécurité routière; ders., Traffic Accident Compensation in France; ders. Droit social 1967, 71 ff. (mit anschließender Stellungnahme verschiedener Autoren zum „Projet Tunc"); ders., Rev. trim. dr. civ. 1967, 82 ff.; ders., Anm. D 1969.1.127; für das deutsche Recht sei verwiesen auf die Veröffentlichungen von: *Bloembergen*, DRiZ, 34; *Deutsch*, JZ 1968, 721; *Güllemann*, Ausgleich von Verkehrsunfallschäden; *Hauss*, Vers.Wiss. 1967, 151; *Hippel*, NJW 1967, 1729; ders., Schadenausgleich; *Kämmer*, Vers.Wiss. 1967, 169; VersR 1967, 12; *v. Marschall*, Reflexschäden, S. 191 ff.; ders., VersR 1968, 509; *Müller-Stüler*, S. 75 ff.; *Rasehorn*, DAR 1960, 107 ff.; *Weitnauer*, Rev. int. dr. comp. 1967, 821 ff.; ders., DB 1968, 879 ff.; *Weyers*, Unfallschäden, S. 149 ff.; wegen weiterer Nachweise früherer Reformpläne s. *Güllemann*, S. 86 ff.; vgl. aber auch *Borgmann*, ZRP 1973, 53 f.

[2] Art. 1382 C. c. lautet: „Tout fait quelconque de l'homme qui cause à autrui un dommage, oblige celui par la faute duquel il est arrivé à le réparer." Art. 1384 §1 C.c. lautet: „On est responsable non seulement du dommage que l'on cause par son propre fait, mais encore de celui qui est causé par le fait des personnes dont on doit répondre, ou des choses que l'on a sous sa garde."

Als Gründe dafür, daß ganz neue Wege zu beschreiten seien, nennt Tunc den Umstand, daß der traditionelle Verschuldensbegriff als Anknüpfungspunkt für die Begründung der Ersatzpflicht problematisch geworden sei[3], und die Fragwürdigkeit, die speziell die Anwendung des klassischen Verschuldensbegriffes auf das Verhalten im heutigen Straßenverkehr mit sich bringe; des weiteren das Argument, daß der haftpflichtversicherte Kraftfahrer ohnedies nicht für den von ihm verursachten Schaden einstehen müsse, und die soziale Ungerechtigkeit, die darin gegenüber den nichtversicherten Unfallbeteiligten liege; schließlich die Tatsache, daß ein größerer Teil von schutzwürdigen Unfallopfern leer ausgehe, und nicht zuletzt die mangelhafte Koordination von Unfallhaftpflichtversicherung und Sozialversicherung[4].

Eines der „dunkelsten Kapitel" stellen für Tunc die Kosten der gegenwärtigen Regelung dar, die mitunter ein Heer von Juristen über viele Jahre hinweg beschäftige, während das Unfallopfer auf seine Entschädigung warte[5].

Tunc schlägt daher vor, daß, von gewissen, exakt bestimmbaren Ausnahmen abgesehen, sämtliche Unfallbeteiligte ohne Rücksicht auf ihr Verschulden im Einzelfall entschädigt werden und auch nur im Falle einer strafrechtlichen Verurteilung der Versicherung gegenüber regreßpflichtig werden sollen. Rechtsbeziehungen der Schädiger untereinander sollen dabei entfallen[6].

Tuncs Projekt, das allerdings vor dem letzten Schritt einer Überleitung der Haftpflichtversicherung in eine der Sozialversicherung entsprechende Unfallversicherung innehält, läßt sich in eine Serie von weiteren Reformvorschlägen einreihen, die von Verbesserungen der Leistungen des in Frankreich geschaffenen Garantiefonds[7] bis zur Absorption des zivilrechtlichen Entschädigungssystems durch die „sécurité sociale" reichen[8].

In Deutschland hat besonders Eicke von Hippel Tuncs Ideen aufgegriffen[9], wobei er die von Tunc vermiedene Lösung einer zentralisierten

---

[3] Es sei hier mit Tunc auf die in Frankreich vielbeachtete Arbeit von Geneviève *Viney* „Le déclin de la responsabilité civile" verwiesen; für das deutsche Recht ist insbesondere auf *Esser* hinzuweisen, der in der 1941 erschienenen Schrift „Grundlagen und Entwicklung der Gefährdungshaftung" in einem Aufsatz, JZ 1953, 129, und in seinem Lehrbuch, Schuldrecht II, §§ 201, 204, auf Degenerationserscheinungen des Schadenersatzrechtes aufmerksam macht. Vgl. auch die jüngst erschienene umfangreiche Untersuchung von *Weyers*, Unfallschäden, insbes. S. 635 ff.

[4] Vgl. *Tunc*, insbes. in „La sécurité routière".

[5] Vgl. *Tunc*, insbes. Anm. D 1969, 124 ff.

[6] Vgl. *Tunc*, La sécurité routière, Rdz. 42 - 81.

[7] So z. B. *Touleman* und *Moore* Gaz.Pal. 1966. doctr. 120 ff.

[8] So *Carbonnier* II, § 170.

[9] So *v. Hippel*, Schadenausgleich.

Organisation der Versicherung in privat- oder öffentlichrechtlicher Form fordert[10]. In ihrer Spannbreite nicht weit entfernt liegen auch die Vorstellungen Güllemanns[11], der zugleich über die amerikanischen Projekte referiert.

Es kann nicht Gegenstand der vorliegenden Arbeit sein, den im einzelnen entstandenen Projekten kritisch nachzugehen und ihre Vorzüge und Nachteile gegeneinander abzuwägen. Aus dem Kreis der erwähnten Faktoren, die insbesondere in Frankreich den Boden für die Aufnahme einer Reformdiskussion geebnet hatten, sei im wesentlichen der eine herausgegriffen und im Hinblick auf die Situation in Deutschland kritisch beleuchtet, der zugleich das auslösende Moment für das Anwachsen der Kritik geworden war: die Frage nach dem Standpunkt und der inneren Geschlossenheit des praktizierten Rechts.

---

[10] Vgl. insbes. S. 118 aaO.

[11] *Güllemann*, Ausgleich von Verkehrsunfallschäden. Vgl. insbes. die Zusammenfassung S. 162 - 165.

Erstes Kapitel

Gesetzliche Grundlagen der Haltung für Kfz-Schäden

In einem ersten Kapitel soll die jeweilige gesetzliche Grundlage für eine Ersatzpflicht des Kraftfahrzeughalters aufgezeigt werden und — soweit sinnvoll — in ihre Entstehungsgeschichte gestellt werden. Auf die Darstellung von Art. 1382 bzw. 1383 des Code civil und des § 823 BGB, die sich in etwa entsprechen, wird dabei verzichtet. Da die Anwendung dieser Regelungen jeweils voraussetzt, daß der Geschädigte dem Schädiger ein Verschulden bei der Zufügung des Schadens nachweist, spielen sie im Bereich des Verkehrshaftpflichtrechts, das eine Ersatzpflicht — zumindest für Personen- und Sachschäden — auch unter weniger engen Voraussetzungen statuiert, praktisch nur eine subsidiäre Rolle[1]. Desgleichen soll auch eine Erörterung des § 18 StVG, der im französischen Recht kein Gegenstück hat, unterbleiben.

Ausgangspunkt der vorliegenden Betrachtung ist somit die der Halterhaftung des französischen Rechts zugrunde liegende Regelung des Art. 1384 § 1 C.c. und des im deutschen Recht zur Anwendung kommenden § 7 StVG.

§ 1 Das französische Recht (Art. 1384 § 1 C.c.)

I. Art. 1384 § 1 C.c.; seine „Entdeckung" und Interpretationsmöglichkeiten

Die Problematik des Art. 1384 § 1 C.c. zeigt sich bereits bei dem Versuch, die Norm in ihrem systematischen Zusammenhang mit den sonstigen Regelungen des 4. Titels des 3. Buches des Code civil zu begreifen.

Während eines fast 100 Jahre dauernden ersten Zeitabschnitts, als noch keine rasch wachsende Technisierung nach neuen, für den Verletzten günstigeren Haftungsgrundsätzen verlangte, wurde Art. 1384 § 1 C.c. von den Juristen kaum beachtet. Man sah hier nur die unverbindliche Formulierung eines allgemeinen Prinzips, das im einzelnen erst von den fol-

---

[1] Im deutschen Recht wird die Regel des § 823 BGB dann wichtig, wenn der Schaden die in § 12 StVG genannten Höchstbeträge überschreitet oder wenn Schmerzensgeld nach § 847 BGB verlangt wird.

genden Absätzen und den Artikeln 1385 und 1386 C.c. ausgeformt wurde[2]. Zu dieser Ansicht fühlte man sich insbesondere mit der im Jahre 1871 von dem Brüsseler Zivilgerichtshof getroffenen Feststellung berechtigt, daß, wenn der Gesetzgeber dem Begriff „chose" eine über die Erfassung von Tieren und einstürzenden Gebäuden hinausgehende und zusätzliche Bedeutung hätte zuerkennen wollen, er sicherlich für die dann verbleibende Materie einen Spezialtext ausgearbeitet hätte[3].

Es gab jedoch auch Autoren, die — wie Laurent[4] — schon damals eine gegenteilige Ansicht vertraten. Sie gingen davon aus, der erwähnte Artikel enthalte in seinem ersten Paragraphen eine völlig eigene Regelung für den „fait de la chose". Deren Bedeutung liege darin, daß der durch den „fait" einer Sache Geschädigte davon befreit sei, ein Verschulden dessen beweisen zu müssen, der die schadenstiftende Sache in seiner Obhut („garde") gehabt habe.

Es vergingen allerdings noch Jahrzehnte, bis der Wert dieser Theorie anerkannt und die Vorstellung von einem Eigenwert der Regelung des Art. 1384 § 1 C.c. insbesondere von Josserand dogmatisch ausgeformt und auf dem Gesetzeswortlaut ein eigenes Haftungssystem errichtet wurde[5]. Ohne daß hier im einzelnen auf die verschiedenen Entwicklungsstufen, die zur Ausgestaltung jener Theorien führten, eingegangen werden kann[6], sei jedoch hervorgehoben, daß die Entwicklung einer eigenen Haftungskonzeption zu Art. 1384 § 1 C.c. fraglos mehr von den Forderungen einer sich rasch wandelnden sozialen Wirklichkeit als durch eine exakte Interpretation des vom Gesetzgeber geschaffenen Textes diktiert wurde. Einer ernsthaften Textinterpretation wird nur die vom Brüsseler Gerichtshof ausgesprochene These gerecht.

So läßt sich in Art. 1384 § 1 C.c. nur dann ein autonomes Haftungsprinzip entdecken, wenn man den ersten Paragraphen des Artikels vom übrigen Text isoliert betrachtet. Im Zusammenhang mit dem folgenden Text gelesen, ergibt sich aus § 1 des Artikels nur ein Hinweis auf den Inhalt der

---

[2] Art. 1385 und 1386 C. c., die die Haftung für den „fait d'animaux" und den „fait de bâtiments en ruine" betreffen, lauten:

Art. 1385 C. c.: „Le propriétaire d'un animal, ou celui qui s'en sert, pendant qu'il est à son usage, est responsable du dommage que l'animal a causé, soit que l'animal fût sous sa garde, soit qu'il fût égaré ou échappé."

Art. 1386 C. c.: „Le propriétaire d'un bâtiment est responsable du dommage causé par sa ruine, lorsqu'elle est arrivée par une suite du défaut d'entretien ou par le vice de sa construction."

[3] So Belgique judiciaire 1871, col. 758.

[4] *Laurent*, Principes, Bd. 20, Rdz. 639.

[5] Zu dieser ersten Entwicklung des Art. 1384 § 1 C.c.: Vgl. insbes. *Mazeaud/Tunc* II, Nr. 1140 ff., S. 108 ff.; *Mazeaud*, Traité II, Nr. 1140 ff., S. 194 ff.; H. L. J. *Mazeaud*, Leçons II, S. 450 ff.; *Capitant*, DH 1927, 49 ff.; *Gorphe*, Rev. crit. 1931, 177 ff.

[6] Vgl. dazu ausführlicher *Bürger*, Der Art. 1384 § 1 C.c., S. 18 ff.

folgenden Paragraphen und der Artikel 1385 und 1386 des Code civil, die die Haftung für Kinder, Angestellte, Schüler und Lehrlinge betreffen, sowie die Tierhalterhaftung und die Haftung für einstürzende Gebäude regeln.

Rechtsprechung und Dogmatik sind sich heute darin einig, daß der Textteil des Art. 1384 § 1 C.c.: „on est responsable ... du fait ... des *personnes*, dont on doit répondre[7]" das Grundprinzip ist, das in den Paragraphen 2, 3, 4 und 5 des Art. 1384 § 1 C.c. spezifiziert wird[8]. Es ist nun aber kaum einzusehen, daß der auf die Sachen bezogene Textteil des Artikels —„on est responsable ... du dommage ... causé par le fait ... des *choses* que l'on a sous sa garde" — nicht ebenfalls in entsprechender Weise auf die nachfolgenden zwei Artikel Bezug nehmen soll. Der Richtigkeit dieser Überlegung läßt sich auch nicht ernsthaft entgegensetzen, das Wort „garde" könne sich nicht nur auf Tiere, sondern auf alle — also auch auf alle unbelebten — „Sachen" beziehen[9], oder auch, das Wort „chose" umfasse eben sämtliche unbelebte „Sachen" in gleichem Maße wie Tiere[10].

Aus den Vorarbeiten zum Gesetz ergibt sich ebenfalls nichts, was darauf schließen lassen könnte, der Gesetzgeber habe bei Schaffung des Textes 1384 § 1 C.c. an mehr als an Tiere und einstürzende Gebäude gedacht, als er das Wort „chose" als Oberbegriff voranstellte[11].

Es soll hier auf der anderen Seite aber auch nicht unterschlagen werden, daß der Gesetzgeber im Gesetz vom 7. 11. 1922 Art. 1384 § 1 C.c. als unabhängige Regelung vorausgesetzt hatte und damit die Norm im klaren Widerspruch zu den Vorstellungen des früheren Gesetzgebers interpretierte. Das Gesetz vom 7. 11. 1922, das unmittelbar an Art. 1384 § 1 C.c. angefügt wurde, stellt für die Fälle des Hausbrandes eine Spezialregelung dar, derzufolge der Verletzte den Nachweis einer „faute" auf seiten des Halters erbringen muß[12]. Da insbesondere das Wort „toutefois" ein-

---

[7] Sperrung vom Verfasser.

[8] Nachweise und Einzelheiten bei: *Mazeaud/Tunc* II, Nr. 1144, S. 111 ff.; *Mazeaud*, Traité II, Nr. 1144, S. 199 ff.

[9] So aber *Josserand*, DH 1930, chron. 5 ff.

[10] Vgl. *Matter*, concl. unter Cass. ch. réun., D 1930.1.66.

[11] Vgl. hierzu séance du 9 pluviôse, an XII, séance du 16 pluviôse, an XII, séance du 19 pluviôse, an XII, jeweils in Locré, Bd. 13, sowie die Ausführungen in diesem Bericht und insbes. den Vortrag von Bertrand de Greuille; es sei hier insbes. auch an die Ausführungen von Tarrible (séance du 19 pluviôse, an XII, S. 58 ff.) erinnert, der die Haftung für die Handlungen Dritter als besonders wichtig herausstellt; aus seinem Vortrag geht zweifelsohne hervor, daß er nicht im geringsten an die Existenz eines Problems, wonach zwischen „fait de la chose", „fait d'animaux" und „bâtiments en ruine" zu unterscheiden sei, dachte.

[12] Das Gesetz lautet: „Toutefois, celui qui détient à un titre quelconque, tout ou partie de l'immeuble ou des biens mobiliers dans lesquels un incendie a pris naissance, ne sera responsable, vis-à-vis des tiers, des dommages causés par cet incendie que s'il est prouvé qu'il doit être attribué à sa faute ou à la faute des personnes dont il est responsable.

deutig auf eine Ausnahme gegenüber einem Grundprinzip hinweist, muß dieses Grundprinzip offensichtlich in Art. 1384 § 1 C.c. geregelt sein[13].

Die Frage, inwieweit es möglich war, durch Fixierung von Ausnahmeregelungen eine bisher fehlende Regelung konkludent mitzuschaffen, kann hier unbeantwortet bleiben. Wichtig schien es dagegen zu zeigen, wie wenig die heutige Interpretation des Textes in ihm selbst angelegt wurde. So besteht die Gefahr, daß die Möglichkeit, sich zwecks Rechtfertigung bestimmter Theorien auf den Text berufen zu können, stets mehr oder weniger das Ergebnis des Zufalls ist. Gerade weil Geist und Absicht des Gesetzgebers von 1804 von der heutigen Betrachtungsweise verschieden waren, stehen wir hier einer Norm gegenüber, die sich im Lichte neuzeitlicher Interpretation zumindest unvollendet und ungenau darstellt und damit allen speziellen Interpretationsproblemen Vorschub leistet.

Es dürfte damit zugleich verständlich geworden sein, wie es möglich ist, daß sich seit dem Zeitpunkt, in dem man Art. 1384 § 1 C.c. als unabhängige Haftungsregelung begriff, zwei völlig gegensätzliche Theorien gegenüberstehen: die klassische Theorie der „faute" und die Risikotheorie, wobei beide Theorien gleichermaßen für sich den Gesetzeswortlaut in Anspruch nehmen und, wie treffend gesagt wurde: „font de celui leur terrain de lutte"[14].

II. Die „faute"-Theorie

Die Verfechter der „faute"-Theorie behaupten, daß die „faute" Grundlage der Artikel 1384 und 1385 C.c. sei. Zwar sei der Geschädigte auf Grund dieser zwei Artikel nicht verpflichtet, selbst eine „faute" des Schädigers nachzuweisen, jedoch folge dessen Haftung aus der widerlegbaren Vermutung, daß er eine „faute" bei der Überwachung der Sache begangen habe. Die Existenz einer „faute" auf seiten des Halters soll also notwendige Bedingung für dessen Haftung sein, womit sich die spezielle Bedeutung der beiden Artikel im wesentlichen in einer Umkehrung der Beweislast erschöpft[15].

Es sei in diesem Zusammenhang darauf hingewiesen, daß der Begriff „faute„ inhaltlich nicht mit dem, was wir im Zivilrecht unter Verschulden

Cette disposition ne s'applique pas aux rapports entre propriétaires et locataires, qui demeurent régis par les articles 1733 et 1734 du Code civil."

[13] I. d. S. *Mazeaud*, Traité II, Nr. 1145, S. 200; *Capitant*, D H 1927, chron., 49; *Demogue*, Traité V, Nr. 1120; *Josserand*, Cours II, Nr. 533; *Lalou*, Traité, Nr. 1185; *Matter*, Concl. unter Cass. ch. réun. 13. 2. 1930, D. 1930.1.67.

[14] So *Mazeaud/Tunc* II, Nr. 1303, S. 319.

[15] So z. B. *Capitant*, D H 1927, chron., 49; ders., D H 1930, chron., 29; *Planiol*, Rev. crit. lég. et jur. 1906, 80; *Esmein*, Anm. S 1930.1.121; *Colin/Capitant* II, Nr. 335, 357, 367 f.

verstehen, identisch ist. Die „faute" umfaßt nach der überwiegenden Auffassung in der französischen Lehre sowohl ein objektives wie auch ein subjektives Moment. Sie beinhaltet zunächst die Verletzung einer Verpflichtung („obligation", „devoir")[16], wobei aber dann diese wiederum dem Handelnden vorwerfbar sein muß („imputable à son auteur", oder „sujet à reproche")[17].

Eine wesentliche Ursache der Schwierigkeiten, Kriterien für die objektiven Voraussetzungen der „faute" zu finden — was aus unserer Sicht in etwa die Feststellung der im französischen Deliktrecht unbekannten Rechtswidrigkeit beinhaltet —, liegt darin, daß das Gesetz in Art. 1382 und 1383 C.c. die Ersatzpflicht nicht auf die Verletzung bestimmter Rechtsgüter beschränkt, sondern nur an die Verursachung irgendeines Schadens anknüpft[18]. Damit entfällt die Möglichkeit, von der Indizwirkung einer ganz bestimmten Rechtsgutsverletzung für die Rechtswidrigkeit des Verhaltens auszugehen[19]. Die von der Lehre angebotenen Lösungsvorschläge und Systeme weichen dementsprechend stark voneinander ab[20].

Auch bei der Bestimmung des subjektiven Kriteriums der Vorwerfbarkeit der Handlung besteht keine Einigkeit. Hier hat sich jedoch eine herrschende Meinung gebildet, die — wie es auch bei uns geschieht — die Vorwerfbarkeit nach abstrakten Kriterien bestimmt. So soll eine Handlung dann vorwerfbar sein, wenn ein „homme avisé" oder der „bon père de famille" sich an Stelle des Handelnden anders verhalten hätte[21].

Die Rechtsprechung hat sich in allgemeiner Weise nie zu einem bestimmten Verschuldensbegriff bekannt. Jedoch wird in der Tatsache,

---

[16] *Savatier*, Traité I, Nr. 4 und *Rodière*, La Responsabilité, Nr. 1395 sprechen jeweils von ‚devoir'.

[17] I. d. S. *Planiol/Ripert/Esmein* VI, Nr. 477; *Aubry/Rau/Esmein* VI, Nr. 444 bis, S. 425; Ripert in Dalloz, Repertoire de droit civ. sub verbo „faute"; *Demogue*, Traité III, Nr. 225.

[18] Art. 1382 C.c. lautet: „Tout fait quelconque de l'homme qui cause à autrui un dommage, oblige celui par la faute duquel il est arrivé, à le réparer." Art. 1383 C.c. lautet: „Chacun est responsable du dommage qu'il causé non seulement par son fait, mais encore par sa négligence ou par son imprudence."

[19] Nach der Lehre Savatiers, Traité I, Nr. 6, soll zwar der Eintritt eines Schadens die Feststellung einer Verletzung der allgemeinen Sorgfaltspflicht indizieren; Savatier hat allerdings beträchtliche Schwierigkeiten, den entsprechend umfangreichen Katalog von „Rechtfertigungsgründen" zu systematisieren, der unter anderem das gesamte Gebiet des unlauteren Wettbewerbs mitumfaßt.

[20] Dazu im einzelnen *Mazeaud/Tunc*, Nr. 417 ff., S. 486 ff.

[21] Vgl. *Colin/Capitant*, Cours II, Nr. 190; *Coste*, JCP 1947.I.624; *Demogue*, Traité III, Nr. 254; *Esmein* in Aubry/Rau, VI, Nr. 444 bis, Houin/Breden, Juris Classeur, Resp. civile, Bd. 1, III 9, Nr. 26; *Mazeaud/Tunc* I, Nr. 421 ff., S. 481 ff.; Nast, Anm. D 1928.2.68; *Savatier*, Traité I, Nr. 166, 201, fordert allerdings die Anwendung subjektiver Kriterien; vgl. auch *Schmelck*, Concl. Cass. civ. 18. 12. 1964, D 1965. 191; a. A. *Rodière*, La Responsabilité, Nr. 1396, der allein auf die Person des Handelnden abstellen will.

daß die Cour de Cassation als Revisionsgericht auch das Schuldurteil nachprüft, eine Bestätigung der Meinung gesehen, derzufolge diese Bestimmung nach einem objektiven Maßstab erfolgen soll. Die in der Lehre gerade in neuerer Zeit verstärkt vertretene Forderung, auch Kinder und Geisteskranke als schuldfähig zu behandeln[22], hat die Rechtsprechung stets abgelehnt, da Verschulden voraussetze, daß die Handlung dem Täter als Ausfluß einer freien Willensentscheidung zugerechnet werden könne[23].

Angesichts dieser Streitlage und der Schwierigkeit, die abstrakten Anforderungen an die Voraussetzungen einer „faute" auf die jeweilige Situation und die Möglichkeiten der Betroffenen abzustimmen, dürfte die angedeutete Problematik auf unabsehbare Zeit ungelöst bleiben.

III. Die Theorie „de risque"

Die Vertreter der Risikotheorie, unter ihnen besonders Josserand[24], gehen von einer Halterhaftung aus, die unabhängig vom Vorliegen einer „faute" eingreifen soll[25]. Während Salleiles schon 1897 für den gesamten Bereich des Deliktrechts die Aufgabe des Verschuldensbegriffes im Sinne der „faute" vorschlug[26], wollte Josserand die Haftung für „faute" für den „fait personnel de l'homme" beibehalten; die Risikohaftung sollte dagegen für den „fait des choses" gelten, was Inhalt der Regelung von Art. 1384 § 1 C.c. sei. In beiden Fällen wird als Anknüpfungsmoment für eine Haftung die Benutzung der Sache durch einen Halter gesehen. Dem Interesse, das der Halter an der Benutzung der Sache hat, soll das Risiko entsprechen, das er für die Sache trägt[27], entsprechend dem lateinischen Sinnspruch: ubi emolumentum ibi onus.

Diese „Interessentheorie" entstand unter den besonderen Verhältnissen, die gegen Ende des letzten Jahrhunderts das Arbeitsleben in der Industrie bestimmten. Es schien billig, daß der Unternehmer, der hohe

---

[22] So H. L. J. *Mazeaud*, Leçons II, Nr. 449, S. 392.

[23] So schon Cass. req. 14. 5. 1866, DP 1867.1.296; Cass. req. 21. 10. 1901, DP 1901.1.524 und rapport Letellier; ebenso z. B. Cass. civ. 28. 4. 1947, D 1947.329 und concl. Lenoau und Anm. Lalou; Cass. civ. 11. 3. 1965, D 1965, 575, Anm. Esmein; a. A. Colmar, 22. 12. 1965; Gaz.Pal. 1966.1.24 Mai.

[24] *Josserand*, Cours II, Nr. 523/553; ders., Les Transports, Nr. 879.

[25] Zur Formulierung der Theorie s. insbes. *Rodière*, De l'obligation, S. 409 ff.; *Hammel*, Rapport général; *Planiol*, Rev. crit. lég. et jur. 1906, 80 ff.; weitere Nachweise in *Mazeaud*, Traité II, Nr. 1303, S. 415.

[26] *Salleiles*, Les accidents de travail.

[27] Vgl. die von *Savatier*, Traité I, Nr. 274, gegebene Definition: „La responsabilité née du risque créé est celle qui oblige à réparer des dommages produits même sans faute par une activité jui s'exerçait dans votre intérêt et sous votre autorité." Savatier selbst sieht als Vertreter einer vermittelnden Theorie die Stellung der Risiko-Haftung als die eines subsidiären Prinzips, das da eingreift, wo kein Verschulden bewiesen werden kann.

Profite machte, seinen in der Regel mittellosen Arbeitern für die durch seine Maschinen verursachten Verletzungen haftete[28].

Inzwischen wird die Nutzung als Anknüpfungsmoment einer Haftung in einem weiteren Sinne verstanden, die auch immaterielle Vorteile erfaßt und für die zusätzlich das Kriterium der Herrschaft und der Kontrolle über die Sache eine nicht unerhebliche Rolle spielt[29].

Bereits Josserand maß dem letzteren Gesichtspunkt wesentliche Bedeutung zu[30], in gleicher Richtung äußern sich Roubier[31] und Marty[32] im Sinne einer „théorie du risque-pouvoir".

Wie Bürger zu Recht feststellt[33], kann allerdings der bloße Umstand der Herrschaftsmacht über die Sache noch keinen eigenen inneren Haftungsgrund für die durch die Sache verursachten Schäden darstellen. Man gelangte über diesen Ansatzpunkt zurück zu dem Kriterium der persönlichen Vorwerfbarkeit, das eine Einwirkungsmöglichkeit auf die Sache voraussetzt. Da dieser Weg aber nicht im Sinne der genannten Autoren liegt, wird ihre Theorie insoweit als Konzession an einen in der Rechtsprechung entwickelten Halterbegriff zu begreifen sein, auf den im folgenden noch näher einzugehen sein wird.

Interessanterweise hat — anders als in Deutschland — der Gedanke, man müsse dafür einstehen, daß man bestimmte gefährliche Sachen oder Anlagen in den Verkehr gebracht hat, keine breite Anerkennung als Haftungsgrund gefunden. Wie noch zu zeigen sein wird, liegt der Grund für diese Absage an eine sich an der Gefährlichkeit der Sache orientierende Theorie wohl hauptsächlich darin, daß der allgemeine Wortlaut des Art. 1384 § 1 C.c. eine Beschränkung der Haftung auf ganz bestimmte gefährliche Sachen nicht zuläßt[34].

In Anbetracht des unergiebigen Wortlautes von Art. 1384 § 1 C.c. argumentieren die Vertreter des Risikogedankens mit einer analogen Anwendung des Art. 1385 C.c. Nach diesem Artikel ist der Eigentümer eines Tieres für alle Schäden verantwortlich, die durch das Tier verursacht werden, — dies auch dann, wenn das Tier der Aufsicht der Überwachungsperson entkommen ist. Der hier zu Tage tretende Gedanke einer Risikohaftung, so wird argumentiert, müsse auch für leblose Sachen Geltung haben.

---

[28] Vgl. im einzelnen *Bürger*, S. 104 f.

[29] Als Hauptvertreter einer „erweiterten Interessentheorie" sind besond. *Savatier*, Traité I, Nr. 274, daneben *Demogue*, Traité V, Nr. 981 bis, Philomenko, JCP 1937.I.22, und *De Page*, Traité II, S. 214, zu nennen.

[30] *Josserand*, Cours II, Nr. 558.

[31] *Roubier*, JCP 1942.I.257.

[32] *Marty*, Anm. S 1937.2.220.

[33] *Bürger*, S. 109.

[34] I. d. S. auch *Bürger*, S. 104 f.

Dieser Auslegung steht jedoch eine von den Vertretern des „faute"-Gedankens entwickelte Betrachtungsweise gegenüber, die vom gleichen Ausgangspunkt her argumentiert[35]. Die Idee besteht darin, den Schuldvorwurf von dem Zeitpunkt des Schadeneintritts weg in den Bereich der Überwachung vorzuverlegen: die „faute" soll danach bereits in der (mangelhaften) Beaufsichtigung des Tieres liegen und in dem durch das Tier verursachten Schaden nur eine zurechenbare Folge jenes vorwerfbaren Fehlverhaltens des Tierhalters gesehen werden können. Dabei können die Vertreter der „faute"-Theorie zugleich die Übereinstimung ihrer Vorstellungen mit dem Willen des Gesetzgebers für sich in Anspruch nehmen. Aus den Vorarbeiten zum Gesetz ergibt sich nämlich, daß der Gesetzgeber speziell den Fall, in dem das Tier der Kontrolle des Halters entglitt, als „faute de surveillance" ansah. Anläßlich der Beratung der Gesetzesvorlagen hatte Tarrible der gesetzgebenden Körperschaft erklärt: "Le dommage, pour qu'il soit sujet à réparation doit être l'effet d'une faute ou d'une imprudence de la part de quelqu'un[36]".

Trotz dieser ursprünglichen Vorstellungen aus dem Ende des 18. Jahrhunderts wird man in dem Maße, in dem man eine Interpretation des Gesetzes in Anpassung an die sich wandelnde soziale Wirklichkeit losgelöst vom ursprünglichen Willen des Gesetzgebers bejaht, Argumente zugunsten der Risikotheorie akzeptieren müssen. Damit soll an dieser Stelle nicht vorgreifend für den Wert dieser Theorie und die Notwendigkeit ihrer Anwendung in der heutigen Zeit argumentiert werden. Wesentlich schien es vielmehr zu zeigen, daß sowohl Risiko- als auch „faute"-Theorie sich auf ein und denselben Text stützen und daß bereits eine erste allgemeine Betrachtung Schwächen beider Konzeptionen zutage fördert.

Es ließe sich zur Rechtfertigung der Risikotheorie schließlich noch vorbringen, daß der Art. 1384 § 1 C.c. selbst, interpretierte man ihn in einer wortgetreuen Weise, dieser Theorie günstig zu sein scheint. Wollte man einmal die zur Frage der Textinterpretation dargelegten Bedenken beiseite schieben und den Text des Artikels als präzise und selbständige Regelung ansehen, so ergäbe sich, daß in jedem Falle eine Haftung des Halters Platz greifen sollte. Der kategorische Wortlaut: "On est responsable ... du dommage ... causé par le fait ... des choses ... qu'on a sous sa garde" läßt keinen Raum für von einem Verschuldensprinzip her entwickelte Einschränkungen.

---

[35] Vgl. dazu *Mazeaud*, Traité II, Nr. 1127 ff. u. Nr. 1303 ff.; S. 185 ff. bzw. S. 415 ff.; *Marty/Raynaud* II, S. 350.

[36] Vgl. séance du 19 et 16 pluviôse in Locré, Bd. 13, S. 43 - 58, und die Erklärungen von Bertr. Greuille und Tarrible an dieser Stelle.

IV. Die Theorie der „faute dans la garde"

Einige Autoren, unter ihnen insbesondere die Brüder Henri, Léon und Jean Mazeaud, glaubten, die angedeuteten Schwierigkeiten überwinden und in Einklang mit den in der Grundsatzentscheidung der Cour de Cassation vom 13. 2. 1930 entwickelten Haftungsgrundsätzen ein dogmatisch in sich geschlossenes System entwickeln zu können[37].

Auch nach H. L. J. Mazeaud soll der Halter für den „fait" einer Sache nur verantwortlich sein, wenn er eine „faute" begangen hat. Diese „faute" findet sich jedoch nicht in dem unmittelbar zum Schaden führenden Verhalten des Halters, sondern bleibt entsprechend dem Urteil vom 13. 2. 1930[38] auf die „garde" fixiert, sodaß von einer „faute dans la garde" gesprochen wird. Das heißt, Art. 1384 § 1 C.c. soll zu Lasten des Halters die Verpflichtung begründen, jede potentiell durch die Sache hervorrufbare schädliche Einwirkung auf fremde Rechtsgüter zu verhindern.

H. L. J. Mazeaud führen dazu aus: "La personne qui a, en fait, un pouvoir de commandement sur une chose, est tenue de ne pas laisser cette chose échapper à sa maîtrise. Par suite, lorsque la chose échappe à la maîtrise de son gardien, et cause ainsi un dommage, le gardien manque à son obligation, il commet donc une faute: la faute dans la garde"[39].

Jeder ungewollten Schadenszufügung durch die der „garde" des Halters unterstellte Sache entspricht damit automatisch ein Entgleiten dieser Sache aus der Herrschaft des Halters. Damit ist zugleich die in Art. 1384 § 1 C.c. statuierte Pflicht verletzt und eine „faute" gegeben; denn jede Nichtausführung dieser gesetzlichen, auf Unterlassung eines gewissen Erfolges gerichteten Pflicht soll auch zugleich „fautif" sein.

Schon die sehr gedrängte Darstellung derartiger Konsequenzen zeigt augenfällig die Schwächen dieser Theorie auf, was auch zahlreiche Autoren zu erheblicher Kritik herausgefordert hat[40]. Folgte man den angedeuteten Gedankengängen, gelangte man zur Feststellung, daß immer dann, wenn durch Beteiligung einer Sache ein Schaden verursacht wurde, d. h. der zu vermeidende Erfolg eingetreten war, auch eine „faute dans la garde" vorliegt. Dadurch, daß man sich mit der Feststellung, die Sache sei der Kontrolle des Halters entglitten, begnügt, ohne nach den eigentlichen Gründen dieses Ereignisses zu fragen, wird die Beachtung von Faktoren unterdrückt, die außerhalb der Beziehung — Verlust der

---

[37] H. L. J. *Mazeaud*, Leçons II, Nr. 539 ff., S. 500 ff.; H. *Mazeaud*, Rev. trim. dr. civ. 1925, 793 ff. Vgl. auch *Raynaud*, La faute du gardien, S. 150 ff.

[38] Cass. ch. réun. 13. 2. 1930 (arrêt Jandheur), D 1930.1.67; Gaz.Pal. 1930.1.393.

[39] H. L. J. *Mazeaud*, Leçons II, Nr. 539, S. 491 f.

[40] So u. a. z. B. *Ripert*, La règle morale, Nr. 124; *Rodière*, De l'obligation, S. 406 ff.; *Husson*, Les transformations, S. 138 ff.

Kontrolle und Schaden — liegen. Dies verträgt sich aber nur schlecht mit der oben dargestellten klassischen Auffassung vom Gehalt der „faute", denn man gelangte im Ergebnis zu einem automatischen Nebeneinander von Schaden und „faute"[41].

Damit wird aber zugleich auch die Abgrenzung der von den Brüdern Mazeaud entwickelten Theorie gegenüber der Risikotheorie fragwürdig. Der Unterschied läge eher in der Terminologie, während die praktischen Folgerungen beider Theorien sich weitgehend entsprächen. Man hat daher wohl zu Recht bemerkt, man habe es immer noch mit der Risikotheorie zu tun, jedoch hier präsentiert unter dem Deckmantel der „faute"[42].

Die Berechtigung der Kritik und die inneren Widersprüche ihrer Theorie waren von den Mazeauds selbst empfunden worden, was zu einer Abschwächung der Theorie durch verstärkte Berücksichtigung der „cause étrangère" führte. Danach soll Art. 1384 § 1 C.c. eine Vermutung dafür begründen, daß ein im obigen Sinne aufgezeigtes fehlerhaftes Verhalten bis zum Nachweis einer „cause étrangère" für den Schaden kausal ist. "L'inexécution par le gardien de son obligation légale de garde ... est présumée son fait jusqu' à preuve contraire, présomption de causalité par conséquent, et non présomption de faute"[43].

Das bedeutete wiederum, daß der Halter sich nicht mehr unmittelbar durch den Nachweis fehlender „faute" von seiner Haftung befreien kann, sondern nur dadurch, daß er nachweist, daß der Verlust der Kontrolle über die Sache nicht für den Schaden ursächlich geworden war. In diesem Falle wäre die Nichtausführung seiner Verpflichtung und damit die „faute" für die Entstehung des Schadens nicht relevant, so daß eine Haftung entfiele. Andererseits bliebe es für den Fall, daß der Entlastungsbeweis mißlingt, bei der Vermutung einer fehlerhaften Nichtausführung der gesetzlichen Verpflichtung und deren Kausalität für den Schaden, und damit wieder bei dem Nebeneinander von Schaden und „faute".

Man muß wohl einräumen, daß die Theorie von H. L. J. Mazeaud in dieser neuen Gestalt gewonnen hat. Sie hat gegenüber der Risikotheorie zumindest den Vorteil, daß sie infolge ihrer Stellung zwischen Risiko- und „faute"-Haftung dem Geist des Gesetzgebers näher steht und, wie noch zu zeigen sein wird, eher in der Lage scheint, die Interpretation zu rechtfertigen, die auf diesem Gebiet von der Cour de Cassation gefunden wurde.

Dennoch hat auch die Neuformulierung der Theorie die eingangs geschilderten Gegenargumente nicht wirklich auszuräumen vermocht. Zwar wird durch die Möglichkeit, die Kausalität zwischen „faute" und Schaden zu verneinen, scheinbar die „faute" als ein eigenständiges Binde-

[41] Vgl. dazu *Marty/Raynaud* II, S. 354 ff.

[42] *Husson*, Le transformations, S. 138 ff.; *Rodière*, Sur la presomption, S. 188.

[43] H. L. J. *Mazeaud*, Leçons II, Nr. 539, S. 491/492.

glied zwischen „fait de la chose“ und Schaden gestellt. In Wahrheit dürfte es sich aber doch mehr um ein Spiel mit Begriffen handeln. Verneint man nämlich eine Kausalität zwischen dem „Entgleiten der Sache aus der Kontrolle des Halters“ und dem eingetretenen Schaden, so bleibt auch nach Ansicht der Mazeauds kein Platz mehr für eine „faute“, die nach obiger Definition stets den zum Schaden führenden Verlust der Kontrolle begleitet, wohingegen der bloße Verlust der Kontrolle als solcher noch keine Pflichtverletzung bedeuten soll. Letztlich bleibt es dabei, daß eine „faute“ immer nur da vorliegen würde, wo ein „fait“ der Sache zugleich rechtlich relevant zum Schaden führt, was dann stets dadurch geschah, daß die Sache der Kontrolle des Halters entglitt.

V. Das Haftungsobjekt

Die Bestimmung des Haftungsobjekts der Halterhaftung des französchen Rechts dürfte von einiger Bedeutung dafür gewesen sein, in welchem Maße die französischen Richter vom Verschulden losgelöste Haftungsprinzipien zu entwickeln bereit waren. Daß eine Unüberschaubarkeit der für die Anwendung einer Gefährdungshaftung in Frage kommenden Objekte den Ausbau der Gefährdungshaftung erschwert, entspricht dem umgekehrten Effekt, wonach die Beibehaltung einer auf dem Verschulden beruhenden Ersatzpflicht die uneingeschränkte Anwendbarkeit der Haftungsnormen gestattet.

Von der Absicht des französischen Gesetzgebers aus dem Jahre 1804, eine zivilrechtliche Ersatzpflicht grundsätzlich an das Vorliegen einer „faute“ auf seiten des Schädigers zu knüpfen, wurde lediglich in der Regelung des Art 1386 C.c. Abstand genommen[44]. Danach ist der Eigentümer eines Gebäudes durch den infolge eines Einsturzes des Gebäudes hervorgerufenen Schaden verantwortlich, wenn der Geschädigte nachweist, daß mangelnde Unterhaltung oder ein Konstruktionsfehler des Gebäudes Schadensursache waren.

Die Entdeckung des Art. 1384 § 1 C.c. als eines selbständigen Verpflichtungsgrundes brachte zugleich die Aufgabe mit sich, das der Regelung zugrundeliegende Haftungsobjekt zu bestimmen. Zwar spricht der Wortlaut von Art. 1384 § 1 C.c. nur von „fait de la chose“, ohne die „chose“ näher zu spezifizieren; die Existenz einer besonderen Regelung für Gebäude ließ dennoch lange Zeit Zweifel, ob unter „chose“ nur bewegliche oder auch unbewegliche Sachen verstanden werden durften, und ob bejahendenfalls von diesen Sachen Gebäude ausgenommen werden sollten, oder aber nur die Fälle, in denen der Schaden infolge des Einsturzes von Gebäuden eingetreten war.

---

[44] Die die Tierhalter betreffende Regelung des Art. 1384 § 3 C.c. fällt nach französischem Sprachgebrauch nicht unter die Haftung für eine „chose“.

Die überwiegende Meinung in der Literatur spricht sich heute im letzteren Sinne aus[45]. Sie führt aus, daß Art. 1386 C.c. nur den Spezialfall regle, in dem der Schaden durch einstürzende Gebäude eintritt. Ein Ausschluß der Anwendbarkeit von Art. 1384 § 1 C.c. für jeden Schaden, der durch Beteiligung eines Gebäudes am Schadensverlauf eingetreten war, sei weder durch den Wortlaut des Artikels noch dessen Anliegen gerechtfertigt. Die „garde“ als Anknüpfungspunkt der verschärften Haftung sei im gleichen Maße auch unbeweglichen Sachen gegenüber existent und sinnvoll.

Die Rechtsprechung hatte sich über die Frage nach dem Objekt der Haftung lange ausgeschwiegen. Schließlich stellte die Cour de Cassation im Jahre 1924 fest, daß Art. 1384 § 1 C.c. nur für bewegliche Sachen gelte[46]. Das dieser Beschränkung zugrunde liegende Bemühen, eine allzuweite Ausdehnung des Anwendungsbereichs der Halterhaftung zu verhindern, fand allerdings nur Kritik[47]. So kam es schließlich zum Urteil der „chambre des requêtes“ vom 6. 3. 1928[48], in dem der Senat anläßlich eines durch einen Aufzug verursachten Unfalls die bisher gepflogene Unterscheidung zwischen beweglichen und unbeweglichen Sachen aufgab.

Der Zivilsenat blieb dagegen noch lange der Wendung treu, Art. 1384 § 1 C.c. stelle eine Haftungsvermutung dem gegenüber auf, „qui a sous sa garde la chose mobilière inanimée qui a causé le dommage“[49]. Erst zwei Tage vor Erlaß des grundlegenden Urteils der Vereinigten Senate im Fall Jand'heur vom 13. 2. 1930 wählte der Senat eine andere Formel, die auch die Möglichkeit einer Erfassung auch von unbeweglichen Sachen durch Art. 1384 § 1 C.c. offenließ[50].

Ähnlich ungenau war dann auch die im Urteil vom 13. 2. 1930[51] gebrauchte Wendung, soweit sie die hier gestellte Frage betraf. Ein Anlaß, speziell zu der Frage des Haftungsobjektes Stellung zu nehmen, hatte für die Vereinigten Senate allerdings nicht bestanden; immerhin ließ

---

[45] So z. B. *Lalou*, Traité, Nr. 1190 ff.; ders., Anm. D 1950, 105; H. L. J. *Mazeaud*, Leçons II, Nr. 551; *Mazeaud/Tunc*, II, Nr. 1207, S. 189; *Mazeaud*, Traité II, Nr. 1207, S. 287; a. A. *Rodière*, La responsabilité, Nr. 1515 u. Nr. 1580; *Savatier*, Traité I, Nr. 417.

[46] Cass. civ. 26. 6. 1924, S. 1925.1.65, Anm. Morel, D 1924.1.159,Gaz.Pal. 1924. 2.222; Cass. req. 10. 2. 1925; S 1925.1.65, Anm. Morel, D 1925.1.97, Anm. Josserand, Gaz.Pal. 1925.2.14.

[47] Vgl. Nachweise in *Mazeaud*, Traité II, Nr. 1208.

[48] Cass. req. 6. 3. 1928, S 1928.1.225, Anm. Huguenev, D 1928.1.97, Anm. Josserand, Gaz.Pal. 1928.1.545.

[49] So z. B. die Urteile Cass. civ. 27. 3. 1928, Gaz.Pal. 1928.1.616; Cass. civ. 11. 6. 1928, Gaz.Pal. 1928.2.307; Cass. civ. 18. 7. 1928, Gaz.Pal. 1928.2.610; Cass. civ. 12. 3. 1929, Gaz.Pal. 1929.1.735.

[50] Cass. civ. 11. 2. 1930, Gaz.Pal. 1930.1.676.

[51] Cass. ch. réun. 13. 2. 1930, S. 1930.1.121, Anm. Esmein, S 1930.1.57, rapp. Marc'hadour, concl. Matter, Anm. Ripert, Gaz.Pal. 1930.1.393, concl. Matter.

der Verzicht des Gerichtes darauf, von einer Haftung für unbewegliche Sachen zu sprechen, auf seinen Willen schließen, fortan auch die unbeweglichen Sachen dem Anwendungsbereich des Art. 1384 § 1 C.c. zu unterstellen. Seit dieser Zeit haben die Gerichte dann auch expressis verbis auf die einst gepflogene Unterscheidung zwischen beweglichen und unbeweglichen Sachen verzichtet; noch in einem verhältnismäßig jüngeren Urteil des Kassationsgerichtes wird die unterschiedslose Anwendung der Halterhaftung auf beide Arten von Haftungsobjekten ausdrücklich betont[52].

In seinem Urteil vom 13. 2. 1930 hob der Gerichtshof zugleich eine zweite Einschränkung auf, die bis dahin von vielen Seiten gefordert worden war: Das Kriterium der „chose dangereuse“. Der qualifizierten Haftung des Art. 1384 § 1 C.c., so wurde gefordert, sollten nur die Sachen unterstehen, die von Natur aus gefährlich seien, d. h. besonders geeignet, fremde Rechtsgüter zu beschädigen. Auf diese Forderung, die hier von der Rechtsprechung abgelehnt wurde, wird im Zusammenhang mit der Frage, wann ein „fait“ der Sache vorliegt, zurückzukommen sein. An dieser Stelle kann festgehalten werden, daß die Rechtsprechung von der Bestimmung des Haftungsobjektes her seitdem keine wesentlichen Einschränkungen mehr vorgenommen hat und heute Art. 1384 § 1 C.c. ohne jede Rücksicht darauf anwendet, welche Art von Sachen den Schaden hervorgerufen hat[53].

Begrenzungen dieses außerordentlich weiten Ausgangsbereichs für die Halterhaftung finden sich lediglich in Sondergesetzen, die für bestimmte gefährliche Anlagen oder Verkehrsmittel verschärfte Haftungsgrundlagen enthalten. Dazu rechnen neben Art. 1386 C.c. und dem Gesetz vom 7. November 1922 der „Code de l'aviation civile et commerciale“ vom 30. März 1967, das Gesetz vom 8. Juli 1941, das die Haftung für Seilbahnen betrifft, das Gesetz vom 26. Mai 1955 für den Bergbau und die Gesetze vom 20. November 1965, ergänzt durch das Gesetz vom 20. November 1968, die die Haftung für Atomanlagen und atombetriebene Schiffe regeln[54].

Eine besondere Kodifizierung der Haftung für Kraftfahrzeuge fehlt bis heute.

---

[52] Cass. civ. 4. 8. 1942, S 1943, Anm. Houin, DC 1943.J.1, Anm. Ripert, Gaz. Pal. 1942.2.215.

[53] Vgl. z. B. Cass. civ. 30. 10. 1957, Gaz.Pal. 1958, 1158 (zur Haftung für den von einer Lokomotive erzeugten Rauch); Cass. req. 10. 11. 1924, DH 1964, 655 und Cass. civ. 30. 4. 1952, JCP 1952.II.7110, Anm. Blaevolet (zur Haftung für den durch Elektrzität verursachten Schaden); Cass. civ. 15. 2. 1947, Gaz.Pal. 1948.1.50, JCP 1948.II.4214, Anm. Blaevolet (zur Haftung für den „fait“ einer Straßenbahn); Cass. civ. 9. 11. 1955, D 1956, 320, Anm. Radouant, JCP 1956.II. 9323 (zur Haftung für den als Folge eines Skiunfalls entstandenen Schaden). Zu den Ausnahmen „res nullius, res sacra und res publica“ vgl. *Hübner*, Die Haftung des Gardien, S. 31 ff.

[54] Einzelheiten in *Mazeaud*, Traité II, Nr. 1393 ff., S. 476 ff.

§ 2 Das deutsche Recht (§ 7 StVG)

I. § 7 StVG als Spezialregelung für Kfz-Schäden

Dem deutschen Recht hat die gesonderte Normierung einer Haftpflicht für Kraftfahrzeuge viele der die französischen Juristen beschäftigenden Probleme erspart.

Zur gleichen Zeit, als in Frankreich um eine neue Interpretation des Art. 1384 § 1 C.c. gerungen wurde, entstand in Deutschland das KFG vom 3. 5. 1909. Dieses Gesetz, das ursprünglich nur als „Gesetz über die Haftpflicht für den bei dem Betrieb von Kraftfahrzeugen entstandenen Schaden" konzipiert worden war[55], wurde schließlich als allgemeines Gesetz über den Verkehr mit Kraftfahrzeugen verabschiedet. Es enthielt neben einer Regelung der Haftpflicht Vorschriften, die insbesondere die Zulassung von Kraftfahrzeugen zum Verkehr sowie die Voraussetzungen zur Erteilung einer Fahrerlaubnis regelten.

Die grundsätzliche Aussage des heutigen § 7 Abs. 1 StVG wurde auch durch die mehrfach erlassenen Änderungsgesetze nicht berührt. Änderungen des Haftpflichtrechts betrafen insbesondere die Haftung bei Schwarzfahrt[56] und unentgeltlicher Personenbeförderung[57] sowie die Höhe der Haftpflichthöchstbeträge[58]. Seit dem 23. 1. 1953 ist das KFG unter der Bezeichnung StVG in Kraft.

Der der Haftpflichtregelung zugrundeliegende Gedanke, für besonders gefährliche Unternehmungen eine vom Verschulden i. S. des § 276 Abs. 1, S. 2 BGB unabhängige Haftpflicht begründen, reicht zurück zu dem preußischen Gesetz über die Eisenbahnunternehmungen vom 3. 11. 1838[59]. Dessen § 25 verpflichtete die Eisenbahngesellschaft zum Ersatz des durch den Bahnbetrieb entstandenen Schadens, sofern die Bahn nicht die Voraussetzungen eines unabwendbaren äußeren Zufalls nachzuweisen in der Lage war.

Das Gesetz war in Abweichung von den Grundsätzen des Allgemeinen Landrechts auf Initiative der Verwaltung zustande gekommen und begründete den erwähnten § 25 allein aus der neu eingetretenen gefährlichen Situation des Bahnbetriebs[60]. Erst etwa 50 Jahre später begann sich die Theorie mit den dogmatischen Grundlagen der Gefährdungs-

---

[55] Vgl. *Müller*, Vorbem. zu § 1 StVG, Rdz. 3.

[56] So die Änderung vom 7. 11. 1939; vgl. *Müller*, Vorbem. zu § 1 StVG, Rdz. 13.

[57] So das Gesetz über Maßnahmen auf dem Gebiet des Verkehrsrechts vom 16. 7. 1957; vgl. *Müller*, Vorbem. zu § 1 StVG, Rdz. 17.

[58] Vgl. das Gesetz vom 15. 9. 1965, BGBl. I, 1362, vom 15. 9. 1965.

[59] Vgl. dazu *Müller*, § 7 StVG, Rdz. 11.

[60] Vgl. *Rinck*, Gefährdungshaftung, S. 3.

haftung auseinanderzusetzen. Die Lehre neigte jedoch damals überwiegend dazu, die Existenz einer Gefährdungshaftung als unerhebliche Ausnahme von dem letztlich unersetzbaren System der Verschuldenshaftung und nicht als ein daneben gleichberechtigtes und eigenen Grundsätzen folgendes Haftungsprinzip zu begreifen[61].

Angesichts der verhältnismäßig genau festgelegten Voraussetzungen einer Halterhaftung nach deutschem Recht kann hier auf eine allgemeinere Darstellung der verschiedenen zur Haftung ohne Verschulden entwickelten Theorien verzichtet werden, so reizvoll es auch erschiene, sie den in Frankreich entwickelten Vorstellungen gegenüberzustellen[62].

Trotz der Bemühungen Essers um die Erarbeitung eines einheitlichen außerdeliktischen Haftungsgrundes[63] hat sich die überwiegende Meinung bisher gegen die Anerkennung eines allgemeinen, durch die Theorie zu bestimmenden Rechtssatzes ausgesprochen. Auch die Rechtsprechung hat wiederholt eine generelle Gefährdungshaftung abgelehnt und sich damit gegen eine Ausdehnung der Gefährdungshaftung auf neue Bereiche erklärt[64]. Dies hat sie allerdings nicht gehindert, in bestimmten Fällen auch gegen den Wortlaut des Gesetzes zur Anwendung einer Gefährdungshaftung zu gelangen. So ließ sich z. B. eine Ausdehnung der strengen Halterhaftung ohne Exkulpationsmöglichkeit für die Fälle einer unverschuldeten Ohnmacht des Fahrers nur durch das Zurückgreifen auf allgemeine Grundsätze der Gefährdungshaftung rechtfertigen[65].

II. Das Haftungsobjekt

Kaum praktische Schwierigkeiten hat die Bestimmung des Anwendungsbereiches von § 7 StVG im Hinblick auf das Haftungsobjekt bereitet. Der Begriff „Kraftfahrzeug" ist in Abs. 2 des § 1 des StVG definiert, wobei § 5 StVZO zusätzliche Untergliederungen vornimmt. Danach gelten als Kraftfahrzeuge i. S. des StVG „Landfahrzeuge, die durch Maschinenkraft bewegt werden, ohne an Bahngleise gebunden zu sein". Wegen der näheren Definition dieser Interpretation kann auf die einschlägigen Kommentare verwiesen werden.

---

[61] Vgl. *Rinck*, S. 3; *Esser*, Gefährdungshaftung, S. 49.

[62] Es sei hier an die ausführliche Darstellung der dogmatischen Versuche zur Begründung einer „Haftung ohne Verschulden" bei *Bienenfeld*, Die Haftungen, S. 133 ff. erinnert. Interessant erscheinen die dort zu findenden, an die Mazeaud'sche Theorie der „faute dans la garde" erinnernden Versuche, das Verschulden mittels fiktiver Unterstellungen als Haftungsgrundlage beizubehalten.

[63] *Esser*, Gefährdungshaftung, S. 69 ff.

[64] Vgl. RG v. 11. 4. 1935, RGZ 147, 353; BGH v. 28. 2. 1955, BGHZ 16, 366.

[65] Vgl. dazu die ausführliche Begründung des Urteils vom 15. 1. 1957, BGHZ 23, 90 = BB 1957, 418 = Betrieb 1957, 307 = DAR 1957, 154 = NJW 1957, 674 = VersR 1957, 219, = VRS 12, 331.

§ 3 Vergleich

Ein Vergleich der Haftungsgrundlagen an dieser Stelle zeigt augenfällig die verschiedenen Ausgangspositionen beider Rechtskreise. Der eng gefaßten und grundsätzlich restriktiv interpretierten Kraftfahrzeughalterhaftung im deutschen Recht steht im französischen Gesetz eine Formulierung gegenüber, die in ihrer unverbindlichen Kürze die Einbeziehung fast sämtlicher Sachverhalte ermöglicht, die wir nur nach dem Recht der unerlaubten Handlungen (§§ 823 ff. BGB) beurteilen würden.

Um so überraschender erscheint es, daß die französische Jurisprudenz zu Lösungen gelangt, die in erstaunlicher Nähe zu den bei Anwendung des StVG erzielten Lösungen steht.

Der folgende Abschnitt soll zeigen, mit welchen Mitteln die französische Rechtsprechung eine Begrenzung und inhaltliche Gestaltung des Anwendungsbereichs von Art. 1384 § 1 C.c. zu erreichen bemüht war, und welchen grundsätzlichen Schwierigkeiten sie sich dabei gegenübersah. Hierbei wird zunächst auf die Voraussetzungen eines Eingreifens von Art. 1384 § 1 C. c. und in einem späteren Abschnitt auf die von der Rechtsprechung entwickelten Entlastungsgründe einzugehen sein.

Zweites Kapitel

Die Haftungsvoraussetzungen

§ 4 Das französische Recht („fait de la chose")

I. Die Problematik des „fait de la chose"

Die auf Art. 1384 § 1 C.c. beruhende Haftung des Halters einer Sache setzt nach dessen Wortlaut voraus, daß der Schaden durch den „fait" einer Sache entstanden ist. In dieser knappen Bedingung liegt bereits ein Großteil der gesamten, die Interpretation der Halterhaftung betreffenden Problematik und wohl eine der Hauptursachen für die Unsicherheit, die die Anwendung des Artikels noch heute mit sich bringt.

Der Terminus „fait de la chose" hat sein Gegenstück in dem „fait de l'homme", womit zugleich die Abgrenzung des Anwendungsbereichs der Artikel 1382 und 1384 § 1 C.c. angesprochen ist. Damit wird aber das Erfordernis impliziert, die zum Schaden führenden Ursachen daraufhin zu überprüfen, ob sie auf menschlichem Verhalten oder auf Einwirkung von Sachen beruhen. Selbst wenn man unterstellte, eine solche Trennung erwiese sich als durchführbar, so ergäbe sich die weitere Schwierigkeit, unter den jeweils als „fait" einer Sache oder eines Menschen erkannten Faktoren diejenigen auszusondern, die im Hinblick auf den Schadenseintritt relevant sein sollen. Es ist hier aber nur schwer vorstellbar, daß eine solche Auswahl nicht wiederum von der jeweils gefundenen Eigenschaft der Faktoren selbst mitbestimmt würde, was wiederum zeigt, wie eng die gesamte Problematik mit im Bereich der Kausalität anzustellenden Überlegungen verknüpft ist.

Wie im folgenden zu zeigen sein wird, hat sich die im Wortlaut des Art. 1384 § 1 C.c. angelegte Aufgabenstellung, zwischen „fait" einer Sache und „fait" eines Menschen zu unterscheiden, als undurchführbar erwiesen. Dabei hatte sich das Problem für die Rechtsprechung eingangs noch nicht in dieser Zuspitzung gestellt, da sie die Anwendung des Artikels 1384 § 1 C.c. zunächst auf ganz bestimmte Fälle beschränkt hatte.

Die ersten zu Art. 1384 § 1 C.c. ergangenen Urteile betrafen ausschließlich Explosionen von Dampfkesseln und anderen technischen Geräten[1]. Sie fielen um die Jahrhundertwende in eine Zeit schnell

---

[1] So noch Cass. civ. 30. 1. 1928, S 1928.1.177, Anm. Mazeaud.

wachsender Industrialisierung und stellten die Antwort der Richter auf die dringenden Forderungen einer neuen sozialen Wirklichkeit dar. Zahlreiche in Fabriken und der übrigen Welt der Technik auftretende Unfälle hinterließen Verletzte, die angesichts der Kompliziertheit der technischen Anlagen nicht mehr in der Lage waren, ein Verschulden des Arbeitgebers oder eines sonstigen zahlungskräftigen Verantwortlichen nachzuweisen.

Die unerträglich gewordene sozialpolitische Situation und eine Geisteshaltung, die die Maschine als ein nie ganz beherrschbares und berechenbares Objekt betrachtete, ja bisweilen geradezu als gefährliches autonomes Wesen mystifizierte, hatte zum Urteil vom 16. Juni 1896 im Fall Tiffaine geführt[2].

Nach dem der Entscheidung der Cour de Cassation zugrundeliegenden Sachverhalt war der Klägerin infolge der Explosion eines Schiffskessels Schaden entstanden. Es war ihr zwar gelungen, die Fehlerhaftigkeit des Kessels nachzuweisen, nicht jedoch ein Verschulden des beklagten Schiffsbesitzers am Unglück. Dennoch verurteilte das Gericht unter Berufung auf Art. 1384 § 1 C.c. den Beklagten ohne Rücksicht darauf, ob für ihn die fehlerhafte Beschaffenheit des Kessels erkennbar gewesen war oder nicht[3].

Die mit diesem Urteil zugunsten einer Ausgestaltung des Art. 1384 § 1 C.c. als selbständiger Haftungsgrundlage eingeleitete Rechtsprechung verlor allerdings mit der kurz darauf erfolgten Einführung des Gesetzes über Arbeitsunfälle vom 9. 4. 1898 rasch wieder an Bedeutung, da das Bedürfnis nach einer neuen, dem Verletzten günstigeren Anspruchsgrundlage insbesondere auf dem Gebiet des Arbeitsrechts bestanden hatte. Es hatte der Entwicklung der zwanziger Jahre bedurft, bzw. des damals rasch ansteigenden Kraftfahrzeugverkehrs, damit die Frage nach dem Geltungsbereich des Art. 1384 § 1 C.c. in ihrer bis heute ungeschmälerten Aktualität neu aufgeworfen werden konnte. Angesichts der rapide ansteigenden Zahl von Automobilunfällen erschien es immer unbilliger, die dem Verletzten günstige Regelung des Art. 1384 § 1 C.c. auf die Fälle zu beschränken, in denen ein Fehler des Kraftfahrzeugs als Unfallursache nachgewiesen werden konnte, während im übrigen die Ersatzpflicht vom Nachweis einer „faute" des Fahrers oder gar Eigentümer entsprechend den Voraussetzungen des Art. 1382 C.c. abhing.

Daß auch zu diesem Zeitpunkt noch die Vorstellung herrschte, es sei möglich und auch nötig, die von der Maschine, und hier insbesondere

---

[2] Cass. civ. 16. 6. 1896, S 1897.1.17, Anm. Esmein, D 1897.1.433, Anm. Salleiles und concl. Sarut.

[3] Auf die Frage, ob den Hersteller des Kessels ein Verschulden traf, war das Gericht nicht eingegangen.

vom Kfz, ausgehende Zerstörungskraft als eigenen „fait“ der Maschine neben das menschliche Verhalten zu stellen, verdeutlicht die beredte Stellungnahmen des Advocat Général Langlois, der bei der Verhandlung der Affaire Jand'heur im Jahre 1927 vor der Cour de Cassation ausrief: "Il est faux, absolument faux, — et il n'est pas nécessaire d'être un technicien pour l'affirmer —, il est faux, absolument faux, que l'automobile soit un instrument docile aux mains de son conducteur[4] . . . "

Verwandt den Vorstellungen von einer eigenen Dynamik der Sache als Grundlage eines selbständigen Anwendungsbereiches deliktischer Haftung waren auch die maßgeblich von Ripert entwickelten Vorschläge, nach denen die Abgrenzung des Art. 1384 § 1 C.c. nach dem Grade der Gefährlichkeit der jeweiligen Sache vorgenommen werden sollte, ein Gedanke, der für eine gewisse Zeit nicht ohne Einfluß auf die Rechtsprechung war[5].

Beide Versuche, den Anwendungsbereich für einen „fait“ der Sache von der Sache selbst her zu bestimmen, scheiterten schließlich an der Aufgabe, eine eigene Aktivität der Sache von der menschlichen Tätigkeit abzugrenzen. Während sich zum einen die Vorstellung vom „dynamisme propre“ der Sache als irrational enthüllte, erkannte man andererseits, daß sich eine Gefährlichkeit der Sache nur aus ihrem jeweiligen konkreten Gebrauch durch den Menschen aus einer ganz bestimmten Situation heraus festlegen ließ. So wird auch verständlich, warum der Versuch, eine Art Katalog von gefährlichen Sachen aufzustellen, mißlingen mußte[6].

Es darf als das große Verdienst der Rechtsprechung betrachtet werden, daß sie in der berühmten Entscheidung der Vereinten Senate im Fall Jand'heur die Theorien zurückgewiesen hatte, die die Sache gleichsam als autonomen Haftungsmittler neben den Menschen stellten, und die die Kriterien für einen „fait de la chose“ in der Sache selbst gesucht hatten[7].

Dem Urteil liegen folgende Gegebenheiten zugrunde. Am 22. 4. 1925 war die kleine Lise Jand'heur von einem Lieferwagen angefahren und schwer verletzt worden. Das Gericht der ersten Instanz hatte ihr einen auf Art. 1384 § 1 C.c. gestützten Schadensersatzanspruch gegen den

---

[4] Vgl. Gaz.Pal. 1927.1.407, VI, X.

[5] *Ripert*, Anm. D 1922.1.407, VI, X, Anm. D 1925.1.5, Anm. D 1927.1.197; *Ripert*, La règle morale, Nr. 124.

[6] Vgl. zur damaligen Kritik an der Rechtsprechung *Esmein*, Anm. S 1924.1. 321; *Savatier*, Traité I, S. 346.

[7] Im Bereich einer Haftung für brennende Gebäude war die Entscheidung bereits durch das Urteil des Kassationsgerichts vom 16. 11. 1920, D 1920.1.196, Anm. Savatier, S 1922.1.97, Anm. Huguenev, Gaz.Pal. 1920.1.586, vorbereitet worden. Diesem Urteil war jedoch im Jahre 1922 eine Gesetzesänderung gefolgt, die Art. 1384 C.c. den heutigen Absatz 2 einfügte und damit für durch brennende Gebäude verursachte Schäden eine Spezialregelung schuf.

Halter des Fahrzeugs, eine Gesellschaft, zugesprochen. Dagegen war die Klage vom Appellationsgericht von Belfort mit der Begründung abgewiesen worden, das Fahrzeug sei von jemandem gesteuert worden, ein Fehler der Sache sei nicht nachgewiesen worden, so daß nur die allgemeinen Regeln des Deliktrechts anwendbar seien[8]. Das Urteil wurde am 21. 2. 1927 vom Kassationsgerichtshof aufgehoben[9]. Das Gericht stellte darauf ab, es könne nicht darauf ankommen, ob die Sache von der Hand eines Menschen gelenkt worden war oder nicht; es müsse genügen, daß die Sache wegen der von ihr ausgehenden Gefahren notwendigerweise der „garde" unterstehe. Als das Appellationsgericht von Lyon, an das der Rechtsstreit zurücküberwiesen worden war, diesem Urteil nicht folgte[10], kam der Prozeß vor die Vereinten Senate der Cour de Cassation.

Mit dem Hinweis auf die „garde" als Anknüpfungspunkt einer Haftung nach Art. 1384 § 1 C.c. verlegte das Gericht die Kriterien für dessen Anwendung in die menschliche Sphäre. An der in diesem Zusammenhang entscheidenden Stelle des Urteils[11] heißt es:

> "Mais attendu que la loi pour l'application de la présomption qu'elle édicte, ne distingue pas suivant que la chose qui a causé le dommage était ou non actionnée par la main de l'homme il n'est pas nécessaire qu'elle ait un vice inhérent à sa nature et susceptible de causer le dommage, l'article 1384 rattachant la responsabilité *à la garde de la chose, non à la chose elle-même*[12]."

Dieser in ihren Auswirkungen damals noch nicht zu übersehenden Entscheidung, die die Haftung für den durch ein Kraftfahrzeug verursachten Schaden von einer noch zu erörternden Beziehung zwischen Halter und Schaden abhängig machte, folgte 1933 ein weiteres, in seinen Aussagen in gleicher Weise bedeutsames Urteil. In einer gewissen Anlehnung an den gerade verworfenen Gedanken des „dynamisme propre" der Sache erklärte die Cour de Cassation, der Halter sei für durch Fehler der Sache verursachte Schäden unabhängig davon haftbar, ob er den Fehler hätte voraussehen oder vermeiden können[13].

Die Entscheidung, die inhaltlich an das Urteil vom 16. 6. 1896 anknüpft, steht insofern im Widerspruch zum Urteil im Falle Jand'heur, als sie den Ansatzpunkt für eine Haftung nach Art. 1384 § 1 C.c. in einer bestimm-

---

[8] Belfort 19. 12. 1925, D 1930.1.60 (unter dem Urteil des Kassationsgerichtshofs abgedruckt).

[9] Cass. civ. 21. 2. 1927, D 1927.1.91, Anm. Ripert, S 1927.1.137, Anm. Esmein, Gaz.Pal. 1927.1.407, concl. Langlois.

[10] Lyon 7. 7. 1927, D H 1927, 423.

[11] Der belgische Kassationsgerichtshof ist übrigens dem französischen Beispiel nicht gefolgt, sondern gewährt einen Anspruch auf Art. 1384 § 1 C.c. nur, wenn es dem Kläger gelingt, einen Fehler der Sache nachzuweisen. I. d. S. Cass. belge, Urteile vom 26. 5. 1904, Pas 1904.1.246; 9. 10. 1911, Pas 1911.1.518; 25. 3. 1920, Pas 1920.1.110; 19. 10. 1933, Pas 1933.1.410; 21. 12. 1956, J T 1957, 205.

[12] Sperrungen vom Verfasser.

[13] Cass. req. 2. 5. 1933, Gaz.Pal. 1933.1.1039, D H 1933, 281.

ten Eigenschaft der Sache selbst erblickt, ohne zugleich die menschliche Kontrollmöglichkeit bei der Entstehung des Schadenverlaufs mit ins Spiel zu bringen[14]. Für den Bereich der infolge von Fehlern der Sache entstandenen Schäden war damit eine dem „fait de la chose" zugehörige Fallgruppe geschaffen worden, die sich den übrigen, hier noch zu entwickelnden Abgrenzungskriterien entzog. Zugleich wurde mit dieser Rechtsprechung der noch heute bestehende Dualismus des französischen Haftpflichtrechts angelegt.

II. Dogmatische Einordnung

Was die Gruppe von Fällen anbelangt, die nicht von einem gegebenen Fehler der Sache ausgehen, so kam unter den seit dem 13. 2. 1930 bekannt gewordenen Versuchen, den „fait de la chose" zu definieren, der von den Brüdern H. und L. Mazeaud entwickelten Theorie die größte Bedeutung zu.

Diese bereits erwähnte Theorie der „faute dans la garde" greift den von der Cour de Cassation am 13. 2. 1930 gegebenen Hinweis für die Haftungsvermutung des Art. 1384 C.c. auf und stellt in Anlehnung an die Tierhalterhaftung des Art. 1386 C.c. die Regel auf, Art. 1384 § 1 C.c. sei immer dann anwendbar, wenn die Sache der Kontrolle des Menschen entglitten sei. In dem Augenblick, in dem die Realisierung eines ungewollten Schadens den Widerspruch zwischen menschlichem Planen und tatsächlichem Erfolg zum Ausdruck bringe, liege nicht mehr „fait de l'homme", sondern „fait de la chose" vor[15].

Angesichts der an dieser Theorie geübten Kritik mußten H. und L. Mazeaud indessen selbst zugestehen, daß mittels ihrer Vorstellungen letztlich nur die Fälle zugunsten einer Anwendung des Art. 1382 C.c. ausgeschieden wurden, in denen der durch Einwirkung einer Sache gewollte Schaden vorsätzlich verursacht war[16].

Aber auch insoweit begegnet ihre Auffassung Bedenken, als es unbefriedigend erscheint, daß ein „échappement de contrôle" auch dann vorliegen soll, wenn der Halter sein Fahrzeug so steuerte, wie er es

---

[14] Vgl. die weiteren i. d. S. ergangenen Urteile: Cass. req. 8. 3. 1937, S 1937. 1.151, Gaz.Pal. 1937.1.840; Cass. civ. 11. 3. 1940, Gaz.Pal. 1940.2.15; Cass. req. 22. 1. 1945, S 1945.1.57, Gaz.Pal. 1945.1.84.

[15] Vgl. H. L. J. *Mazeaud*, Leçons II, Nr. 530; *Mazeaud*, Traité II, Nr. 1243, S. 347 ff.; ähnlich die Theorie von *Besson*, La notion de garde, S. 61, der die fehlende Beherrschbarkeit der Sache zur Anwendungsvoraussetzung des Art. 1384 § 1 C.c. macht.

[16] *Mazeaud*, Traité II, Nr. 1248, S. 351. Die von J. Mazeaud, Traité II, Nr. 1256, S. 156/7 aufgeführten Beispiele, in denen Art. 1384 C.c. nicht zur Anwendung kommen soll, kennzeichnen sich nicht dadurch, daß kein „échappement de contrôle" vorliegt, sondern z. B. dadurch, daß die aktive Beteiligung der Sache fehlt oder eine andere Sache den Schaden ausschließlich herbeiführt.

wünschte, und auch dorthin, wo er wünschte, er jedoch einfach übersah, daß dieses Verhalten zu einem Schaden führen werde, z. B. weil er das seitwärts auf ihn zukommende andere Kfz nicht bemerkt hatte[17]. An diesem Beispiel zeigt sich deutlich die Diskrepanz, die darin liegt, daß das Fehlen der Kontrolle über die Sache erst im Rückschluß aus dem Eintritt des Schadens, nicht jedoch unmittelbar aus dem Verhalten des Halters abgeleitet wird.

Daß dennoch neben dieser Theorie keine andere mit stärkerer Durchschlagskraft aufgetaucht ist, dürfte einfach daran liegen, daß eine Abgrenzung des Anwendungsbereichs von Art. 1384 C.c. mittels einer Gegenüberstellung von „fait de l'homme" und „fait de la chose" zum Scheitern verurteilt ist. Dabei kann es auch keine entscheidende Rolle spielen, ob man zur Bestimmung des „fait de la chose" unmittelbar von der Sache selbst ausgeht (Explosion, Fehler), oder aber das „Verhalten" (‚comportement') der Sache dadurch in Beziehung zum Menschen setzt, daß man die vom Menschen nicht gewollte Kausalkette dem „fait" der Sache zuschreibt. Für beide Fälle gilt die Erkenntnis, daß letztlich hinter jeder Beteiligung der einem Halter zugeordneten Sache am Schadenseintritt ein menschliches Verhalten steht. Sieht man sich außerstande, der Sache ein diesem Verhalten entsprechendes Eigenleben zuzugestehen, gelangt man schwerlich zu zwei sich wechselseitig ausschließenden Tatbeständen, die auf der Unterscheidung „fait de la chose" und „fait de l'homme" beruhen[18].

III. Die Rechtsprechung zum „fait" des Kfz

Was nun die Rechtsprechung betrifft, die ihre Urteile wesentlich mehr unter dem Zwang sozialer Gegebenheiten als dem der doktrinären Geschlossenheit erließ, so hatte diese zumindest bei den durch fahrende Kraftfahrzeuge verursachten Schäden in der Regel nie gezögert, Art. 1384 § 1 C.c. anzuwenden[19]. Dieses pauschale Vorgehen enthob sie der Mühe,

[17] Zur Kritik vgl. *Mazeaud/Tunc* II, Nr. 1248, S. 252, wo Tunc hier „fait de l'homme" annimmt.

[18] Konsequenterweise sieht *Savatier* in Art. 1384 § 1 C.c. und Art. 1382 C.c. nicht zwei sich ausschließende Tatbestände, sondern will Art. 1384 § 1 C.c. subsidiär da eingreifen lassen, wo kein Verschulden gegeben ist. Da aber die Anwendung von Art. 1384 § 1 C.c. nicht die im deutschen Recht gegebenen Nachteile des § 7 StVG (kein Schmerzensgeld, Begrenzung der Ersatzpflicht auf eine Höchstsumme) mit sich bringt, wäre die praktische Bedeutung von Art. 1382 C.c. auf die wenigen Fälle reduziert, in denen das Verschulden des Beklagten zweifelsfrei feststeht oder der Verletzte sich der Mühe des Verschuldensnachweises unterzieht. Dies könnte für ihn von Interesse sein, damit die Bedeutung des eigenen Tatbeitrages verringert wird.

[19] Auch für geparkte Fahrzeuge schloß die Rechtsprechung die Haftung aus Art. 1384 C.c. nie mit der Begründung aus, es habe an dem Merkmal eines „échappement de contrôle" gefehlt.

in den zahlreichen ihr unterbreiteten Schadensfällen, an denen Kraftfahrzeuge beteiligt waren, nach neuen Antworten auf die angeschnittenen Fragen zu suchen. Da nahezu sämtliche Fälle, in denen eine Anwendung des Art. 1384 § 1 C.c. in Betracht kommt, Verkehrsunfälle darstellen, reduzierte sich die obige Problematik fast ausschließlich auf die wenigen verbleibenden sonstigen Schadensfälle, die hier nicht zur Erörterung stehen.

In die große Zahl der Urteile im oben genannten Sinn will allerdings ein jüngeres Urteil vom 23. 4. 1971[20] nur schlecht passen. Mit diesem Urteil scheint die Cour de Cassation die erwähnte Erkenntnis, daß zwischen „Verhalten" von Sachen und Menschen nicht getrennt werden kann, verloren zu haben.

Das Gericht lehnte die Anwendung des Art. 1384 § 1 C.c. auf die Klage eines geschädigten Fahrers gegen den Halter des anderen am Unfall beteiligten Kfz ab, da dessen Fahrer bereits aus Art. 1382 C.c. hafte, mithin ein „fait de l'homme" gegeben sei.

Es erscheint dennoch müßig, dieses Urteil, auf das an anderer Stelle nochmals zurückzukommen sein wird, hier näher zu besprechen. Die zugleich resignierende und beschwörende Kritik Rodières an diesem Urteil[21] macht deutlich genug, daß dem stets wieder aufflackernden Bemühen, doch noch eine Grenze zwischen „fait de l'homme" und „fait de la chose" und damit zugleich der Anwendbarkeit der Art. 1382 und 1384 § 1 C.c. zu ziehen, ähnliche Hindernisse im Weg stehen wie der Quadratur des Kreises. So wird auch die Bedeutung des erwähnten Urteils nicht sonderlich groß bleiben und man wird getrost weiter davon ausgehen dürfen, daß es nicht möglich ist, die Anwendbarkeit von Art. 1384 § 1 C.c. durch die Annahme eines „fait de l'homme" spürbar einzuschränken.

Mit dieser negativen Antwort läßt sich nicht verhindern, daß das geschilderte Grundproblem des französischen Deliktrechts für andere Fragen weitere zusätzliche Problemstellungen mit sich bringt. So mußte die Rechtsprechung nach ihrem im Ergebnis wohl auch heute noch vorliegenden Verzicht, eine Eingrenzung des Anwendungsbereiches von Art. 1384 § 1 C.c. für die Haftung des Kraftfahrzeughalters im Rahmen der geschilderten Problemstellung vorzunehmen, in anderen Bereichen nach Lösungsmöglichkeiten suchen. Diese boten sich bei der Prüfung der Kausalität.

IV. Der „fait actif", Entwicklung und Problematik

Eine erste Möglichkeit bestand hier in der Eliminierung aller Fälle, in denen die Sache keinerlei Rolle bei der Entstehung des Schadens

[20] D 1972, 613 f.

[21] Vgl. die Anmerkung zu dieser Entscheidung.

gespielt hatte. Die das Erfordernis der Kausalität konkretisierende Bedingung einer „intervention de la chose dans la production du dommage" wird heute allgemein anerkannt[22]. Die Mitwirkung einer Sache soll dabei nach herrschender Ansicht keinen materiellen Kontakt zwischen Sache und Verletzungsobjekt bedeuten[23]; so wird es z. B. möglich, auch den Halter eines Fahrzeugs haftbar zu machen, der lediglich durch seine aggressive Fahrweise dazu beitrug, daß ein anderer bedrängter Verkehrsteilnehmer mit einem Dritten kollidierte. In der Folge können dann sowohl dem bedrängten Fahrer als auch dem geschädigten Dritten Ansprüche gegen den Erstverursacher zustehen[24].

Die Feststellung einer Beteiligung der Sache als conditio sine qua non genügt dem erwähnten Zweck allerdings noch nicht. Da praktisch jeder Schaden durch die Beteiligung irgendeiner Sache herbeigeführt wird, würde sich ohne zusätzliche Einschränkungen der Anwendungsbereich des Art. 1384 C.c. außerordentlich vergrößern und sich der vom Kläger zu erbringende Nachweis einer schuldhaften Schadenszufügung auf die Fälle beschränken, in denen der Schaden mit den bloßen Händen verursacht wurde. Für die Kraftfahrzeugunfälle würde es zudem bedeuten, daß die Haftungsvermutung des Art. 1384 § 1 C.c. stets beiden Haltern der am Unfall beteiligten Kraftfahrzeuge wechselseitig zustünde, ohne daß die spezielle Art ihrer Beteiligung Berücksichtigung fände. Zahlreichen Autoren erschien dieses Ergebnis insbesondere im Hinblick auf die Fälle unbillig, in denen ein nachlässiger Kraftfahrer auf ein ordnungsgemäß geparktes fremdes Fahrzeug aufgefahren war[25].

Gerade im Hinblick auf dieses Beispiel war von Lalou vorgeschlagen worden, Art. 1384 § 1 C.c. nur auf in Bewegung befindliche Sachen anzuwenden[26]. Dieses vielfach als zu starr empfundene Kriterium fand jedoch in der Lehre keine große Resonanz[27]. Man erhob statt dessen die Forderung, die Sache müsse bei der Entstehung des Schadens eine aktive Rolle gespielt haben, sollte Art. 1384 § 1 C.c. zur Anwendung gelangen. Die Forderung war nicht zuletzt unter dem Einfluß der von Deutschland her bekannt gewordenen Adäquanztheorie aufgestellt worden und

---

[22] *Marty/Raynaud* II, Nr. 445; *Mazeaud/Tunc* II, Nr. 1211-2, 194; *Mazeaud*, Traité II, Nr. 1211-2, 292; *Lalou*, Traité, Nr. 1248 und die dort zitierte Rechtsprechung; *Savatier*, Traité I, Nr. 353, Traité II, Nr. 503.

[23] A. A. aber *Esmein*, Anm. S 1941.1.201; *Rodière*, Anm. JCP 1946.II.3009.

[24] Wegen der zahlreichen Beispiele aus der Rechtsprechung s. *Mazeaud/Tunc* II, S. 196, Fußn. 5, S. 197, Fußn. 7, S. 198, Fußn. 8.

[25] Vgl. z. B. *Esmein*, D H 1937, chron., 65 ff.; *Flour*, Rev. crit. lég. et jur. 1935, 379 ff., Nr. 7; *Lalou*, D H 1933, chron., 93 ff.; H. *Mazeaud*, Le fait actif, Anm. S 1933.1.257, II b; H. L. J. *Mazeaud*, Leçons II, Nr. 553; *Mazeaud*, Traité II, Nr. 1211-4, Fußn. 2; *Savatier*, Anm. D 1930.1.84; D 1930.1.137; D 1935.2.17.

[26] *Lalou*, D H 1933. chron. 97; ähnlich auch *Savatier*, Anm. D 1945.1.317 und Traité I, Nr. 353 ff., sowie *Flour*, Anm. D C 1941.1.85.

[27] Vgl. dazu *Esmein*, D H 1937. chron. 65 und *Savatier*, Traité I, Nr. 353 und Anm. D 1930.1.81.

schien vielen Juristen als geeignetes zusätzliches Kriterium für die gesuchte Beziehung zwischen Sache und Schaden[28].

Eine wirkliche Präzisierung der gefundenen neuen Bedingung wurde indes nicht gegeben. Unter einer „rôle actif“ der Sache sollte nach den meist nicht sehr exakt gefaßten Vorschlägen der verschiedenen Autoren verstanden werden, daß die Sache den Schaden unmittelbar herbeigeführt haben mußte („lien direct“), daß sie eine der Hauptursachen des Schadens darstellte und nicht nur einer dritten überwiegenden Ursache rein passiv ausgesetzt war[29].

Die höchstrichterliche Rechtsprechung griff die neuen Vorschläge nach einem vorbereitenden Urteil vom 9. 6. 1939[30] erstmals in der Entscheidung vom 19. 2. 1941[31] auf und lehnte zugleich die Theorie der „chose inerte“ ab. Anläßlich einer Kollision zweier Kraftfahrzeuge stellte dort der Senat fest, eines der beiden Fahrzeuge habe ein normales „Verhalten“ („comportement“) gehabt und nur eine rein passive Rolle bei der Entstehung des Schadens gespielt. Aus diesen Gründen sei der Halter des betreffenden Fahrzeugs nicht der Haftungsvermutung des Art. 1384 § 1 C.c. unterworfen.

Die damit neu geschaffene Entlastungsmöglichkeit wurde alsbald auch in weiteren Urteilen bestätigt[32]. Zusätzlich wurde Art. 1384 § 1 C.c. nun auch in dem Sinne interpretiert, daß nach der Feststellung einer Beteiligung der Sache am Schadensablauf zugleich auch auf deren ursächliche Beteiligung im Sinne eines „fait actif“ geschlossen werden durfte. Diese Vermutung sollte der Halter wiederum durch den Nachweis der passiven Rolle der Sache bzw. ihres „normalen Verhaltens“ entkräften können.

Diese neue Konzeption mußte sich bald den verschiedensten Vorwürfen stellen, die von der Schwierigkeit zeugen, die neu gefundenen Haftungsvoraussetzungen dogmatisch neben der Stellung der „faute“ und dem herkömmlichen Entlastungsgrund der „cause étrangère“ einzuordnen[33].

Die Bedenken reichten von der Frage, ob es überhaupt denkbar sei, einer (leblosen) Sache einen „fait actif“ zuzuerkennen[34], bis zu dem Pro-

---

[28] In Anlehnung an die Adäquanztheorie wurde gefordert, der Schaden hätte normalerweise durch die Sache verursacht werden können.
I. d. S. *Marty*, Anm. S 1937.2.217; *Houin*, Anm. S 1941.1.89; Joly, Anm. Rev. trim. dr. civ. 1942, 272/3; Nast, Anm. JCP 1941.I.221.

[29] Vgl. *Mazeaud*, Traité II, Nr. 1211-8, S. 305 ff.

[30] Cass. civ. 9. 6. 1939, DH 1939, 449.

[31] Cass. civ. 19. 2. 1941, D C 1941, Anm. Flour, 85.

[32] Nachweise bei *Mazeaud*, Traité II, Nr. 1211-4, S. 299, Fußn. 7.

[33] Zur Kritik an der Theorie des „rôle passif“ vgl. bereits: *Aubry/Rau/Esmein* VI, S. 612; *David*, La notion de fait; *Esmein*, Anm. S 1934.1.169; ders., JCP 1952. II.7538; D 1964, 205 ff.; *Planiol/Ripert/Esmein* VI, Nr. 620, 3; *Rodière*, La responsabilité, Nr. 1521; *Savatier*, Traité II, Nr. 507 bis.

[34] *Raynaud*, *Marty/Raynaud*, S. 469, schreibt, Autoren und Rechtsprechung hätten sich auf eine paradoxe Weise auf die Suche nach einem Akt oder einer

blem der Abgrenzung des „fait actif" von der Frage nach dem Verschulden des Halters oder von dem klassischen Entlastungsgrund der „cause étrangère". Man fragte voll Mißtrauen, ob es sich bei dem neu verwendeten Begriff nicht um eine „trompe d'oeil", eine „notion parasite", eine „logomachie" handle, kurz, um etwas völlig Überflüssiges[35].

Die Rechtsprechung blieb gegenüber dieser Kritik nicht unempfindlich und ging schließlich zu einer neuen Formel über, wonach zu unterscheiden sein sollte, ob die Sache „das Werkzeug des Schadens" (l'instrument du dommage") gewesen war oder nicht. Maßgeblichen Einfluß für die Übernahme dieser neuen Formel hatten die Thesen Riperts gehabt, denen zufolge nur der Mensch einen Schaden verursachen kann, während die unter seiner Obhut („garde") stehende Sache allenfalls zum „Werkzeug" des Schadens werden könne[36].

Bei der Anwendung der Formel durch die Gerichte ist allerdings starke Unsicherheit festzustellen. Manche Urteile bezeichneten mit dem Begriff „instrument du dommage" nur noch die materielle Beteiligung der Sache an der Entstehung des Schadens um die aktive Rolle der Beteiligung hervorzuheben, stellten sie fest, die Sache habe bei der Realisierung des Schadens mitgewirkt („concouru" oder „contribué" oder auch „participé")[37].

In anderen Urteilen diente die erwähnte Formel gleichermaßen dazu, die bloße materielle Beteiligung der Sache zu bezeichnen[38], wie auch — wenn an dieser Beteiligung keine Zweifel bestanden — die aktive Intervention der Sache zu unterstreichen[39].

Schließlich gibt es Entscheidungen der Cour de Cassation, die vorinstanzliche Urteile, die die passive Rolle der Sache bei der Realisierung des Schadens festgestellt hatten, nicht nur mit der genannten Formel, die Sache sei nicht „instrument" des Schadens gewesen, bestätigen, sondern dabei eine komplexere Wendung benutzen,wie: "La chose ... n'avait été l'instrument du dommage que sous l'effet d'une circonstance étrangère non imputable au gardien"[40].

„faute" der unbelebten Sache begeben, die nur das Ergebnis einer „anthropomorphen Deformation" habe werden können.

[35] Vgl. *Boré*, Anm. JCP 1964.I.13607 I.

[36] *Ripert*, Anm. DP 1922.1.25; ders., La règle morale, Nr. 124.

[37] So z. B. Cass. civ. 1. 3. 1957, Bull. cass. II, Nr. 196, S. 129; Cass. civ. 23. 1. 1958, Bull. cass. II, Nr. 72, S. 46; Cass. civ. 22. 12. 1958, Bull. cass. II, Nr. 890, S. 587; Cass. civ. 16. 4. 1959, Bull cass. II, Nr. 316, S. 204.

[38] Cass. civ. 21. 11. 1957, Bull. cass. II, Nr. 715, S. 460; Cass. civ. 9. 11. 1961, Bull. cass. II, Nr. 740, S. 520; Cass. civ. 10. 5. 1962, Bull. cass. II, Nr. 432, S. 305; Cass. civ. 6. 7. 1962, Bull. cass. II, Nr. 564, S. 407.

[39] Cass. civ. 22. 12. 1958, Bull. cass. II, Nr. 890, S. 587; Cass. civ. 3. 11. 1960, Bull. cass. II, Nr. 638, S. 435; Cass. civ. 23. 11. 1961, Bull. cass. II, Nr. 796, S. 557; Cass. soc. 30. 10. 1962, Bull. cass. IV, Nr. 773, S. 640.

[40] Cass. civ. 20. 2. 1957, Bull. cass. II, Nr. 160, S. 100; Cass. civ. 30. 10. 1957, Bull. cass. II, Nr. 653, S. 420; Cass. civ. 2. 5. 1958, Bull. cass. II, Nr. 304, S. 204;

Obwohl die Gerichte dabei (noch) nicht prüften, ob diese „circonstance étrangère“ zugleich den Charakter einer „force majeure“ aufwies, markiert die zitierte Wendung bereits den Beginn einer Verschmelzungsphase zwischen dem Entlastungsgrund „fait passif de la chose“ und dem klassischen Haftungsausschließungsgrund der „cause étrangère“[41].

Die Unsicherheit der höchstrichterlichen Rechtsprechung trat schließlich noch anläßlich eines weiteren (vorübergehenden) Richtungswechsels zutage, der wegen seiner Auswirkungen auf die Beweislastverteilung erwähnenswert erscheint.

In einem Urteil vom 12. Mai 1960[42] stellte die Cour de Cassation zu einem Verkehrsunfall fest, daß die beiden Fahrzeuge sich in Bewegung befunden und folglich das eine wie das andere an der Herbeiführung der wechselseitigen Schäden Anteil gehabt hätten.

("Les deux voitures étaient en marche; qu'elles avaient donc participé l'une et l'autre à la création de leurs respectives.")

Damit schien der Senat die maßgeblich von Lalou[43] entwickelten Gedanken wieder aufgreifen zu wollen, wonach Art. 1384 § 1 C.c. nur auf in Bewegung befindliche Sachen Anwendung finden solle, eine Theorie, die am 19. 2. 1941[44] ausdrücklich abgelehnt worden war. Grund der Ablehnung war damals offensichtlich die Erkenntnis gewesen, daß auch unbewegliche Dinge in bestimmten Situationen außerordentlich schadensfördernd wirken können (z. B. an unübersichtlicher Kurve nachts abgestelltes Kfz), und daß daher ein Bedürfnis besteht, die Haftung für solche Sachen ebenfalls in den Anwendungsbereich des Art. 1384 § 1 C.c. einzubeziehen[45].

Die neuerliche Vergegenwärtigung dieser Motivation dürfte dann auch der Grund dafür gewesen sein, daß der Senat nach wenigen weiteren Urteilen[46] von dem erwähnten Interpretationsversuch Abstand nahm und zu der oben erörterten Terminologie zurückkehrte[47].

Cass. civ. 5. 5. 1960, Bull. cass. II, Nr. 291, S. 197; Cass. civ. 6. 1. 1961, Bull. cass. II, Nr. 16, S. 11; Cass. civ. 26. 1. 1961, Bull. cass. II, Nr. 84, S. 59; Cass. civ. 1. 6. 1962, Bull. cass. II, Nr. 484, S. 345.

[41] Wegen Einzelheiten zum Entlastungsgrund der „cause étrangère“ vgl. unten Kap. 3.

[42] Cass. civ. 12. 5. 1960, Bull. cass. II, Nr. 310, S. 210.

[43] Lalou, D H 1933. chron., 93.

[44] Cass. civ. 19. 2. 1941, D H 1941.J.85, Anm. Flour.

[45] Vgl. zur Problematik im einzelnen: *Mazeaud/Tunc* II, Nr. 1211-7, S. 203/4; *Mazeaud,* Traité II, Nr. 1211-7, S. 302 - 305.

[46] So noch Cass. civ. 19. 7. 1960, Bull. cass. II, Nr. 490, S. 344 und Cass. civ. 7. 1. 1960, Bull. cass. II, Nr. 13, S. 9.

[47] So in Cass. civ. 16. 12. 1960, Bull. cass. II, Nr. 781, S. 532 und Cass. civ. 11. 1. 1961, Bull. cass. II, Nr. 25, S. 16; Cass. soc. 30. 10. 1962, Bull. cass. IV, Nr. 773, S. 640.

Damit konnte die eingeleitete Verschmelzungsphase zwischen den beiden Entlastungsgründen des „fait passif" und der „cause étrangère" fortgeführt werden. Entweder erhöhte die Rechtsprechung nun ihre Anforderungen an ein Normalverhalten („comportement normal") der Sache entsprechend den Anforderungen, die die Entlastung mittels Nachweis einer „cause étrangère" voraussetzte[48], oder aber sie gestand dem Halter das Vorliegen einer „cause étrangère" in Fällen zu, in denen sie zuvor die Entlastung mit einem „fait passif" begründet hätte[49].

Auch hob das Gericht Entscheidungen auf, die dem Halter das Vorliegen einer „cause étrangère" zugebilligt hatten, ohne daß dabei die bisher anerkannten Kriterien der Vermeidbarkeit und Vorhersehbarkeit des Schadenseintritts ins Spiel gebracht wurden[50].

Einen gewissen Abschluß dieser Entwicklung stellt ein vom Zweiten Senat am 11. Juli 1963 erlassenes Urteil[51] dar. Dieses Urteil hob eine Entscheidung der Vorinstanz auf, die die Klage gegen den Halter eines PKW mit der Feststellung abgewiesen hatte, seine Sache habe bei der Entstehung des Schadens nur eine passive Rolle gespielt, ohne daß die an sich nur für die Frage nach dem Vorliegen einer „cause étrangère" entscheidende Prüfung vorgenommen worden war, ob für den beklagten Halter die absolute Unmöglichkeit bestand, infolge des unvorhersehbaren Verhaltens des Opfers den Schaden zu vermeiden:

"... doit être cassé ... l'arrêt, qui a rejeté la demande de la victime au seul motif que l'automobile, dont le gardien bénéficiait du droit de priorité, n'avait joué dans la collision qu'un rôle passif sans rechercher si le ledit gardien avait été mis dans l'impossibilité absolue d'éviter le dommage sous l'effet du comportement imprévisible et irresistible de la victime."

Damit, daß eine Entlastung mittels Nachweises des „fait passif" nurmehr unter den anerkannten Voraussetzungen einer „cause étrangère" zugebilligt wurde, unter welcher Bezeichnung dies auch immer geschehen mochte, war der „fait passif" als selbständiger Haftungsgrund ausgeschaltet.

V. Die neuere Rechtsprechung zum „fait actif"

Wie Boré richtig vermutet hatte[52], lebte jedoch der Gedanke dieses aufgegebenen Entlastungsgrundes im Verborgenen fort. Ohne daß in

---

[48] Cass. civ. 28. 2. 1963, Bull. cass. II, Nr. 203, S. 149.

[49] So beim Zusammenstoß mit einem ordnungsgemäß geparkten und beleuchteten Kfz.: Cass. civ. 21. 3. 1963, Bull. cass. II, Nr. 273, S. 201.

[50] Vgl. dazu Cass. civ. 15. 6. 1961, Bull. cass. II, Nr. 457, S. 326; Cass. civ. 27. 10. 1961, Bull. cass. II, Nr. 711, S. 501; Cass. civ. 14. 12. 1961, Bull. cass. II, Nr. 873, S. 618; Cass. civ. 9. 11. 1961, Bull. cass. II, Nr. 740, S. 520; Cass. civ. 12. 5. 1961, Bull. cass. II, Nr. 344, S. 247.

[51] Cass. civ. 11. 7. 1963, JCP 1964.II.13607, Anm. Boré.

[52] *Boré*, Anm. JCP 1964.II.13607.

ihm ein unabhängiges Entlastungsmoment gesehen wurde, tauchte er fortan auf in Wendungen wie „participé à la production du dommage" oder „instrument du dommage"[53]. Bereits das Urteil vom 29. Januar 1965[54] deutet dann auf eine Bereitschaft der Rechtsprechung hin, den „rôle passif" wiederum als selbständiges Kriterium gelten zu lassen. In diesem Urteil heißt es:

"... l'automobiliste ne rapportait pas la preuve, soit du rôle passif de la voiture, soit de la faute imprévisible et inévitable de la victime, ou de tout autre événement présentant ces caractères."

Mit dem Urteil des Zweiten Senats vom 3. März 1965[55], das den in der Vorinstanz verwendeten Begriff des „rôle passif" ausdrücklich billigte, stand schließlich die Wiederauferstehung des kurzfristig begrabenen Kriteriums endgültig fest[56].

Es versteht sich, daß die Schwierigkeiten, welche die Rechtsprechung mit der genaueren Festlegung der Kriterien hatte, nach denen die Entlastung des Halters durch Annahme eines „fait passif" gewährt werden soll, infolge dieses zweimaligen Richtungswechsels nicht gerade vermindert wurden. Während die Doktrin überwiegend die „Aktivität" einer Sache aus einer Regelwidrigkeit im Verhalten des Halters abzuleiten sucht[57], folgt die Rechtsprechung hier nur grundsätzlich. Im Verkehrshaftpflichtrecht wurde gerade das oben erwähnte Beispiel des Auffahrens auf ein geparktes anderes Fahrzeug zum Modellfall der Problematik. So folgern zahlreiche Urteile die Kausalität der Sache für den Unfall aus der „irrégularité de sa présence" oder aus ihrem „stationnenment"[58], wie umgekehrt auch zahlreiche Urteile in der Tatsache des verkehrsmäßigen Parkens einen Hinderungsgrund sehen, eine Kausalität im obigen Sinne zu bejahen[59].

Dieser Zusammenhang zwischen Verkehrswidrigkeit und Kausalität wurde für die Rechtsprechung jedoch nicht zwingend. So bejahte die Cour de Cassation den „fait actif" auch anläßlich eines verkehrsmäßig

---

[53] So z. B. cass. civ. 15. 10. 1964, Bull. cass. II, Nr. 449; Cass. civ. 4. 11. 1964, Bull. cass., Nr. 500; Gaz.Pal. 1965.1.T. resp. civ., Nr. 216.

[54] Cass. civ. 29. 1. 1965, Bull. cass. II, Nr. 72, Gaz.Pal. 1965.2.T. resp. civ., Nr. 252.

[55] Cass. civ. 3. 3. 1965, Gaz.Pal. 1965.1.411, JCP 1966.II.14672, Anm. Boré.

[56] JCP 1966.II.4672, Anm. Boré; Rev. trim dr. civ. 1965, 656, Anm. Rodière.

[57] Nachweise in *Mazeaud*, Traité II, Nr. 1211-9,S. 208 ff.

[58] So z. B. Cass. civ. 23. 1. 1945, S. 1946.1.57, Anm. Hebraud, D 1945, 317, Anm Savatier; Cass. civ. 23. 6. 1960, Bull. cass. II, Nr. 403, S. 281; Cass. civ. 19. 2. 1964, Bull. cass. II, Nr. 150, S. 113; Paris 14. 6. 1960, Gaz.Pal. 1960.2.274; Paris 24. 1. 1962, Gaz.Pal. 1962.1.340.

[59] So z. B. Cass. civ. 22. 12. 1958, Bull. cass. II, Nr. 890, S. 587; Cass. civ. 16. 5. 1962, Bull. cass. II, Nr. 442, S. 313; Cass. civ. 4. 1. 1963, Bull. cass. II, Nr. 15, S. 12; Cass. civ. 21. 3. 1963, Bull. cass. II, Nr. 273, S. 201.

geparkten Wagens[60] und weigerte sich in anderen Fällen, die kausale Rolle eines verkehrswidrig geparkten Kfzs anzuerkennen[61].

Schließlich verwendet die Rechtsprechung neben dem Terminus „instrument du dommage" neuerdings auch zunehmend den Ausdruck, die Sache habe den „rôle créateur" des Schadens gespielt. Beispiele hierfür finden sich in Fällen unvermittelten Bremsens[62] oder in einem Fall, in dem ein nicht auf der üblichen Fahrbahn verkehrendes Fahrzeug mit einem Radfahrer kollidierte[63].

VI. Dogmatische Einordnung des „fait actif"

Wohl in der großen Mehrzahl der Urteile dient das Kriterium des Normalverhaltens („comportement normal") der Sache zur Beurteilung einer Art adäquater Kausalität[64]. Eine größere Zahl dabei nur schwer einzuordender Fälle gibt indes der von Esmein geäußerten Vermutung[65] Raum, daß die Kausalität des öfteren mehr nach dem Gefühl der Richter und damit wohl nach dem hinter der Sache stehenden Verhaltenswert der Beteiligten bestimmt wird[66].

Die Berechtigung eines derartigen Vorwurfs erhärtet sich in dem Maße, in dem sichtbar wird, daß es den Gerichten mißglückt ist, die Kausalität der Sache für den eingetretenen Schaden von einem Verschulden des sie bedienenden Halters zu trennen.

Unter den kritischen Meinungen zu diesem Punkt ist insbesondere die Flours zu nennen[67]. Seine grundsätzlichen Bedenken gegen die Einführung des Kriteriums des „rôle passif" sind mit bestimmt von dem Vorwurf, die Rechtsprechung begebe sich bei der Prüfung des „Normalverhaltens" einer Sache in den Bereich der „faute". Mit der Darlegung, daß die Sache nur passiv am Schadensverlauf beteiligt gewesen sei, werde zugleich gezeigt, daß ihre Beteiligung im Rahmen des Verkehrs-

---

[60] Cass. civ. 20. 2. 1957, Gaz.Pal. 1957.1.389.

[61] So in Cass. civ. 4. 2. 1960, Gaz.Pal. 1960.1.306, JCP 1960 IV ed. 6, S. 42; Cass. civ. 11. 10. 1962, Bull. cass. II, Nr. 644, S. 470; Paris 2. 6. 1964, Gaz. Pal. 1964, 2. somm. 12.

[62] Vgl. z. B. Cass. civ. 10. 1. 1962, Bull. cass. II, Nr. 44, S. 30.

[63] Cass. civ. 4. 12. 1963, Bull. cass. II, Nr. 791, S. 591.

[64] I. d. S. *Boré*, JCP 1964.II.13607.

[65] *Esmein*, D 1964. chron. 205 ff.

[66] Vgl. dazu auch *Rodière*, La responsabilité, Nr. 1521-24, ders., Anm. JCP 1965.II.14022, der feststellt, daß bei allen diesen Theorien die materielle Kausalität unmerklich durch moralische Bewertungen mitbestimmt wird.

[67] *Flour*, Anm. D C 1941.J.85; kritische Überlegungen der gleichen Richtung finden sich bei *Hébraud*, Anm. S. 1946.1.67 und bei *Houin*, Anm. S. 1941.1.89, sowie bei *Rodière*, Anm. JCP 1942.II.2637. Vgl weitere Literaturangaben: *Mazeaud*, Traité II, Nr. 1211-9 bis S. 313 Fußn. 1.

mäßigen gelegen habe, und damit, daß dem Halter kein Verschulden vorgeworfen werden könne.

Diese Kritik Flours muß zunächst unter dem spezifischen „faute"-Begriff des französischen Rechts gesehen werden, der, wie gezeigt wurde, auch objektive Gesichtspunkte und solche der Rechtswidrigkeit umfaßt. Sie geht ebenfalls von dem grundsätzlichen gedanklichen Ansatz aus, daß hinter einer Beteiligung der Sache stets menschliches Verhalten steht.

Z. B. zeigen gerade die nach Einführung des Kriteriums des „fait passif" ergangenen Urteile den starken Einfluß menschlichen Verhaltens auf die Wertung einer Beteiligung der Sache am Schadensverlauf. So wurde der „rôle actif" einer Sache bejaht, die schlecht installiert[68] oder unzureichend unterhalten[69], fehlerhaft benutzt[70] oder auch schlecht gesteuert wurde[71]. Umgekehrt bejahten die Gerichte den „rôle passif" einer Sache, die sich an der „richtigen" Stelle auf der Straße bewegte[72] oder die ordnungsgemäß beleuchtet war[73].

Eines der wenigen Urteile, die deutlich zwischen „fait passif" der Sache und Verhalten der für sie grundsätzlich verantwortlichen Person trennen, stammt vom 10. Februar 1957[74]. Im Hinblick auf den dort gegebenen Sachverhalt wird festgestellt, die ordnungsgemäße Beleuchtung eines nachts zulässig parkenden Fahrzeugs beweise zwar, daß den Halter kein Verschulden treffe, aber noch nicht, daß das Fahrzeug eine rein passive Rolle bei der Entstehung des Unfalls gespielt habe.

Das Urteil zeigt, daß Kausalität im oben aufgezeigten Sinne und „schuldhaftes" Verhalten der hinter der Sache stehenden Person nicht zwingend zusammengehören müssen. Der „fait actif" der Sache, von Tunc[75] auch als „faute de la chose" oder „faute objective"[76] veranschaulicht, kann auch ohne Vorhandensein einer „faute" existieren. Dies ist einmal stets dann möglich, wenn ein Fehler der Sache zum Schaden führt, den — wie die Rechtsprechung fordert — der Halter auch dann ersetzen muß, wenn ihn kein Vorwurf trifft. In diesen Zusammenhang fallen

[68] Cass. civ. 14. 5. 1956, Bull. cass. II, Nr. 260, S. 170 (betrifft eine Klapptüre); Cass. civ. 16. 4. 1959, Bull. cass. II, Nr. 316, S. 204 (betrifft eine Treppe); Cass. civ. 12. 3. 1959, Bull. cass. II, Nr. 258, S. 165.

[69] Cass. civ. 22. 6. 1956, Bull. cass. II, Nr. 389, S. 251 (betrifft Schienen).

[70] Cass. civ. 5. 2. 1958, Bull. cass. II, Nr. 102, S. 67 (betrifft eine Wagentüre).

[71] So allgemein die Rechtsprechung zu den Verkehrsunfällen.

[72] Cass. civ. 18. 5. 1953, Bull. cass. II, Nr. 168, S. 101.

[73] Cass. civ. 27. 1. 1955, Bull. cass. II, Nr. 47, S. 97.

[74] Cass. civ. 10. 2. 1957, Bull. cass. II, Nr. 161, S. 101.

[75] *Tunc*, Rev. trim. dr. civ. 1946, 194 ff.

[76] Der Begriff stellt auf den objektiven Gehalt der „faute" ab, der mit der Verletzung einer normierten Pflicht und damit einem Abweichen vom normgemäßen Verhalten identisch ist.

ferner die Fälle unverschuldeter Bewußtlosigkeit des Fahrers, den die neuere Rechtsprechung der Risikosphäre des Halters zugeordnet hat[77]. Ganz allgemein sind in diesem Zusammenhang aber auch die Fälle anzumerken, in denen das Fahrzeug maßgebend zu dem Unfall beitrug, wobei aber (aus besonderen Gründen) den Halter kein Vorwurf trifft (z. B. Schleudern des Wagen auf unerwarteten Ölpfützen, nicht vorhersehbare Glatteisbildung, unvermeidbares Steineschleudern durch das Fahrzeug). Hier dürfte auch bei Verneinung einer „faute" auf seiten des Fahrers die Annahme einer Anomalität im „Verhalten" des Fahrzeugs naheliegen. Umgekehrt werden wiederum „faute" und „rôle passif" der Sache stets dann zusammentreffen können, wenn die „faute" sich auf den Unfall selbst nicht ausgewirkt hat[78].

Schließlich kann auch das oben zitierte Urteil der Cour de Cassation vom 23. 4. 1971[79] als Beispiel dafür angeführt werden, daß zwischen Verschulden des Fahrers und „faute" der Sache getrennt werden kann. Wenn Art. 1384 § 1 C.c. immer dann keine Anwendung finden soll, wenn ein Verschulden des Fahrers feststeht, ist damit — formal — eine deutliche Trennung im erwähnten Sinne vorgenommen. Daß diese Trennung rein formal und in Wirklichkeit mit überzeugenden Kriterien nicht durchzuführen ist, soll hier nicht stören.

Es reichte hier aus zu zeigen, daß „fait actif" und „faute" des Haftenden nicht notwendigerweise gemeinsam auftreten müssen. Damit ist allerdings das grundsätzliche Bedenken, daß gegen die Annahme eines eigenen „fait" der Sache besteht, noch nicht ausgeräumt. Bei Aufrechterhaltung der Bedenken gelangt man dahin zu fragen, ob denn auf die Entlastungsmöglichkeit des „gardien" durch den Nachweis der passiven Rolle des Fahrzeugs bei der Entstehung des Schadens ohne Nachteil verzichtet werden könnte.

Diese Frage verlangt eine Abgrenzung des Entlastungsmomentes zu dem der „cause étrangère". Wie bereits angedeutet wurde, hat die dogmatische Ausgestaltung des Entlastungsgrundes der „cause étrangère" in starkem Maße die Gestaltung des „fait passif" beeinflußt, wobei die Rechtsprechung sogar vorübergehend dazu überging, beide Entlastungsgründe ganz miteinander zu vereinen.

Ihnen beiden ist heute gemeinsam, daß ihre vom Halter zu beweisenden Voraussetzungen zu dessen gänzlicher Haftungsbefreiung führen. Als Unterschied wird genannt, daß der „fait actif" der Sache als Bedingung für die Anwendbarkeit des Art. 1384 § 1 C.c. überhaupt, die „cause étrangère" jedoch nur als Entlastungsmöglichkeit im Rahmen des an

---

[77] Einzelheiten später.

[78] So z. B. Cass. civ. 30. 12. 1963, Bull. cass. II, Nr. 387, S. 239 (betrifft Fehler in der Beleuchtung).

[79] D 72, 613.

sich anwendbaren Artikels verstanden wird. Dieser Unterschied verliert aber seine praktische Bedeutung in dem häufig eintretenden Fall, in dem die näheren Bedingungen des Unfalls unbekannt bleiben. Hier führt gleichermaßen das Mißlingen des Nachweises der passiven Rolle der Sache bei der Entstehung des Schadens wie das Fehlen einer „cause étrangère" zur Verurteilung des Halters nach Art. 1384 § 1 C.c.

Nach dem Gesagten wird es erforderlich sein, beide Entlastungsgründe kritisch zu vergleichen. Dies bedingt wiederum zunächst die Darstellung des Entlastungsgrundes der „cause étrangère", der ein späteres Kapitel gewidmet ist. Zunächst seien hier jedoch die Haftungsvoraussetzung des deutschen Rechts aufgezeigt.

§ 5 Das deutsche Recht („bei dem Betrieb eines Kraftfahrzeugs")

Auch die Fassung des § 7 StVG hat die Haftpflicht des Halters an eine positive und eine negative Bedingung geknüpft. Positive Voraussetzungen der Einstandspflicht des Halters ist, daß sich der Schaden „bei dem Betrieb eines Kraftfahrzeuges" ereignet hat, negative Bedingung, daß der Unfall nicht durch ein unabwendbares Ereignis verursacht wurde[80].

I. Die Haftungsvoraussetzung „bei dem Betrieb"

Das Erfordernis „bei dem Betrieb eines Kraftfahrzeugs" in § 7 Abs. 1 StVG deutet zwingend auf die Beteiligung eines Kraftfahrzeugs bei der Entstehung eines Schadens hin, was zumindest voraussetzt, daß das Kfz eine Rolle bei dem Unfall gespielt haben muß, die nicht hinweggedacht werden kann, ohne daß die Rechtsgutverletzung entfiele.

Einschränkungen des damit noch außerordentlich weiten Anwendungsbereichs von § 7 Abs. 1 StVG sind zunächst in zweierlei Weise denkbar. Einmal können im Rahmen der haftungsbegründenden Kausalität nach allgemeinen Regeln nicht adäquate Kausalzusammenhänge ausgeschieden werden; zum anderen ergibt sich aus dem Wortlaut des § 7 Abs. 1 StVG, wonach die Beteiligung des Kfz nur dann zur Haftung des Halters führen soll, wenn der Schaden „bei dem Betrieb eines Kraftfahrzeugs" entstanden war, die Möglichkeit zusätzlicher Einschränkungen.

---

[80] Die Sonderrelegung des § 7 Abs. 3 StVG für den Fall einer unbefugten Benutzung soll in diesem Zusammenhang außer Betracht bleiben.

Über die genaue Bedeutung dieser Bedingung herrscht nicht überall Einigkeit. Sie kann der Bezeichnung eines bestimmten Zustandes des Kfzs dienen, aber auch den Betrieb als organisatorischen Bereich ansprechen, der selbst dann Wirkungen zu erzeugen vermag, wenn das einelne Kfz sich nicht unmittelbar in Gebrauch befindet.

Das Reichsgericht hat zur Charakterisierung des Erfordernisses „bei dem Betriebe" verlangt, es müsse ein unmittelbar örtlicher und zeitlicher Zusammenhang zwischen der Entstehung des Schadens und einem bestimmten Betriebsvorgang oder mit bestimmten Betriebseinrichtungen des Kfzs bestehen[81]. Es sei aber nicht erforderlich, daß der Unfall durch Gefahren verursacht sei, die gerade dem Betrieb eines Kfz eigentümlich sind. Die in einem bestimmten Betriebsvorgang oder in der bestimmten Betriebseinrichtung liegende Ursache müsse aber die Kausalkette in einem Augenblick in Tätigkeit gesetzt haben, als das Kfz in Betrieb war[82].

Auch der BGH hat diese Grundsätze übernommen[83].

Die Forderung, die Entstehung des Schadens müsse im Zusammenhang mit einem Betriebsvorgang eines (zugleich) in Betrieb befindlichen Kfzs liegen, läßt sich sinnvollerweise wohl nur so verstehen, daß der Schaden durch ein in Betrieb befindliches Kfz verursacht werden muß[84]. Steht aber eine Verursachung in diesem Sinne fest, so ist jedenfalls auch der geforderte örtliche und zeitliche Zusammenhang gegeben[85, 86].

Andererseits stellt das bloße Erfordernis eines zeitlichen und räumlichen Zusammenhangs gegenüber dem Nachweis, der Schaden sei durch ein in Betrieb befindliches Kfz verursacht worden, ein Minus dar. Der Sinn dieses durch die Rechtsprechung geschaffenen Kriteriums dürfte

---

[81] So z. B. das RG in seinen Urteilen vom 12. 11. 1928, DAR 1929, 24 und vom 1. 4. 1931, RGZ 132, 262 = JW 1932, 782 und vom 8. 3. 1939, RGZ 160, 129.

[82] Vgl. *Müller*, § 7 StVG, Rdz. 77.

[83] Vgl. BGH v. 21. 9. 1955, VRS 9, 414 = VersR 1955, 678; BGH v. 27. 4. 1956, VRS 11, 27/30 = MDR 1956, 481 = VersR 1956, 1420; BGH v. 11. 7. 1972, VersR 1972, 1074.

[84] Das bloße Vorhandensein eines in Betrieb befindlichen Kfz bei ungeklärtem Unfall bedeutet noch keine Beteiligung. So BGH v. 22. 10. 1968, VersR 1969, 58; vgl. auch *Müller*, § 7 StVG, Rdz. 75.
Floegel/Hartung, § 7 StVG, 2 d, S. 856, sieht hier nur eine ungenaue Beschreibung des Erfordernisses, daß ein ursächlicher Zusammenhang mit dem „Betriebsvorgang, d. h. der Beteiligung des im Betrieb befindlichen Kfz " gemeint ist.

[85] Es versteht sich dabei, daß es ausreicht, wenn die für den Unfall ursächliche, verkehrsgefährdende Lage zu einer Zeit begründet worden ist, zu der sich das Kfz in Betrieb befunden hat. Vgl. *Floegel/Hartung*, § 7, 2 d, S. 856; Celle v. 5. 7. 1954, VRS 7, 172.

[86] Sicherlich ist die Kausalität immer dann gegeben, wenn der Schaden Folge einer typischen Kfz-Gefahr ist. Diese Voraussetzung wird jedoch nicht gefordert; vgl. *Wussow*, Rdz. 672 und *Geigel*, Haftpflichtprozeß, Kap. 25, Rdz. 23. Daß die Verursachung keine Berührung voraussetzt, ist zweifelsfrei; vgl. z. B. OLG Nürnberg v. 16. 9. 1964, VersR 1966, 525.

daher in einer Beweiserleichterung zugunsten des Verletzten zu sehen sein, der aus der Nähe des Unfalls zu Betriebsvorgängen eines Kfz auch auf dessen Beteiligung im erwähnten Sinne schließen darf[87].

Neben Betriebsvorgängen erwähnt das Reichsgericht a.a.O. jedoch auch Betriebseinrichtungen. Diese Formulierung, die auf die zweite eingangs erwähnte Alternative hindeutet, könnte nur dann selbständige Bedeutung haben, wenn auch solche Unfallursachen dem Anwendungsbereich des § 7 Abs. 1 StVG unterliegen sollen, die nicht in unmittelbarer Beziehung zur Fortbewegung des Kfzs stehen, sondern dem Organisationsbereich des Kfz-„Betriebs“ zuzurechnen sind.

Ein Hinweis auf die Vorstellungen des Gesetzgebers zu dieser Frage ergibt sich aus der Entstehungsgeschichte des § 7 StVG.

Der im Entwurf von 1906 in Nachbildung an die Formulierung des § 1 RHaftpflichtG („beim Betriebe eines Kfz“) gegebenen Fassung stand im Entwurf von 1908 die der französischen Regelung wie auch der oben gefundenen Interpretation näher stehende Fassung gegenüber: „Wird durch ein im Betrieb befindliches Kraftfahrzeug ...“[88] Diese Formulierung wurde mit Annahme eines Änderungsantrages verworfen und die alte Formulierung des Entwurfs von 1906 wieder übernommen[89]. Als Begründung des Änderungsantrages war dabei vorgebracht worden, die im Entwurf aus dem Jahre 1908 verwendete Formulierung ließe die Auslegung zu, daß nur der unmittelbare, nicht aber auch der mittelbare Schaden zu ersetzen sei[90]. Weitere Gründe werden nicht genannt; auch aus dem Kommissionsbericht ergibt sich kein weiterer Aufschluß zur Tragweite dieser Änderung[91].

Es kann daraus mit einer gewissen Vorsicht geschlossen werden, daß auch der Gesetzgeber unter Aufrechterhaltung der im Entwurf von 1908

[87] So *Müller*, § 7 StVG, Rdz. 77: „Der Nachweis des örtlichen und zeitlichen Zusammenhangs ersetzt den Nachweis eines Kausalzusammenhangs (Beweis des ersten Anscheins — prima facie).“ *Müller*, Rdz. 80, wendet sich dagegen, die Voraussetzung des zeitlichen und örtlichen Zusammenhangs sei etwa restriktiv zu verstehen. So aber *Wussow*, Rdz. 672, der die Bedeutung dieser Voraussetzung wohl nicht als Beweisregel, sondern als echte Haftungsvoraussetzung begreift. Strenger ist auch die Auffassung des BGH v. 22. 10. 1968, VersR 1969, 58, nach der das bloße Vorhandensein eines in Betrieb befindlichen Kfz bei ungeklärtem Unfall noch nicht die Vermutung der Beteiligung begründen soll. Der BGH stimmte am 21. 11. 1967, VersR 1968, 176, der Auffassung des OLG zu, das ausgeführt hatte, ein unmittelbarer örtlicher und zeitlicher Zusammenhang setze voraus, daß der Fahrer des Wagens ein bestimmtes Verhalten gehabt habe, das objektiv geeignet war, auf die Fahrweise des Geschädigten einzuwirken. Eine solche Beeinflussung müsse aber erwiesen sein.

Damit wird die Bedingung zum bloßen Hinweis auf das Erfordernis der Kausalität. Vielleicht sollte auch zum Ausdruck gebracht werden, daß der Schaden nicht aus einer typischen Verursachung herrühren muß.

[88] Diese Formulierung stand auch § 1 des RHaftpflichtG nahe.

[89] Komm. Ber., S. 8.

[90] Komm. Ber., S. 6.

[91] Vgl. *Müller*, § 7 StVG, Rdz. 30.

zutage tretenden Vorstellung nur die Schäden im Auge hatte, die durch ein (einzelnes)[92] im Betrieb befindliches Kraftfahrzeug verursacht werden[93].

Es soll diese Auffassung auch hier zugrundegelegt werden, womit sich weiter die Frage nach der Bedeutung des Begriffes „Betrieb" ergibt.

II. *Entwicklung und Problematik des Betriebsbegriffes*

Zur Erklärung des Begriffes „Betrieb" hatte das Reichsgericht und die ältere Lehre die sog. maschinentechnische Auffassung entwickelt.

Nach der damaligen Vorstellung sollte ein Kfz als so lange in Betrieb befindlich gelten, wie es mittels der motorischen Kraft vorwärtsgetrieben wird, mithin vom Anlassen bis zum Abstellen des Motors[94], oder, nach einem Vorschlag Müllers, solange mechanische Triebkräfte wirken, wenn also entweder der Motor läuft oder das Fahrzeug infolge seines Schwunges oder seiner eigenen Schwerkraft rollt[95].

Diese in ihrer Abgrenzbarkeit verhältnismäßig unproblematische Regel erwies sich angesichts der praktischen sozialen Bedürfnisse und der stetig wachsenden Zahl der Opfer von Verkehrsunfällen bald als zu eng. Sie führten zu dem Bemühen, auch vorübergehend im Stand befindliche Kraftfahrzeuge oder solche, die sich mit ausgeschaltetem Motor im Verkehr bewegen, in die strengere Haftung des § 7 StVG einzubeziehen.

Die praktischen Bedürfnisse einer sich rasch verändernden Wirklichkeit brachten es mit sich, daß die Rechtsprechung sich schließlich der sog. verkehrstechnischen Auffassung zuwandte. Diese selbst in der Wandlung begriffene Konzeption stellt in stärkerem Maße darauf ab, daß das Kraftfahrzeug Verkehrszwecken dient und hat inzwischen zu dem Ergebnis geführt, daß selbst freiwillige Fahrtunterbrechungen von längerer Dauer keine Beendigung des Betriebs mit sich bringen soll[96].

Besonders aufschlußreich für die heute erreichte Ausdehnung des Betriebsbegriffes ist das Urteil des BGH vom 9. 1. 1959, in dem ein Kfz als in Betrieb befindlich bezeichnet wird, das auf einer Schnellstraße mit Motorschaden liegengeblieben war[97]. In dieser Entscheidung

[92] Vgl. RG v. 12. 11. 1929, RGZ 122, 270 = DAR 1929, 64 = JW 1929, 2055.

[93] *Böhmer*, RdK 1950, 97, erklärt die Fassung des Gesetzes damit, daß der Anschluß an die Rechtsprechung zum RHaftpflichtG ermöglicht werden sollte.

[94] Vgl. *Wussow*, Rdz. 675, S. 289 und die dortigen Nachweise.

[95] Vgl. *Müller*, § 7 StVG, Rdz. 60 mit Verweis auf *Müller*, 21. Aufl., Anm. B I a 2 zu § 7 StVG, S. 217 - 222.

[96] Beispiele z. B. bei *Geigel*, Haftpflichtprozeß, Kap. 25, Rdz. 25.

[97] BGH v. 9. 1. 1959, BGHZ 29, 163 = LM § 7 StVG, Nr. 22, Anm. Hauss = NJW 1959, 627 = MDR 1959, 297 = DAR 1959, 101 = VersR 1959, 157 = VRS 16, 170.

hatte der BGH erstmals nicht darauf abgestellt, ob eine konkrete Aussicht bestand, daß in absehbarer Zeit weitergefahren werden konnte[98].

Das Urteil bildet in gewissem Maße den Abschluß einer Entwicklung, in deren Verlauf die Rechtsprechung kontinuierlich von einem engeren Betriebsbegriff abgerückt war. Während z. B. das Reichsgericht am 12. 11. 1928 einen auf der Landstraße wegen Benzinmangel haltenden Lastzug als nicht mehr in Betrieb ansah[99], entschied es bereits am 14. 3. 1929, daß ein LKW, der nachts wegen verstopfter Benzinleitung auf der Landstraße hielt, noch in Betrieb gewesen sei[100]. In einem Urteil des Reichsgerichts vom 1. 7. 1942 wird noch festgestellt, ein mit gebrochener Luftleitung fahrunfähig an einem Bahndamm liegengebliebenes Kfz sei nicht mehr in Betrieb[101]; inzwischen entschied der BGH in dem erwähnten Urteil vom 9. 1. 1959, ein Kfz, das wegen Motorschadens auf einer Schnellstraße liegenbliebe, sei weiterhin in Betrieb[102].

Eine parallele Entwicklung zeigt die Beurteilung von Unfällen durch die Rechtsprechung, an denen freiwillig abgestellte Kfz beteiligt waren. Das Reichsgericht hatte hier darauf abgestellt, ob die Fahrt nur für kurze Zeit unterbrochen werden sollte. In diesem Sinne stellt das LG Stuttgart noch am 6. 10. 1955 fest, kurzes Parken unterbreche den Betrieb nicht[103], und das LG Koblenz führt in einem Urteil vom 11. 4. 1951 aus, ein Lastzug sei noch in Betrieb, wenn der Fahrer ihn lediglich zu einer Essenspause auf der Straße abgestellt habe[104].

Da es nach der neueren Rechtsprechung des BGH auf derartige Differenzierungen nicht mehr ankommen soll, erhebt sich die Frage, unter welchen Voraussetzungen heute ein Kfz nicht mehr in Betrieb betrachtet wird.

Eine präzise Definition des Begriffes „Betrieb" durch die Rechtsprechung ist nicht erfolgt.

In seinem Urteil vom 9. 1. 1959 hatte der BGH darauf abgehoben, daß sich das betreffende Fahrzeug auf einer Schnellverkehrsstraße befand, und damit die vom einzelnen Kfz ausgehende Gefährdung zum

[98] So bereits OLG Düsseldorf am 29. 3. 1956, NJW 1956, 1033; OLG Karlsruhe am 2. 11. 1955, VersR 1956, 260. Anders die Rechtsprechung des RG in RGZ 122, 270; 126, 33; 132, 262. Gegen die neue Rspr. *Roth/Stielow*, DAR 1958, 123.

[99] RG v. 12. 11. 1928, RGZ 122, 270 = DAR 1929, 64.

[100] RG v. 14. 3. 1929, JW 1929, 2055, Nr. 7 = DRiZ 1929, Rspr., Nr. 1063.

[101] Vgl. RG v. 1. 7. 1942, RGZ 170, 1 = DAR 1942, 86 = DR 1942, 1416.

[102] So auch BGH v. 19. 9. 1960, VersR 1960, 1140 und v. 10. 12. 1962, VersR 1963, 383; Hamburg v. 6. 12. 1960, MDR 1961, 221; in einem anderen, ebenfalls am 9. 1. 1959 ergangenen Urteil (VersR 1959, 157) stellte der BGH allerdings fest, ein wegen Motorschaden auf der Fahrbahn einer dem Schnellverkehr dienenden Straße sei zwar nicht in Betrieb, doch sei der verkehrstechnische Zustand des Kfz durch den Betrieb verursacht.

[103] Stuttgart, VkBl 1956, 22, v. 6. 10. 1955.

[104] Koblenz v. 11. 4. 1951, VkBl 1952, 78.

Kriterium für das Merkmal des Betriebes gemacht. Die Bindung an Gesetz und Recht gestatte dem Richter, das Recht im Sinne seiner Weiterentwicklung durch Auslegung des gesetzten Rechts fortzubilden[105]. Dieses Kriterium der Gefährdung liegt auch anderen neuen Entscheidungen zugrunde.

Danach müßte eine Haftung nur für Fahrzeuge ausgeschlossen sein, die so plaziert sind, daß auch die im Falle des Urteils vom 9. 1. 1959 im Stand gegebene besondere Betriebsgefahr entfällt. In Betracht kämen hier die auf privaten Grundstücken[106], auf Parkplätzen sowie innerorts abgestellten Kraftfahrzeuge[107].

Vor der Frage nach der Praktikabilität des Kriteriums steht die nach seiner grundsätzlichen Berechtigung. Sicher ist, daß der auch im Urteil vom 9. 1. 1959 implizierte Wunsch nach einer Eingrenzung der Halterhaftung der Absicht des Gesetzgebers entspricht, der verfügte, daß § 7 Abs. 1 StVG nicht auf alle durch Beteiligung eines Kfzs entstandenen Schadensfälle Anwendung finden sollte, sondern nur auf die, welche zugleich „beim Betrieb" des Kfz entstanden sind.

Der vom BGH gewiesene Weg, der darauf abhebt, ob von dem parkenden Kfz noch eine besondere Gefährdung des Verkehrs ausgeht[108], wird aber verunsichert durch die Erkenntnis, daß gerade beim haltenden Kfz eine typische Gefährdung gegenüber anderen nichtmotorisierten Fahrzeugen entfällt[109]. Während von dem in Bewegung befindlichen motorbetriebenen Fahrzeug her ersichtlich ein größeres Gefahrenmoment wirksam wird, als dies bei einem langsameren, mit weniger Zerstörungskraft ausgestatteten unmotorisierten Fahrzeug möglich ist, fehlt dieses Moment bei haltenden Kraftfahrzeugen[110].

Die durch die Rechtsprechung vorgenommene Ausdehnung des Anwendungsbereichs von § 7 Abs. 1 StVG bedarf somit einer besonderen Rechtfertigung. Dies um so mehr, als die Absicht des Gesetzgebers darin bestand, durch Einfügung der Bedingung „beim Betrieb" auf die erst im dynamischen Bewegungsprozeß sichtbare Besonderheit der durch

---

[105] BGH, VersR 1959, 159.

[106] I. d. S. LG Heilbronn v. 6. 1. 1965, VersR 1966, 96.

[107] So Stuttgart v. 6. 10. 1960, VRS 21, 89.

[108] I. d. S. *Böhmer*, VersR 1958, 587.

[109] Vgl. hier *Dickertmann*, DAR 1952, 83, der sich bemüht, entgegen der von ihm kritisierten Rspr. das Kriterium „bei dem Betrieb" von der Bedingung der besonderen Gefährlichkeit zu trennen.

[110] Oftinger, der für das Schweizerische Recht den Begriff „Betrieb" da anwenden möchte, wo die spezifischen Merkmale des Motorfahrzeugs in Erscheinung treten (*Oftinger* II, 2 § 23, S. 536), wo die motorischen Kräfte im Dienste der Fortbewegung wirksam sind oder nachwirken (S. 537), sieht die Grenze einer Anwendung auf haltende Fahrzeuge da, wo dieser Halt nur von ganz kurzer Dauer sein sollte (S. 538).

Kraftfahrzeuge entwickelten Gefahr hinzuweisen[111]. So sagt die Begründung zum Entwurf von 1906 u. a.[112]:

„Die Gefahren des Automobilbetriebs beruhen namentlich darauf, daß die Kfz zur Entwicklung einer ungewöhnlichen Geschwindigkeit imstande und regelmäßig auch bestimmt sind. Infolge der erhöhten Geschwindigkeit ist die Zahl der Überholungen und Begegnungen mit anderen Fahrzeugen erheblich größer als bei gewöhnlichen Fuhrwerken; gerade beim Ausweichen und Überholen entstehen aber erfahrungsgemäß die meisten Unfälle, indem der Führer des Kraftfahrzeugs die in Betracht kommenden stets wechselnden Verhältnisse, wie die Geschwindigkeit des eigenen Fahrzeugs, die Entfernung und Bewegung anderer Fahrzeuge oder die Beschaffenheit der Fahrbahn fehlerhaft berechnet oder unrichtig einschätzt."

Der sachliche Wert dieser Ausführungen hat auch angesichts der heutigen Verkehrsverhältnisse seine Bedeutung nicht eingebüßt.

Sicher erscheint es richtig, daß angesichts eines für besonders gefährliche Sachen geschaffenen Spezialhaftungstatbestands nun nicht in jedem Einzelfalle der Halter sich der ihm auferlegten Haftung mit dem Hinweis entziehen kann, ein Nichtkraftfahrzeug hätte im konkreten Fall möglicherweise den gleichen Gefährdungseffekt gehabt. Dies hat bereits im Jahre 1929 das Reichsgericht betont, wenn es ausführt, daß nach § 7 Abs. 1 StVG nicht etwa nur für die dem Betrieb eines Kfz eigentümlichen Gefahren gehaftet werde; gehaftet werde vielmehr für alle durch den Betrieb, d. h. Betriebsvorgänge oder Betriebseinrichtungen verursachten Schäden, sofern eine adäquate Ursachenkette vorliege[113]. Noch deutlicher ist diesbezüglich die Feststellung des LG Dresden in einem Urteil vom 27. 10. 1942, der Halter könne gegenüber einem Schadensersatzsanspruch des Verletzten nicht einwenden, der Unfall hätte sich genauso ereignen können, wenn z. B. der Anhänger nicht von einer Zugmaschine, sondern von vier Pferden gezogen worden wäre[114]. Diese Urteile legen jedoch bereits eine bestimmte Interpretation des Betriebsbegriffes zugrunde und können daher nicht zugleich als Rechtfertigung eines damals unbekannten erweiterten Begriffes dienen.

Mit der erhöhten Geschwindigkeit des einzelnen Kfz gegenüber sonstigen Fahrzeugen läßt sich jedenfalls eine extensive Interpretation des Betriebsbegriffes im erwähnten Sinne nicht rechtfertigen. Man könnte jedoch auf der Ebene einer globalen Betrachtungsweise argumentieren, daß die große Anzahl von Kraftfahrzeugen in ihrer Gesamtheit im Verkehr wesentlich erhöhte Gefahrenlagen für alle Beteiligten

---

[111] Vgl. auch *Wussow*, Rdz. 675, der darauf hinweist, daß man damals die von dem Kfz ausgehende Gefahr in dem technischen Funktionieren der Maschine begründet sah.

[112] Abgedruckt bei Müller, § 7 StVG, Rdz. 16.

[113] Urteil vom 9. 12. 1929, RGZ 126, 333.

[114] VAE 1943, 30.

schaffe; deshalb sei es billig, daß diese speziell durch das Ansteigen der Zahl der Kraftfahrzeuge geschaffene Gefahr auch in den Einzelfällen, in denen das Kraftfahrzeug gegenüber anderen Fahrzeugen keine erhöhte Gefahr erzeugt, zu einer strengeren Haftung führe[115].

Einer solchen Betrachtungsweise, die allgemein auf die Gefährdung des Menschen durch das Kraftfahrzeug abhebt, würde es allerdings eher entsprechen, wenn der durch ein Fahrzeug verursachte Schaden dann auch vom Kollektiv der Kraftfahrer getragen würde. Andernfalls bestünde weiterhin ein Widerspruch zwischen einer unter dem Gesichtspunkt kollektiver Gefährdung begründeten Haftungsverschärfung und der individuellen Ersatzpflicht für Fälle, in denen es gerade an einer relativ erhöhten Gefährdung fehlt[116].

Die vom BGH ausgesprochene Erweiterung der Haftungsgrundlagen von § 7 Abs. 1 StVG dürfte sich somit nur in dem Maße im Einklang mit dem Grundgedanken einer verschärften Haftung befinden, in dem der Einzelne nicht mehr nur individuell von der im Gesetz statuierten Ersatzpflicht betroffen ist.

Auf die Frage, in welchem Umfang in unserem gegenwärtigen Rechtszustand die Individualhaftung im Zerfall begriffen ist, kann an dieser Stelle nicht eingegangen werden[117]. Es erscheint uns jedoch als unzweifelhaft, daß erst die Haftpflichtversicherung, die in gewissem Umfang zur Übernahme der durch Kraftfahrzeuge verursachten Schäden durch das Kollektiv der Kraftfahrer führte, die extensive Interpretation des § 7 StVG durch die Rechtsprechung ermöglicht hat[118]. Es genügte, hier aufzuzeigen, daß der BGH mit der oben dargelegten Erweiterung des Betriebsbegriffes den vom Gesetzgeber gedachten Rahmen der speziell für Kraftfahrzeuge statuierten Gefährdungshaftung verlassen hat. Daraus ergibt sich aber, daß aus Systematik und innerer Logik des Gesetzes nunmehr kaum noch ein Kriterium für eine Abgrenzung des so erweiterten Begriffsinhaltes hergeleitet werden kann.

---

[115] Vgl. BGH v. 9. 1. 1959, BGHZ 29, 163 (167) = VersR 1959, 157 (158): Die Gefahren des Betriebes gehen nicht nur vom Motor aus, sondern von der gesamten Abwicklung des Verkehrs.

[116] Hier liegt auch der Ansatzpunkt zu einer Kritik an Böhmers Ausführungen in VersR 1958, 587. Böhmer will darauf abstellen, ob noch eine für das Kfz typische Gefährdung des Verkehrs von dem Fahrzeug ausgeht.

[117] Im deutschen Recht hat insbes. *Esser*, JZ 1953, 129, die heimliche Preisgabe des Verschuldensgedankens beklagt. Für das französische Recht wurde in diesem Zusammenhang die Arbeit von *Viney*, Le déclin de la responsabilité individuelle, genannt.

[118] Vgl. zum Verhältnis von Haftpflichtrecht und Haftpflichtversicherung *Weyers*, Unfallschäden, S. 425 ff.

III. Die dogmatische Einordnung der Haftungsvoraussetzung

Auch die im Schrifttum vorgeschlagenen Kriterien zur Bestimmung der Haftungsvoraussetzung „bei dem Betrieb eines Kfz" sind nicht ohne Mängel.

Die auch in der neueren Literatur noch geforderte Abgrenzung nach der maschinentechnischen Auffassung stellt, wie bereits erwähnt wurde, ausschließlich auf den Stillstand von Motor und Fahrzeug ab[119]. Gegen sie spricht insbesondere das geschilderte Bedürfnis des Verkehrs, die Anwendung des § 7 StVG auf im Verkehrsraum störend abgestellte Fahrzeuge auszudehnen[120].

Unter den an objektiven Gegebenheiten sich orientierenden Auffassungen befindet sich neben der auf die Gefährlichkeit des betreffenden Fahrzeugs abstellende eine vom BGH[121] ausdrücklich abgelehnte Auffassung, die auf die Dauer der Fahrtunterbrechung abhebt[122]. Danach würde das Kfz nur bei kurzfristiger Fahrtunterbrechung weiterhin als in Betrieb zu betrachten sein. Problematisch erscheint an diesem Vorschlag, daß nach einem erfolgten Unfall die Dauer der Fahrtunterbrechung nur mittels Erforschung eines hypothetischen Kausalverlaufs ermittelt werden kann. Die damit erforderliche Berücksichtigung des ursprünglichen Fahrerwillens dürfte oft zu für den Verletzten nachteiligen Beweisschwierigkeiten führen. Zudem ist das Kriterium der Dauer der Unterbrechung in seiner Willkürlichkeit starr und ohne Bezug zum Anliegen einer erweiterten Gefährdungshaftung[123].

Die zur Festlegung der Betriebsdauer in der Rechtsprechung längere Zeit gängige Abgrenzung mit Hilfe subjektiver Kriterien wie Fahrtzweck und jeweiliger Absicht des Fahrers sind in ihrer Problematik in der Literatur zu § 7 StVG des öfteren herausgestellt worden[124].

Auch die vom BGH unternommene und in der Literatur überwiegend bejahte Abgrenzung nach dem Grade der Gefährdung durch das abgestellte Fahrzeug begegnet Schwierigkeiten. Speziell das Kriterium der Gefährlichkeit der Sache hat die einst aus seiner unmittelbaren Bezie-

---

[119] Vgl. *Müller*, 21. Aufl., § 7 StVG, B I a, S. 216 ff.

[120] So die heute überwiegende Auffassung. Vgl. z. B. *Geigel*, Haftpflichtprozeß, Kap. 25, Rdz. 16; *Wussow*, Rdz. 675; inzwischen auch *Müller*, § 7 StVG, Rdz. 38 ff.

[121] Vgl. BGH v. 9. 1. 1959.

[122] So insbes. die ältere Rspr.; vgl. z. B. RG v. 12. 11. 1928, RGZ 122, 270 = DAR 1929, 64.

[123] Die von *Dickertmann*, DAR 1952, 114, vorgeschlagenen Kriterien, wann ein Kfz als in Betrieb befindlich zu betrachten sei, erscheinen wegen ihrer Objektivierbarkeit zwar als praktikabel, aber ohne innere Beziehung zum Anliegen des § 7 StVG.

[124] Vgl. *Müller*, § 7 StVG, Rdz. 36 - 59; vgl. auch *Dickertmann;* zur Kritik schon Nelson, JW 1929, 782 und 1932, 782.

hung zum Kraftfahrzeug gewonnenen Konturen verloren. Das Abstellen darauf, ob das Kraftfahrzeug z. B. auf einer Schnellstraße oder innerhalb des Stadtgebietes abgestellt wurde, führt angesichts einer in jedem einzelnen Falle wiederum ganz verschiedenen Gefährdung kaum zu befriedigenden Lösungen. Zudem wird man die Frage nach der Gefährlichkeit des Standorts kaum von der nach der Adäquität des „Betriebs" für den Unfall trennen können.

So ist auch in der Rechtsprechung die im Urteil des BGH vom 9. 1. 1951 angelegte Unterscheidung zwischen auf einer Schnellverkehrsstraße und innerhalb eines Stadtgebietes abgestellten Fahrzeugen nicht überall aufgegriffen worden. Das OLG Hamburg hat z. B. in einem Urteil vom 6. 12. 1960[125] auf die Unterscheidung verzichtet und gefolgert, ein Kraftfahrzeug befinde sich ununterbrochen in Betrieb, solange es sich auf öffentlichem Verkehrsgrund aufhalte, und zwar auch dann, wenn es eine Fahrt beendet und noch keine neue Fahrt begonnen habe[126]. Das Gericht begründete seine Ansicht mit der Überlegung, in dunklen und engen Nebenstraßen parkende Fahrzeuge seien eine noch größere Gefahr für andere Fahrzeuge. Auch diese letzte, vom OLG gemachte Einschränkung wird jedoch angesichts der Überlegung hinfällig, daß § 7 StVG auch auf Privatgrund anwendbar ist.

Selbst damit müßte aber die spezielle Bedeutung der Bedingung „beim Betrieb" noch nicht notwendigerweise ganz entfallen. Vielmehr kann sie in einem funktionellen Sinne so verstanden werden, daß sie auf die spezielle Rolle der Sache beim Schadensverlauf abhebt. Dann soll für die Anwendung des § 7 StVG nicht jede Verursachung durch Beteiligung eines Kfz relevant sein, sondern nur die, bei der das Kfz in seiner eigentlichen Funktion in Erscheinung tritt[127]. Auszuscheiden wären hier Verletzungen, die nur gelegentlich eines „Betriebsvorgangs" erfolgt sind (Verletzung eines Taxifahrers durch Überfall eines Fahrgastes, Erschrecken eines Passanten durch vom Kfz ausgehende Musik) oder die nur infolge einer sachfremden Verwendung des Kfzs möglich werden (Verwendung des Kfzs als Lichtquelle). § 7 StVG wäre dann so zu lesen: „Wird durch ein im Rahmen seiner bestimmungsgemäßen Verwendung in Erscheinung getretenes Kfz . . . "

Eine solche Interpretation, die der von der Rechtsprechung entwickelten Ausformung des § 833 BGB entspricht[128], steht auch kaum im Wider-

---

[125] MDR 1961, 321.

[126] So bereivts BayObLG v. 5. 2. 1926, JW 1926, 1996/97 und KG v. 15. 4. 1931, JW 1932, 806.

[127] Vgl. dazu München v. 14. 5. 1964, DAR 1965, 100.

[128] Die Rspr. läßt die in § 833 BGB verankerte Gefährdungshaftung für durch Tiere angerichtete Schäden nur eingreifen, wenn der Schaden Folge einer typisch tierischen Reaktionsweise ist. Vgl. Nachweise und Einzelheiten bei *Erman/Drees*, § 833, Nr. 2.

spruch zur neueren Rechtsprechung des BGH[129]. Auch diese fordert, daß die Unfallursache als zum Betrieb des Kraftfahzeuges als solchem gehörig festgestellt wird, womit sie die Ausklammerung der genannten zwei Fallgruppen erreicht.

So soll z. B. das Öffnen der Wagentür und das Aussteigen noch zum Betrieb gehören[130], nicht aber mehr das sich daran anschließende Überschreiten der Fahrbahn[131]. Während in den ersten genannten Fällen eine enge Beziehung zum funktionalen Gebrauch des Kfz besteht, fehlt sie im letzteren völlig.

Besonderer Erwähnung wert scheint in diesem Zusammenhang ein Urteil des BGH vom 20. 1. 1961[132]. Laut Sachverhalt hatte ein Mopedfahrer auf polizeiliches Geheiß sein Moped in der Nähe einer Unfallstelle mit laufendem Motor und aufgeblendetem Scheinwerfer auf die linke Straßenseite postiert, um entgegenkommende Fahrzeuge zu warnen. Dabei war ein entgegenkommender PKW, dessen Fahrer durch dieses Manöver irritiert worden war, auf das Fahrzeug aufgefahren. Der BGH bestätigte die gegenüber dem Fahrer des PKW ergangene Klageabweisung mit der Begründung, der Unfall sei nicht „bei dem Betrieb“ des Mopeds erfolgt. Da dieses nur als Lichtquelle benutzt worden sei, habe es sich bei dem Aufstellen des Mopeds auf der Straße nicht mehr um eine Auswirkung oder Fortwirkung der diesem Kfz innewohnenden Betriebsgefahr gehandelt. Es sei auch keine noch so lose Verbindung zu der sonst möglichen, fortwirkenden Betriebsgefahr des Mopeds als Fahrzeug gegeben wie in dem Falle, daß ein Kfz im Rahmen seiner Benutzung abgestellt wird und es zu einem Unfall kommt.

Ohne daß hier auf die Frage eingegangen werden soll, ob die in diesem Fall gefundene Lösung glücklich scheint, verdient das Bemühen der Rechtsprechung nach einer funktionalen Eingrenzung der Haftung hervorgehoben zu werden. Nachdem die Annahme einer (fortwirkenden) Gefährdung durch abgestellte Fahrzeuge eine grundsätzliche Haftungseinschränkung kaum mehr zuläßt, wird die Bedingung „beim Betrieb“ dazu verwendet, zumindest der Sache nach die spezifische Rolle der Sache als Kfz beim Schadensverlauf zur Voraussetzung einer Anwendung des § 7 Abs. 1 StVG zu machen. Dieses Anliegen ist an die Stelle des früheren — längst aufgegebenen — getreten, wonach die spezifi-

---

[129] Vgl. *Wussows*, Rdz. 672, vorgebrachte Forderung, es genüge, daß der Unfall auf eine dem Kfz-Betrieb eigentümliche, aber nicht ausschließlich eigentümliche Gefahr zurückzuführen ist.

[130] So München v. 24. 6. 1966, VersR 1966, 987; Stuttgart v. 5. 4. 1955, VerkBl 1955, 420.

[131] Dresden v. 18. 8. 1938, VAE 1938, 408.

[132] VersR 1961, 263; ablehnend *Böhmer*, MDR 1961, 369.

sche Form der Gefährdung als ausschließlich in der Bewegung des Motors liegend angesehen wurde[133].

IV. *Die Kausalitätsproblematik*

Folgt man den aufgezeigten Gedankengängen, läßt sich auch die Kausalitätsfrage in einer neuen Form stellen. Entscheidend kommt es dann nicht darauf an, ob ein bestimmtes menschliches Verhalten ursächlich für den Verletzungserfolg wurde, oder ob die Beteiligung des Kfz in seiner spezifischen Funktion zum Auslösungsmoment für eine (verschärfte) Haftung nach § 7 StVG werden soll. Die Rechtsprechung und wohl auch die gesamte Lehre wenden hier ausschließlich die Adäquanztheorie an und fragen im Einzelfall, ob der „Vorgang" im Gefahrenzeitpunkt im allgemeinen und nicht nur unter besonders eigenartigen, unwahrscheinlichen Umständen zum Schaden führte[134].

Inzwischen hat hier eine These Weitnauers neue Akzente gesetzt.

Nach Weitnauer[135] sind überall da, wo es nicht um die Zurechnung eines Schadens zu einem zum Schadensersatz verpflichtenden Verhalten, sondern um die Beschreibung eines unter anderem durch die Art der Verursachung näher bestimmten Ereignisses, insbesondere des Versicherungsfalles, geht, eher Vorstellungen wie die von der wesentlichen Bedingung oder der nächsten Ursache angebracht. Diese Forderung gewinnt bei näherer Überlegung gerade im Zusammenhang mit den bisherigen hier angestellten Erörterungen an Einsichtigkeit.

Die Theorie der wesentlichen Bedingung hat als dritte Kausalitätstheorie neben Adäquanz- und Äquivalenztheorie im Bereich der gesetzlichen Unfallversicherung und der Kriegsopferversorgung einen heute unangefochtenen Platz eingenommen[136]. Daneben hat sich die aus dem

---

[133] Vgl. *Wussow*, Rdz. 675. Inzwischen hat sich eine Wandlung insofern durchgesetzt, als heute die von dem Kfz ausgehende Gefahr nicht mehr in der Tätigkeit des Motors, sondern in der Teilnahme am Verkehr auf öffentlicher Straße angesehen wird. Damit relativieren sich auch die Bedenken Müllers, § 7 StVG, Rdz. 677, gegen die Ausweitung des Begriffes „Betrieb", die Sinn und Entstehungsgeschichte der Vorschrift widerspräche. Vergegenwärtigt man sich, daß sich § 7 StVG nicht auf die Erfassung solcher Schäden beschränkt, die adäquate Folgen speziell der vom Kfz gesetzten typischen Gefährdungstatbestände darstellen, so ergibt sich, daß die „Entfernung von der Entstehungsgeschichte" ohnedies bereits stattgefunden hat. Vgl. im übrigen zur Begründung der extensiven Interpretation des Paragraphen die grundlegenden Ausführungen des BGH im Urteil vom 9. 1. 1959, VersR 1959, 159.

[134] So z. B. BGH v. 21. 12. 1965, VersR 1966, 291; BGH v. 18. 11. 1966, NJW 1967, 212, VRS 32, 309.

[135] Vgl. *Weitnauer*, Zur Lehre vom adäquaten Kausalzusammenhang, S. 324/325.

[136] Vgl. *Haueisen*, JZ 1961, 9 und *Pesch*, NJW 1958, 1074.

englischen Recht übernommene Lehre von der nächsten Ursache, der „causa proxima", im Seeversicherungsrecht durchgesetzt und erhalten[137]. Im Gegensatz zur Adäquanztheorie, die an ein menschliches Verhalten anknüpfend danach fragt, ob dieses eine erhöhte Wahrscheinlichkeit für den Eintritt des Schadens geschaffen habe, geht es im Versicherungsrecht darum, festzustellen, bis zu welcher Grenze ein dem Versicherungsträger auferlegtes Risiko reicht.

Nach der Theorie der wesentlichen Bedingung gilt diejenige Bedingung als rechtserheblich, die wegen ihrer besonderen Beziehung zum Erfolg nach der natürlichen Betrachtung zu dessen Eintritt wesentlich mitgewirkt hat[138]. Dabei muß im Einzelfall aus der Auffassung des praktischen Lebens abgeleitet werden, welche Bedingungen im Rechtssinne als Ursache oder Mitursache zu gelten haben und welche nicht[139]. Im Gegensatz zur Adäquanztheorie fehlt die generalisierende Prüfung, ob die Bedingung auch in anderen Fällen den gleichen Erfolg gehabt hätte, ob sie generell geeignet war, den Schaden herbeizuführen[140]. So wird es möglich, den Kreis der versicherten Risiken auch auf solche Ursachen i. S. einer conditio sine qua non auszudehnen, die zwar nicht generell eine erhöhte Gefährdung schufen, aber im speziellen Fall bei natürlicher Betrachtung eine wesentliche Rolle für den Schadenseintritt spielten[141].

Diese Sicht scheint uns gerade angesichts der Fragestellung, ob sich der Unfall „bei dem Betrieb des Kfz" ereignet hatte, von großem Nutzen. Wie gezeigt wurde, handelt es sich bei der Halterhaftung nicht (nur) darum, besonders gefährdende menschliche Verhaltensweisen aufzugreifen, sondern es gilt, die Sphäre abzugrenzen, innerhalb derer der Halter für die durch Beteiligung seines Kfz gesetzten Verletzungserfolge einstehen muß. Unter diesem Gesichtspunkt wird das Abstellen darauf, ob bei natürlicher Betrachtungsweise das Kfz im konkreten Fall eine wesentliche Ursache setzte, wichtiger als die Frage, ob dieser Beitrag auch generell als besonders gefährlich erschien.

Aufbauend auf der Voraussetzung der „spezifischen Beteiligung" des Kfz am Unfall wird eine so formulierte Kausalitätsfrage zu deren sinnvoller Ergänzung. Die Kriterien der spezifischen und der wesentlichen Beteiligung des Kfz greifen eng ineinander und grenzen die Voraus-

---

[137] Vgl. *Weitnauer*, S. 324.

[138] Vgl. BSGE 1, 72; 1, 150; 12, 147; 14, 64; 22, 200; BVerwGE 26, 332.

[139] BSG 1, 76.

[140] Vgl.. *Haueisen*, S. 10.

[141] Vgl. das von *Weitnauer*, S, 374, Fußn. 12, zitierte Beispiel, wonach beim Wegeunfall (§ 555 RVO) die Frage nicht lautet, ob durch die Teilnahme am Verkehr aus Anlaß des Wegs zur Arbeit die Wahrscheinlichkeit eines Unfalls erhöht worden ist, sondern, ob der Weg dadurch veranlaßt war, daß der Arbeitnehmer sich zur Arbeit begeben hat.

setzungen der Halterhaftung „bei dem Betrieb eines Kfz" durch Kennzeichnung der ihrem speziellen Anliegen entsprechenden Forderungen ab.

Inwieweit die Rechtsprechung sich im Rahmen des Privatversicherungsrechts faktisch bereits derartigen Betrachtungsweisen geöffnet hat, kann hier nicht geprüft werden. Es scheint uns jedoch, daß speziell im Kfz-Haftpflichtrecht inzwischen die Existenz der Pflichtversicherung ähnliche Interessenlagen geschaffen hat wie diejenigen, die zur Begründung und Anerkennung der Theorie der wesentlichen Ursache führten.

§ 6 Vergleich

Aus den vorstehenden Ausführungen ergeben sich starke Parallelen, aber auch Verschiedenheiten der Haftungsvoraussetzungen des „fait actif" der Sache auf der einen und „beim Betrieb eines Kfz" auf der anderen Seite.

Insoweit die Funktion der letztgenannten Voraussetzung darin besteht, die Haftung des Halters auf eine typische Beteiligung des Kfz am Schadensverlauf zu begrenzen, kann sie naturgemäß keine Berührungspunkte zu der Haftungsvoraussetzung des französischen Rechts haben, die für sämtliche Arten von Sachen gelten muß.

In dem Maße, in dem die deutsche Rechtsprechung es jedoch unternimmt, die Worte „beim Betrieb" zur Ausschaltung ungefährlicher und — nach obiger Auffassung — unwesentlicher Beteiligungsformen des Kfz am Unfall heranzuziehen, nähert sie sich dem Vorgehen der französischen Rechtsprechung, die ebenfalls die ungefährliche (normale und passive) Beteiligung der Sache ausscheidet. Während jedoch das französische Recht wohl oder übel im Rahmen von Kausalitäts- oder Verschuldensbetrachtungen den Weg zu einer Eingrenzung der Anwendungsvoraussetzungen des Art. 1384 § 1 C.c. beschreiten muß, bietet die ausschließlich auf Kraftfahrzeuge bezogene Regelung des § 7 StVG der Rechtsprechung die Chance, ein Haftungssystem zu erarbeiten, das sich an den spezifischen Gegebenheiten des Kfz-Verkehrs und den damit verknüpften Interessenlagen ausrichtet. Ob global gesehen eine derartige haftungsrechtliche Sonderbehandlung rechtspolitisch wünschenswert ist, kann hier offen bleiben.

Drittes Kapitel

Die Entlastungsgründe

§ 7 Das französische Recht („cause étrangère")

Der Grundsatzentscheid im Falle Jand'heur legt fest, daß der Halter einer unbelebten Sache für deren „fait" verantwortlich ist, wenn er nicht nachweist, daß ein „cas fortuit", eine „force majeure" oder eine „cause étrangère" vorliegt[1]. Eine Präzisierung der genannten Entlastungsgründe überließ mit dieser Formulierung das Gericht bewußt der späteren Rechtsentwicklung und verbaute auch nicht den Weg für die Aufnahme zusätzlicher Haftungsausschließungsgründe.

Die neue Regel war im wesentlichen den Grundsätzen entlehnt worden, die sich bereits anläßlich der Tierhalterhaftung aus Art. 1385 C.c. herausgebildet hatten. Danach war eine Entlastung des Tierhalters durch den Nachweis, keine „faute" begangen zu haben, unzulässig[2]. Es sei aber, so hatte man u. a. argumentiert, unbillig, wenn die Haftung für Tiere strenger ausgestaltet sei als die für unbelebte Sachen[3].

Das Gesetz selbst bot einen Hinweis für die Ausgestaltung der Entlastungsgründe nur in den Artikeln 1147 und 1148 des Code civil. Beide Artikel regeln die Haftungsbefreiung im Falle einer vertraglich vereinbarten, auf einen Erfolg gerichteten Leistungspflicht. So erklärt Art. 1147 C.c. den Schuldner für haftbar:

"toutes les fois qu'il ne justifie pas que l'inexécution provient d'une cause étrangère qui ne peut pas lui être imputée"

und Art. 1148 C.c. präzisiert, daß dies dann der Fall sei, wenn „force majeure" oder „cas fortuit" gegeben ist.

---

[1] Cass. ch. réun. 13. 2. 1930, D 1930, rapp. Marc'Hadour, concl. *Matter*, Anm. Ripert, S 1930.1.121, Anm. Esmein, Gaz.Pal. 1930.1.393, concl. Matter. — Der Text, soweit er hier interessiert, lautet: „Attendu que la présomption de responsabilité, établie par cet article 1384 al. 1er C.c. à l'encontre de celui qui a sous sa garde la chose inanimée qui a causé un dommage à autrui, ne peut être détruite que par la preuve d'un cas fortuit ou de force majeure ou d'une cause étrangère qui ne lui soit pas imputable; qu'il ne suffit pas de prouver qu'il n'a commis aucune faute ou que la cause du fait dommageable est demeurée inconnue."

[2] So erstmals Cass. civ. 27. 10. 1885, S 1886.1.33 und rapp. Michaux-Bellaire, D 1886.1.207.

[3] Vgl. H. L. J. *Mazeaud*, Leçons II, Nr. 534, S. 489.

Inzwischen hat sich der Terminus „cause étrangère" als Oberbegriff für die drei Entlastungsgründe „force majeure", „fait d'un tiers" und „fait de la victime" herausgebildet[4]. Die Bedeutung der einzelnen Entlastungsmomente ist insbesondere im Hinblick auf eine teilweise Entlastung des Halters unterschiedlich. Andererseits tritt für jeden der genannten Fälle eine vollständige Entlastung des Halters nur dann ein, wenn die von der Rechtsprechung zunächst nur für die „force majeure" herausgearbeiteten Bedingungen der „imprévisibilité" und „irrésistibilité" des fremden Ereignisses gegeben sind[5]. Somit ist es möglich, die einzelnen Entlastungsgründe zunächst nur insoweit darzustellen, als sie zum vollständigen Haftungsausschluß führen und sie dann in Beziehung zum „fait passif" zu setzen, während die Erörterung der im Zusammenhang mit der Teilentlastung auftretenden Fragen einem gesonderten Kapitel vorbehalten werden kann.

A. „La force majeure"

I. Voraussetzungen einer Entlastung

Die Ausdrücke „cas fortuit" und „force majeure" werden synonym gebraucht. Es gibt zwar Meinungen, die mit Hilfe einer Unterscheidung beider Begriffe eine Einengung oder auch Erweiterung des Entlastungsgrundes zu erreichen trachten[6]; die herrschende Meinung in der Lehre[7] hat sich indes der Rechtsprechung angeschlossen, die beide Begriffe zur Bezeichnung ein und desselben Ereignisses nebeneinander stellt[8]. Der Einfachheit halber soll daher im folgenden nur von „force majeure" gesprochen werden.

Darunter ist zunächst ein unvorhersehbares wie auch unvermeidbares Ereignis zu verstehen, das nach älterer Interpretation mit der Naturgewalt identisch war, heute jedoch alles umfaßt, was nicht das Verhalten von Personen darstellt.

Die Rechtsprechung war in ihren Anforderungen an Vorhersehbarkeit und Vermeidbarkeit zunächst recht streng. Einmal sollte die Prüfung der Vorhersehbarkeit nicht im Hinblick auf die subjektiven Möglichkeiten des beklagten Halters erfolgen, sondern hypothetisch mittels einer abstrakten, anstelle des Beklagten gedachten Normalperson (bonus

---

[4] H. L. J. *Mazeaud,* Leçons II, Nr. 572, S. 530/31.

[5] H. L. J. *Mazeaud.*

[6] Nachweise bei *Mazeaud,* Traité II, Nr. 1553 ff., S. 672 ff.

[7] *Carbonnier,* Droit civil II, Nr. 158; *Demogue,* Traité VI, Nr. 613; *Mazeaud/Tunc* II, Nr. 1559; *Mazeaud,* Traité II, Nr. 1559, S. 674; *Planiol/Ripert/Esmein* VI, Nr. 382; *Savatier,* Traité I, Nr. 182.

[8] So deutlich Cass. civ. 26. 3. 1934, Gaz.Pal. 1934.1.963.

pater familias) vorgenommen werden[9]. Die Unvorhersehbarkeit des Ereignisses war dabei gemäß den von der Rechtsprechung aufgestellten Grundsätzen zwar nicht als absolute Unvorhersehbarkeit in dem Sinne zu verstehen, daß es sich um ein bisher noch nie eingetretenes Ereignis handeln mußte; das Ereignis sollte dann als unvorhersehbar gelten, wenn für die gedachte Person keinerlei besonderer Grund bestand, mit seinem Eintreten zu rechnen[10].

Strenger noch gestaltete die Rechtsprechung ihre Anforderungen an die Unvermeidbarkeit aus. Diese sollte nur dann gegeben sein, wenn das Ereignis auch von der anstelle des Fahrers gedachten Person nicht hätte vermieden werden können[11]. Damit mußte der Halter den Nachweis führen, daß es der gedachten Person absolut unmöglich gewesen wäre, zu verhindern, daß das Fahrzeug unter dem Einfluß eines fremden Ereignisses ihrer Kontrolle entglitt[12]. Das Aufzeigen einer bloßen Schwierigkeit, mag sie auch noch so groß gewesen sein, wurde dagegen nicht als ausreichend betrachtet[13].

Die strengen Anforderungen an die Vermeidbarkeit wurden in der Lehre vielfach kritisiert[14]. Es scheint, daß die neuere Rechtsprechung inzwischen stärker den Möglichkeiten des Beklagten im Einzelfall Rechnung trägt. Diese Tendenz wird allerdings nicht in den im Urteil gebrauchten Formeln deutlich, sondern zeigt sich nur anläßlich der Subsumtion unter die dortigen Begriffe. Formal wird die alte, strenge Formel aufrechterhalten:

> "Le gardien d'une chose inanimée est de plein droit responsable à moins qu'il ne prouve pas qu'il a été dans l'impossibilité absolue d'éviter le dommage sous l'effet exclusif d'une cause étrangère qui ne peut lui être imputée, tel qu'il n'a pu normalement le prévoir, le fait de la victime ou d'un tiers[15]."

Die Anforderungen an die Vorhersehbarkeit wurden hingegen in der jüngeren Rechtsprechung sichtbar verringert. In der zitierten Formel begnügte sich das Gericht mit der Forderung, der Halter hätte das Ereignis „normalerweise" vorhersehen müssen.

Auffallend ist, daß das Gericht dabei nur den Entlastungsgrund des „fait de la victime" und „fait d'un tiers" nennt, die davon unabhängige

---

[9] Vgl. H. L. J. *Mazeaud*, Leçons II, Nr. 576, S. 532/33.

[10] I .d. S. H. L. J. *Mazeaud*, Leçons II, Nr. 576, S. 532; *Mazeaud/Tunc* II, Nr. 1597, S. 597; *Mazeaud*, Traité II, Nr. 1597, S. 721; Segré 12. 6. 1936, S 1937.2.23, Gaz.Pal. 1936.2.680.

[11] So z. B. Cass. civ. 26. 3. 1934, Gaz.Pal. 1934.1.963.

[12] H. L. J. *Mazeaud*, Leçons II.

[13] Cass. civ. 27. 3. 1936, Gaz.Pal. 1936.1.958.

[14] Vgl. insbes. *Mazeaud/Tunc* II, Nr. 1596, S. 595/96; *Mazeaud*, Traité II, Nr. 1596, S. 720.

[15] So z. B. Cass. civ. 25. 1. 1956, JCP 1956.II.9153; Cass. civ. 13. 12. 1961, Bull. cass. II, Nr. 858, S. 605; Cass. civ. 11. 7. 1962, D 1963, 40, Anm. Azard; Cass. civ. 17. 12. 1963, Gaz.Pal. 1964.1.292.

„force majeure“ dagegen nicht erwähnt. Dies legt den Schluß nahe, man sei eine erleichterte Entlastung eher da zu gewähren bereit gewesen, wo noch andere Unfallbeteiligte und mithin potentielle Ersatzpflichtige vorhanden waren. Eine solche Unterscheidung ließe sich jedoch zumindest auf dem Gebiet der teilweisen Entlastung nicht durchführen. Es würde sich als Willkür erweisen, die an den Halter zu stellenden Anforderungen davon abhängig zu machen, ob das (teilweise) entlastende Ereignis im Verhalten einer dritten Person oder der Existenz eines sonstigen Umstands liegt. So hat auch Tunc in seinen Anmerkungen zu dem Urteil vom 9. 5. 1963[16] nicht gezögert, insoweit „force majeure“ und „fait d'un tiers“ gleichzusetzen.

Ein weiteres markantes Beispiel für die Entwicklung der Rechtsprechung in Richtung auf eine Abschwächung der Anforderungen an die Vorhersehbarkeit dürfte das heftig kritisierte Urteil vom 28. 10. 1965[17] darstellen. Dort hatte das Gericht einem Autofahrer vollständige Entlastung zugebilligt, der auf einer Teerstraße nachts auf einer durch Wasserlachen verdeckten Ölpfütze ins Schleudern geraten war. Obwohl das Gericht hier[18] die Formel von einer normalen Vorhersehbarkeit nicht gebrauchte, läßt das Ergebnis der Entscheidung kaum Zweifel daran, daß faktisch ein solcher Maßstab zugrunde gelegt wurde. Die Vorstellung vom Vorliegen einer Unvorhersehbarkeit im strengeren Sinne dürfte sich anläßlich des der Entscheidung zugrundeliegenden Sachverhalts nur schwer aufrecht erhalten lassen.

In einer Entscheidung vom 3. 2. 1966 übernahm das Gericht schließlich ausdrücklich eine schwächere Formel, indem es nur noch verlangte, der Halter hätte den Schaden normalerweise vorhersehen müssen. Die entsprechende Stelle lautet:

> “Le gardien d'une chose inanimée est de plein droit responsable du dommage causé par le fait de celle-ci, à moins qu'il n'ait prouvé qu'il a été dans l'impossibilité d'éviter le dommage sous l'effet d'une cause étrangère qui ne peut lui être imputée et qu'il n'a pu normalement prévoir[19].”

Dieses Urteil entspricht zugleich einer Tendenz der höchstrichterlichen Rechtsprechung insofern, als diese die Vorhersehbarkeit zum Ausgangskriterium macht und insbesondere bei plötzlich auftauchenden Ereignissen aus der Nichtvorhersehbarkeit auf die Unvermeidbarkeit des Unfalls

---

[16] Rev. trim. dr. civ. 1964, 325, Anm. Tunc; Cass. civ. 9. 5. 1963, Gaz. Pal. 1963. 2.223.

[17] Cass. civ. 28. 10. 1965, D 1966, 137, Anm. Tunc.

[18] Das Gericht begnügte sich faktisch mit der Feststellung, daß angesichts der normalen Geschwindigkeit, mit der der Beklagte fuhr, nichts auf ein Verschulden hindeutete, so daß die Ölpfütze die einzige Ursache des Unfalls gewesen sei.

[19] Cass. civ. 3. 2. 1966, D 1966, 542, Anm. Tunc; vgl. Rev. trim. dr. civ. 1966, 542, Anm. Rodière.

schließt. Beispiele finden sich hauptsächlich unter den Fällen, in denen eine vereinzelt auftretende Glatteisbildung zum Unfall führte[20].

Theoretisch verlangt die Rechtsprechung also den Nachweis sowohl der Unvorhersehbarkeit wie auch der Unvermeidbarkeit: das Vorliegen lediglich einer der beiden Voraussetzungen soll nicht genügen[21]. So legte die Cour de Cassation in ihrem Urteil vom 22. 3. 1960[22] anläßlich eines Falles, in dem ein auf der Wiese grasendes Kalb unvermittelt vor ein Auto gesprungen war, Wert auf die Feststellung, der Sprung und der darauf folgende Unfall hätten vom Fahrer nicht vorhergesehen und nicht verhindert werden können („événement n'étant pas ... susceptible d'être prévu et empêché").

Allerdings verfährt das Gericht bei der Anwendung seiner Prämissen nicht sehr kategorisch und entlastete auch in einem Fall, wo trotz der Vorhersehbarkeit keine Vermeidbarkeit des Unfalls mehr gegeben war[23].

Derartige Durchbrechungen der Regel und die erwähnte Tendenz, aus der Nichtvorhersehbarkeit auch automatisch auf die Nichtvermeidbarkeit zu schließen, haben viel zu einer erleichterten Haftungsbefreiung des Halters durch den Nachweis einer „force majeure" beigetragen. Da es sich bei der größeren Nachgiebigkeit der höchstrichterlichen Rechtsprechung gegenüber den Entlastungsbemühungen des Halters aber nur um Tendenzen handelt, die sich selten in einer neuen Terminologie niederschlagen, ist es zumindest bei einer größeren Zahl von Entscheidungen äußerst schwierig, genauere Aussagen über die tatsächlich benutzten Kriterien zu machen. Dies um so mehr, als die Strenge der Beurteilung nicht einheitlich ist und diese oft von schwer wägbaren Imponderabilien beeinflußt zu sein scheint.

Als Beleg für diese Behauptung mögen zwei von Tunc besprochene Urteile dienen. So hatte am 23. 10. 1964[24] die Cour einen Fahrer, dem ein großer Hund vor das Auto geriet, mit der Begründung entlastet, es habe sich um ein unvorhersehbares Ereignis gehandelt. In einem Urteil vom 24. 3. 1965[25] wurde dagegen diese Entlastung einem Motorrollerfahrer verweigert, dem unversehens eine Katze über den Weg gelaufen war. Daß im letzteren Fall die konkrete Situation eine unterschiedliche Bewertung erfordert hätte, ist nicht ersichtlich.

---

[20] So Cass. civ. 1. 7. 1955, D 1955, 773; Cass. civ. 25. 1. 1956, JCP 1956.II.9153; Cacc. civ. 18. 12. 1956, D 1957, 231; Cass. civ. 14. 11. 1963, Gaz.Pal. 1964.1.99; Cass. civ. 10. 4. 1964, JCP 1964.IV ed. G, 70; Cass. civ. 26. 10. 1962, Bull. cass. II, Nr. 677, S. 495.

[21] So Cass. civ. 14. 12. 1962, D 1963, somm. 62, Bull. cass. II, Nr. 799, S. 585.

[22] Cass. civ. 22. 3. 1960, D 1961, Anm. Radouant, JCP 1960.II.11790, Anm. Rodière, Gaz.Pal. 1960.2.263.

[23] So bei starkem Sturm: Cass. civ. 15. 5. 1956, Bull. cass. II, Nr. 268, S. 175.

[24] Cass. civ. 23. 10. 1964, D 1965, 196, Anm. Tunc.

[25] Cass. civ. 24. 3. 1965, D 1965, 405, Anm. Tunc.

II. Die unbedingte Einstandspflicht

Bei dem Versuch, Kriterien für den Entlastungsgrund der „force majeure" zu bestimmen, wurde bisher die Forderung nach der „extériorité" der fremden Ursache als Bedingung für die Zubilligung der „force majeure" zurückgestellt. Dieser Bedingung zufolge muß das entlastende Ereignis seinen Ursprung außerhalb der Sache bzw. des Kraftfahrzeugs gehabt haben.

Bereits in der im anderen Zusammenhang zitierten Entscheidung des Kassationsgerichtes vom 2. 5. 1933[26] wurde festgestellt, daß ein Fehler der Sache keine „cause étrangère" sein könne[27]. Deutlicher zu diesem Punkt ist ein Urteil vom 22. 1. 1945[28], das den Auftakt für eine Reihe weiterer, in gleichem Sinne ergangener Entscheidungen bildete. Nach dem der Entscheidung zugrunde liegenden Sachverhalt hatte die Lenkung des Fahrzeugs des beklagten Halters im Verlaufe eines Überholmanövers versagt. Im Rechtsstreit mit der Witwe des bei dem Unfall getöteten Opfers berief sich der Beklagte darauf, er habe den Unfall weder vorhersehen noch vermeiden können, so daß das technische Versagen seines Fahrzeugs für ihn eine „cause étrangère" darstellte. Das Gericht lehnte hier in Anlehnung an eine frühere Entscheidung vom 11. 3. 1940[29] die Argumentation des Beklagten mit dem Hinweis ab, bei der „cause étrangère" müsse es sich um einen außerhalb der Sache liegenden Umstand handeln. In diesem Urteil[29] führte das Gericht aus:

"Mais attendu qu'une rupture de frein qui n'est pas un fait extérieur à la chose, cause de dommage, ne constitue pas au regard du gardien un cas fortuit de nature à l'exonérer de la présomption de l'article 1384 § 1 C.c."

In der Doktrin stieß diese Rechtsprechung selbst bei Vertretern des „faute"-Gedankens kaum auf Widerstand. Vielleicht, weil diese wie Goldmann[30] meinten, daß ihre Ergebnisse nicht unbedingt im Widerspruch zur Theorie der „faute dans la garde" stehen müßten. Auch von dieser Theorie her läßt sich nach seiner Ansicht vertreten, daß die Existenz eines Fehlers der Sache die Folge mangelhafter Überwachung darstelle, was sich dann zum Unfallzeitpunkt im Verlust der tatsächlichen Kontrolle über die Sache niederschlage[31].

---

[26] Cass. req. 2. 5. 1933, D H 1933, 281.

[27] Vgl. dazu im einzelnen Rev. trim. dr. civ. 1966, 299, Nr. 10, Anm. Rodière.

[28] Cass. req. 22. 1. 1945, S 1945.1.57, Gaz.Pal. 1945.1.84.

[29] Cass. civ. 11. 3. 1940, Gaz.Pal. 1940.2.15. Das Gericht hatte hier über einen Fall zu entscheiden, in dem die Bremsleitung eines Wagens plötzlich versagt hatte.

[30] *Goldmann*, La détermination, Nr. 142.

[31] Diese dogmatische Rechtfertigung der „faute"-Theorie zeigt übrigens deutlich, wie die logistische Konstruktion einer Pflichtverletzung zu einem von subjektiven Komponenten befreiten „faute"-Begriff führt, dessen Funktion nur noch darin besteht, die Brücke von der Verursachung zur Ersatzpflicht zu schlagen.

So stand jedenfalls einer Konsolidierung der Rechtsprechung in diesem Bereich nichts im Wege[32].

III. *Fallgruppen*

Neben solchen Ereignissen, die ihren Ursprung offensichtlich außerhalb der Sache haben (z. B. Blitz, Steinschlag), und neben anderen typischerweise auf Grund von Fehlern der Sache eingetretenen Schadensverläufen gibt es eine Reihe von Fallgruppen, die sich einer automatischen Einordnung in eines der aufgezeigten Grundschemata Fehler — fremdes Ereignis entziehen. Im folgenden soll daher die höchstrichterliche Rechtsprechung mittels Bildung derartiger Fallgruppen verdeutlicht und dabei aufgezeigt werden, wie die Rechtsprechung das Kriterium der Vorhersehbarkeit und Vermeidbarkeit im Zusammenhang mit der Forderung nach der „extériorité“ des fremden Ereignisses in der Praxis anwandte.

1. Naturereignisse und ähnliche Einwirkungen

Angesichts ungewöhnlicher und heftiger Naturereignisse hat die Rechtsprechung stets Entlastung gewährt, so z. B. wenn der Unfall infolge von Orkan, Blitzschlag oder plötzlicher Überschwemmung eintrat[33]. Auch ein Halter, der einen Unfall verursachte, weil ein heftiger Sturm einen Baum entwurzelte und im Augenblick seiner Vorbeifahrt auf die Straße schleuderte, wurde für den von ihm angerichteten Schaden nicht für haftbar erklärt[34].

Weniger einheitlich entschied das Kassationsgericht Fälle, in denen ein am Straßenrand von verbranntem Gras herrührender Rauchschleier[35] oder die durch eine Lokomotive erzeugten, unvermutet auf der Straße auftauchenden dichten Rauchschwaden den Fahrer verunsichert hatten[36]. Während beide Fälle zunächst als gewöhnliches Verkehrshindernis gewertet wurden, sieht eine spätere Entscheidung im letzten Beispiel ein unvorhersehbares Hindernis im Sinne einer „force majeure“[37].

Grundsätzlich werden Schnee, Wind und Regen als vorhersehbare Ereignisse betrachtet[38]; es wurde entschieden, daß undurchsichtiger Nebel, der über eine kürzere Strecke hinweg die Sicht eines Fahrers auf Null

---

[32] Vgl. zahlreiche Nachweise in *Mazeaud/Tunc* II, Nr. 1595, S. 594/95, Fußn. 10.

[33] Nachweise bei *Bedour*, Précis, S. 293; Demogue VI, Nr. 556.

[34] Ebenda.

[35] Cass. civ. 18. 11. 1956, JCP 1957.IV.2.

[36] Cass. civ. 27. 11. 1958, J A 1959, 188.

[37] Cass. civ. 11. 1. 1961, Gaz.Pal. 1961.1.322.

[38] *Bedour*, S. 293.

verringerte, keinen Fall von „force majeure", sondern einen Umstand darstelle, der dem Fahrer doppelte Aufmerksamkeit und eine sehr zurückhaltende Geschwindigkeit auferlege[39].

2. Straßenglätte / Schleudern

Gleiches soll für die Einwirkung von Glatteis und Reif gelten. So begehe der Automobilist, der sich auf die Straße begibt, obwohl er damit rechnen müsse, daß die Straße vereist sei, eine Unvorsichtigkeit, gegen die er sich aus Sorge um die eigene Sicherheit hätte absichern müssen[40].

Eine Ausnahme macht die Rechtsprechung nur dann, wenn der Fahrer mitten auf dem Land von einer plötzlichen Wetterveränderung, die zu starker Glatteisbildung führt, überrascht wird[41], oder aber Glatteisbildung an einzelnen Stellen zum Opfer fällt, die angesichts der Wetterverhältnisse nicht erwartet werden konnte[42].

Die letzterer Aussage zugrunde liegende Entscheidung vom 29. 6. 1966 verdient hier besondere Aufmerksamkeit, da sie von ihren Kommentatoren[43] zum Demonstrationsfall eines mangelhaften Rechtssystems gemacht wurde. Es lag ihr der folgende Sachverhalt zugrunde: Ein Autofahrer, von plötzlich auftretender Glatteisbildung überrascht, war ins Schleudern geraten und anschließend an die Unfallstelle zurückgeeilt, um andere Verkehrsteilnehmer zu warnen. Dabei wurde er von einem anderen Fahrzeug, dessen Fahrer ebenfalls die Gefahrenstelle zu spät bemerkt hatte, erfaßt und getötet. In der dritten Instanz des Prozesses sprach der Kassationsgerichtshof der Witwe des Verstorbenen jeden Anspruch ab, obwohl sich herausgestellt hatte, daß das Fahrzeug des Beklagten verkehrswidrig mit abgefahrenen Reifen ausgestattet gewesen war. Die Entscheidung wurde damit begründet, daß die Klägerin für einen Anspruch aus Art. 1382 C.c. nicht den Nachweis erbracht habe, daß die „faute" (Fahren mit abgefahrenen Reifen) für den Unfall ursächlich gewesen sei. Ein Anspruch aus Art. 1384 § 1 C.c. wurde mit der Begründung abgelehnt, der Beklagte habe angesichts der Wetterbedingungen die Glatteisbildung nicht voraussehen können.

Das Urteil ist bemerkenswert in dreierlei Hinsicht.

---

[39] Cass. civ. 14. 12. 1956, J A 1597, 46.

[40] Paris 7. 2. 1955, Gaz.Pal. 1955.1.349; Cass. civ. 24. 4. 1957, Gaz.Pal. 1957.2.11; Cass. civ. 10. 4. 1962, D 1962, somm. 119; Cass, civ. 28. 12. 1963, Bull. cass. II, 1963, Nr. 492; Cass. civ. 19. 10. 1966, D1 967, somm. 62; Orléans 5. 11. 1968, Gaz. Pal. 1968.2.T. Resp. civ., Nr. 123; Cass. civ. 28. 10. 1968, Bull. cass. II, Nr. 255, S. 179.

[41] Cass. civ. 17. 2. 1966, J A 1966, 479.

[42] Cass. civ. 29. 6. 1966, D 1966, 645, Anm. Tunc; JCP 1967.II.14931, obs. Savatier; Rev. trim. dr. civ. 1967, 159, Nr. 7, Anm. Durry.

[43] Vgl. insbes. *Tunc* und *Savatier*.

Einmal darf es in unmittelbarem Zusammenhang mit der oben behandelten Problematik als Indiz für die erwähnte Tendenz der Rechtsprechung gelten, auch hinsichtlich der Entlastung durch „force majeure“ an den strengen Kriterien der Vorhersehbarkeit und Vermeidbarkeit zu rütteln und stattdessen ein Kriterium einzuführen, das sich kaum vom Nachweis fehlender „faute“ unterscheidet.

Zum zweiten geht das Urteil bei der bisher nur andeutungsweise behandelten Beweislastverteilung davon aus, daß der Nachweis der Ursächlichkeit zwischen Fehler der Sache (hier abgefahrene Reifen) und Unfall vom Verletzten zu erbringen sei. Die Frage der Ursächlichkeit wird dabei vom Gericht zwar nur im Rahmen des Art. 1382 C.c. geprüft, und es fehlt jeder Hinweis, daß diese Frage auch ein Problem im Rahmen der Anwendung des Art. 1384 § 1 C.c. darstellen könnte; dennoch ergibt sich die Folgerung zwingend aus der Tatsache, daß das Gericht die Klage abwies, obwohl nach seinen Ausführungen die Frage der Kausalität zwischen Fehler und Unfall unbeantwortet blieb. Daß mit diesem Urteil auf indirektem Wege bewußt eine neue Beweisregel eingeführt werden sollte, muß allerdings angesichts einer oft mehr intuitiv als dogmatisch folgerichtig entscheidenden Gerichtspraxis bezweifelt werden.

Schließlich, und dies macht es besonders interessant, steht das Urteil in den Augen seiner Kommentatoren Tunc und Savatier für ein rechtspolitisch verfehltes System, das noch nach Schuldgesichtspunkten urteilt und damit vielen durch typische Risiken des Straßenverkehrs Geschädigten ohne Rücksicht auf die Existenz einer obligatorischen Haftpflichtversicherung ungerechterweise den Ersatz verweigert[44].

In Fortführung der hier angestrengten Untersuchung kann generell festgestellt werden, daß die Rechtsprechung das Schleudern von Kraftfahrzeugen nicht automatisch dem internen Risikobereich der aus der Sache selbst entstandenen Schadenszufügung unterstellt, sondern im Einzelfall prüft, ob eine Entlastung durch eine „cause étrangère“ in Betracht kommt.

---

[44] Eine dem deutschen Recht entsprechende Anspruchsgrundlage des Geschädigten aus Geschäftsführung ohne Auftrag (§§ 683, 670 BGB) ist im französischen Recht umstritten: Vgl. hierzu die ausführliche Behandlung des Problems durch *Puech*, Anm. zu Cass. civ. 1. 12. 1969 in D 1970, 422 ff. Ein Anspruch gegen den durch Gesetz vom 31. 12. 1951 in Frankreich geschaffenen Garantiefonds kam hier nicht in Betracht, da dieser Fonds grundsätzlich nur dann einspringen soll, wenn an sich die Voraussetzungen eines Ersatzanspruchs vorliegen würden: Vgl. im einzelnen *Schneider*, Der Fonds de Garantie, S. 62 ff. — Das OLG Koblenz hat am 27. 2. 1962, NJW 1962, 1515, einen ähnlichen Fall entschieden und dabei sogar umgekehrt den winkenden Fußgänger aus § 823 BGB für den Schaden des Kfz-Fahrers ersatzpflichtig gemacht. Es wurden jedoch, wie *Weitnauer* in einer Anmerkung aufzeigt, zu Unrecht die Voraussetzungen einer Geschäftsführung ohne Auftrag verneint, was der Schadenszufügung die Rechtswidrigkeit genommen hätte.

Davon abweichend hatte zuvor in der Rechtsprechung eine gewisse Tendenz bestanden, dem Halter eines ins Schleudern geratenen Kraftfahrzeuges jedenfalls bei Zweifeln an der Unfallursache die Entlastung zu verweigern. Diese Rechtsprechung betraf u. a. auch einen Fall des Schleuderns auf fettem und aufgeweichtem Boden, wobei die Gerichte ihre Entscheidung damit begründeten, nicht der Zustand des Bodens sei die eigentliche Unfallursache gewesen, sondern die vom Fahrer falsch bemessene Geschwindigkeit und entsprechende Lenkbewegung[45]. In anderen Urteilen gestand das Gericht zwar einem Fahrer Entlastung zu, der auf ländlichen Abfallprodukten oder auf von ländlichen Fuhrwerken herrührenden, klebrigem Schlamm ins Schleudern geraten war, dies indes nicht wegen des Vorliegens einer „force majeure", sondern wegen des schuldhaften Verhaltens des Landwirts[46] oder der verkehrssicherungspflichtigen Gemeinde[47].

Neben diesen Entscheidungen verdient ein weiteres Urteil der Cour de Cassation besonderes Augenmerk.

Am 28. 10. 1965[48] hatte das Gericht über einen Sachverhalt zu entscheiden, demzufolge ein Auto nachts auf einer Ölpfütze ins Schleudern geraten war und dabei auf ein entgegenkommendes Fahrzeug auffuhr, dessen fünf Insassen zum Teil schwere Verletzungen erlitten. Das Gericht hatte dabei den Halter des Fahrzeugs von jeder Ersatzpflicht freigestellt, da die Ölpfütze von Wasserlachen bedeckt gewesen sei und infolgedessen nicht hätte erkannt werden können.

Auffallend an dieser Entscheidung ist die weitgehende Übereinstimmung mit den Grundsätzen des zitierten Urteils vom 29. Juni 1966. Bereits hier finden sich die Anforderungen an die Vorhersehbarkeit des den Schaden verursachenden Umstandes in stark abgeschwächter Form; das Gericht spricht in diesem Zusammenhang davon, daß die Aufmerksamkeit des Fahrers nicht speziell durch den Anblick von Wasserlachen auch auf deren Ölhaltigkeit gelenkt werden konnte. Das Urteil enthält darüber hinaus keinerlei Konzession an den Risikogedanken; vielmehr begnügt sich das Gericht damit, die Unfallursache in einem bestimmten, außerhalb des Fahrzeugs (nicht aber des Fahrzeugbetriebs im weiteren Sinne) liegenden Bereich gefunden zu haben, wobei die Voraussetzungen, unter denen die Entlastung gewährt wird, in etwa dem Nachweis entsprechen, daß den Fahrer bzw. Halter des Fahrzeugs, das den Unfall verursacht hat,

---

[45] Aix 10. 10. 1963, Gaz.Pal. 1964.1.184, Nr. 34; vgl. weiterhin: Cass. req. 2. 3. 1927, D 1927.1.121, Anm. L. Mazeaud, S 1927.1.232, Gaz. Pal. 1927.1.736; Cass. civ. 22. 6. 1937, S 1937.1.286; Cass. civ. 22. 11. 1948, S 1949.1.19; Cass. civ. 17. 7. 1963, Gaz.Pal. 1964.1. somm. 6; Paris 5. 11. 1954, JCP 1955.IV.4.

[46] Paris 21. 7. 1951, J A 1952, 12.

[47] Cass. civ. 14. 12. 1962, D 1963, somm. 62.

[48] Cass. civ. 28. 10. 1965, D 1966, 137, Anm. Tunc; Rev. trim. dr. civ. 1966, 301, Nr. 11.

am Unfall kein Verschulden treffe. Die Behauptung, der Unfall sei ausschließlich auf die Ölpfütze zurückzuführen, zeigt keinerlei beweistechnische Zugeständnisse gegenüber den Geschädigten. Die Feststellung des Urteils, das Öl hätte die Wasserpfütze noch glitschiger gemacht („encore plus glissante"), müßte eigentlich auf eine Mitverursachung durch weitere Faktoren (Straßenzustand, Regen) hinweisen. Um so erstaunlicher ist es, daß dieses Indiz nicht einmal bei der Beweislastverteilung Beachtung finden sollte.

Die erneute Wiederholung des von der Rechtsprechung aufgestellten Grundsatzes, der Nachweis fehlender „faute" könne eine Entlastung des Halters nicht rechtfertigen, klingt angesichts dieser zitierten Urteile allerdings eher als Beschwörung denn als die Darstellung praktizierten Rechts.

3. Geschleuderte Steine und geplatzte Reifen

Die nächste Fallgruppe, deren Darstellung Aufschluß über eine Grenzziehung der Rechtsprechung zwischen dem jeweiligen Geltungsbereich des Risiko- und des Schuldgedankens geben soll, wird von den Fällen gebildet, in denen auf der Straße liegende Steine von Fahrzeugen auf andere Verkehrsteilnehmer geschleudert werden.

Die überwiegende Literatur vertritt zu dieser Frage meist ohne nähere Begründung die Ansicht, der Schaden sei infolge einer außerhalb des Fahrzeugs liegenden Ursache eingetreten, so daß die Ersatzpflicht von der Vorhersehbarkeit und Vermeidbarkeit des Schadensverlaufs abhängt[49]. Die Ansicht, die entscheidende Ursache liege im „fait" der Sache (Auto) selbst, so daß ein Haftungsausschluß mangels „extériorité" des zum Schaden führenden Ereignisses nicht in Betracht käme, wird, soweit ersichtlich, in dieser Differenzierung nicht vertreten[50].

Die höchstrichterliche Rechtsprechung weist allerdings nur wenige Urteile zu diesem Problembereich auf.

In einem Urteil vom 4. Oktober 1961 hatte die Cour de Cassation den „gardien" eines Trolley-Busses für haftbar erklärt, der mit seinen Reifen einen Stein gegen die Schaufensterscheibe eines Geschäftes geschleudert hatte[51]. Begründet wurde diese Entscheidung damit, es habe sich bei dem (nicht sehr großen) Stein um eine vermeidbare und vorhersehbare Unfallursache gehandelt.

---

[49] So z. B. *Savatier*, Traité I, Nr. 188, 216, 355, 356, 388, 464, 1553; *Lalou/Azard*, Nr. 295 - 298; *Marty/Raynaud* II, Nr. 450; *Mazeaud/Tunc* II, Nr. 1262, S. 260; *Mazeaud*, Traité II, Nr. 1262, S. 362.

[50] Eine Überlegung in dieser Richtung findet sich lediglich bei *Marty/Raynaud*, der sich aber der allgemeinen Meinung anschließt.

[51] Cass. civ. 4. 10. 1961, D 1961, 755, Anm. Esmein; Rev. trim. dr. civ. 1962, 110, Nr. 24, Anm. Tunc.

Das Gericht urteilt also einerseits entsprechend der in der Literatur überwiegenden Meinung, wonach das Wegschleudern eines Kieselsteins durch die Räder des Kfz einen Fall von „force majeure" darstellen könne, war aber offensichtlich entgegen den in der Literatur vorhandenen Vorstellungen aus Billigkeitsgründen zur Ablehnung eines Haftungsausschlusses gelangt[52].

Ähnlichen Bedenken begegnet auch ein Urteil vom 3. Februar 1966[53]. Dort hob der Zweite Zivilsenat des Kassationsgerichts eine Entscheidung der Vorinstanz auf, die einen Autofahrer, dessen Reifen einen Stein auf die Windschutzscheibe des Fahrzeugs des Klägers geschleudert hatten, mit der Begründung entlastet hatte, das Vorhandensein eines einzelnen Kieselsteins auf der Straße stelle einen Zufall dar, und es sei praktisch schwierig, einem solchen Stein auszuweichen. Allein die Schwierigkeit der Vermeidbarkeit, führte der Senat demgegenüber aus, sei aber noch kein ausreichender Entlastungsgrund. Auch hier dürften Billigkeitserwägungen (hier die Existenz eines haftpflichtversicherten Schädigers) dazu geführt haben, daß das Gericht die Entlastungsformel mit einer sonst nicht (mehr) praktizierten Strenge anwendete.

Neben diesen zwei Urteilen sei ein weiteres erwähnt, das zwar nicht exakt in die behandelte Fallgruppe paßt, das aber gerade im Vergleich mit den obigen Entscheidungen Interesse gewinnt. So hatte der Strafsenat der Cour de Cassation am 27. Februar 1963[54] festgestellt, ein Stein in einer Größe von 40 x 12 cm, der von einem Lastwagen auf die Straße gefallen war, sei für den beim Überfahren des Steines tödlich verunglückten Motorradfahrer ein unvorhersehbares und vollständig unvermeidbares Ereignis gewesen, und hatte damit die ausschließliche Ersatzpflicht des Lastwagenfahrers begründet. Auch in diesem Urteil dürfte sich der Mangel in der Subsumtion einmal und zum anderen der Widerspruch zu den vorerwähnten Entscheidungen nur aus dem sozialpolitisch motivierten Wunsch des Senats erklären, den Angehörigen des tödlich Verunglückten (es handelte sich um einen motorisierten Polizisten) volle Entschädigung zukommen zu lassen, und dies um so mehr, als der Halter des Lastwagens, der den Stein verloren hatte, bekannt war[55].

Für die behandelte Fallgruppe kann festgehalten werden, daß die Rechtsprechung nicht bereit ist, bei durch Reifen geschleuderten Kieselsteinen auf eine Entlastungsmöglichkeit des Halters zu verzichten, da sie den Stein stets als ein außerhalb der Sache liegendes Ereignis betrachtet[56].

---

[52] I. d. S. auch Tunc, Anm. Rev. trim. dr. civ. 1962, 111.

[53] Cass. civ. 3. 2. 1966, D 1966, 349, Anm. Tunc, JCP 1967.II.14976, obs. Plancqueel, Rev. trim. dr. civ. 1966, 542, Anm. Rodière.

[54] Cass. crim. 27. 2. 1963, Gaz.Pal. 1963.2.178, D 1963, somm. 102; Rev. trim. dr. civ. 1964, 319, Nr. 33, Anm. Tunc.

[55] I. d. S. z. B. auch *Villeurbaume* 31. 5. 1967, D 1968, 421.

[56] Wegen weiterer Urteile zur Fallgruppe der geschleuderten Steine vgl. *Mazeaud*, Traité II, Nr. 1662, S. 363, Fußn. 8.

Die passive Rolle eines (kleinen) geschleuderten Steines scheint der Annahme nicht entgegenzustehen, es handle sich beim Schleudern des Steines nicht um eine schwerpunktemäßig vom Fahrzeug ausgehende Ursache. Zum anderen wird auch im geschilderten Bereich die Formel der „imprévisibilité et inévitabilité“ von der Rechtsprechung verteidigt, obwohl die tatsächlich zur Lösung des Falles herbeigezogenen Kriterien offensichtlich nicht selten auf einer anderen Ebene liegen.

Ähnlich wie bei den durch geschleuderte Steine verursachten Schäden hat die Rechtsprechung eine Risikohaftung des Halters auch für die infolge geplatzter Reifen entstandenen Schäden verneint. Auch in diesen Fällen prüft sie, ob der Unfall nicht durch ein von außen herrührendes Ereignis verursacht wurde[57]. Dabei soll es zur Entlastung des Halters allerdings nicht ausreichen, daß dieser eine vorsichtige Fahrweise nachweisen kann[58].

4. Ohnmacht des Fahrers

Dagegen wurde der Bereich der reinen Risikohaftung von der neueren Rechtsprechung auf eine weitere Fallgruppe ausgedehnt, in der ein unerwartetes Versagen des Fahrers zum Unfall führt.

Noch in einem Urteil vom 28. April 1947[59] hatte die Cour de Cassation die Zurechnungsfähigkeit („la faculté de discernement“) des Halters als Voraussetzung einer Haftung nach Art. 1384 § 1 C.c. gefordert. Angesichts der Kritik an dieser Forderung und des Widerstandes unterer Gerichte[60] kam es zu einer vermittelnden Entscheidung vom 18. Dezember 1964[61], wonach ein vorübergehender Verlust der geistigen Fähigkeiten, sei er als Unzurechnungsfähigkeit i. S. des Art. 64 Code pénal oder als physische Schwäche zu bewerten, keine „cause étrangère“ für den Halter darstellen soll.

“... n'est pas un événement susceptible de constituer une cause de dommage extérieure ou étrangère au gardien au sens des conditions d'application de l'article 1384, 1er du Code civil.”

Am 4. November 1965 verdeutlichte der Senat, eine Ohnmacht des Fahrers im Unfallzeitpunkt stelle für den Halter des Fahrzeugs keine „cause

---

[57] So *Lalou/Azard*, Nr. 299.

[58] Cass. civ. 18. 12. 1967, Gaz.Pal. 1967.2. ind. 165, Nr. 186, Bull. cass. II, Nr. 278.

[59] Cass. civ. 28. 4. 1947, JCP 1947.II.3161, Anm. I., D 1947, 329, Anm. Lalou, S 1947.1.115.

[60] Vgl. D 1947, 329, Anm. Lalou, und z. B. Trib. Toulouse 19. 11. 1951, D 1952, 155.

[61] Cass. civ. 18. 12. 1964, JCP 1965.II.14304, Anm. Dejean de la Batie, D 1965, 191, concl. *Schmelck*, Anm. Esmein, Gaz.Pal. 23. 3. 1965, Rev. trim. dr. civ. 1965, 351 ff., Nr. 6, Anm. Rodière.

étrangère“ dar, wenn auch wegen der Ohnmacht dem Halter oder Fahrer keinerlei Vorwurf gemacht werden könne[62].

“... que si la déficience physique de R. était exclusive de toute responsabilité sur le plan de la faute, elle ne pouvait cependant constituer la cause étrangère de nature à exonérer le gardien de la responsabilité par lui encourue.”

In Bestätigung der Entscheidung vom 18. Dezember 1964 präzisierte der Senat am 1. März 1967 dann nochmals, daß ein Versagen der geistigen Fähigkeiten für den Halter keine „cause étrangère“ darstelle und er seine Haltereigenschaft bewahre, auch wenn er nicht in der Lage sei, seine Herrschaftsmacht ordnungsgemäß auszuüben[63].

Ähnliche Formulierungen finden sich auch in weiteren Entscheidungen[64].

Für die vorliegende Untersuchung ergeben sich aus den angeführten Urteilen zwei Aussagen:

1. Der Verlust der Zurechnungsfähigkeit hat keinen Einfluß auf die Haltereigenschaft.
2. Eine unvorhersehbar eingetretene psychische oder physische Unfähigkeit des Fahrers zur ordnungsgemäßen Steuerung des Fahrzeugs stellt keine „cause étrangère“ dar, d. h. keinen außerhalb der unbedingten Einstandspflicht des Halters liegenden Bereich.

IV. Dogmatische Einordnung

Neben dem Grundsatz der unbedingten Haftung für durch Fehler der Sache entstandene Schäden hat die Rechtsprechung einen zweiten Bereich geschaffen, in dem der Halter ohne die Entlastungsmöglichkeit der „cause étrangère“ haftet: Der infolge von „Mängeln“ des Fahrers eingetretene Schaden macht — auch bei fehlender Identität zwischen Fahrer und „gardien“ — den letzteren ersatzpflichtig.

In diesem Bereich bekennt sich die Rechtsprechung, die das Erfordernis einer „faute“ als Haftungsvoraussetzung ausdrücklich verneinte[65], zur reinen Gefährdungshaftung. Auch der Theorie der „faute dans la garde“ ist insofern der Boden entzogen.

Schwierigkeiten bereitet es, den für die genannten Fallgruppen aufgezeigten gemeinsamen Bereich einheitlich dogmatisch abzugrenzen. Da eine

---

[62] Cass. civ. 4. 11. 1965, Bull. transp. 1966, 60, Gaz.Pal. 4. 3. 1965, Rev. trim. dr. civ. 1966, 299 ff., Nr. 10, Anm. Rodière.

[63] Cass. civ. 1. 3. 1967, Bull. cass. II, Nr. 96, Rev.tr im. dr. civ. 1967, 828, Nr. 11, Anm. Durry.

[64] Cass. civ. 30. 6. 1966, Bull. cass.I I, Nr. 720; Cass. civ. 19. 12. 1966, Bull. cass. II, Nr. 977; Cass. civ. 21. 1. 1966, Bull. cass. II, Nr. 102, S. 73; Paris 12. 5. 1967, Gaz.Pal. 19. 8. 1967; Cass. com. 23. 1. 1968, JCP 1968.II.15422.

[65] Cass. civ. 4. 11. 1965.

Risikohaftung für Versagen des Fahrers auf einer anderen Ebene liegt als die für ein Versagen der Sache, wird das Auffinden eines gemeinsamen Obersatzes erschwert. Die problematische Bipolarität des französischen Rechts mit ihrer Unterscheidung zwischen „fait de l'homme" und „fait de la chose" wirkt auch in dem relativ schmalen Bereich der strengen Gefährdungshaftung fort. Diese Verschiedenheit wußte es 30 Jahre zu verhindern, daß sich die Rechtsprechung einen weiteren Bereich unbedingter Einstandspflicht für die aus der unmittelbaren Sphäre der Person (Fahrer, „gardien") selbst herrührenden Unfallursachen schuf.

Die Gerichte hatten schließlich über die speziell dem französischen Recht oktroyierte geschilderte Trennung hinweg ein in der Nähe der Ideen Josserands liegendes Konzept entwickelt[66]. Josserand sah vor, daß im Rahmen eines inneren Bereichs der eigenen Einflußsphäre auch für durch Zufall verursachten Schaden einzustehen ist, während bei außerhalb liegenden Ursachen der Nachweis einer „force majeure" von der Haftung zu befreien vermag[67]. Zur Verdeutlichung der beiden Sphären hatte er die Unterscheidung zwischen „cas fortuit" und „force majeure" vorgeschlagen. Während der erste Begriff zur Kennzeichnung der internen Schadensursachen dienen sollte, sollte die „force majeure" die für die von außen kommenden Ursachen relevante Entlastungsmöglichkeit darstellen.

Inwieweit allerdings die neuere Rechtsprechung dazu neigt, die von Josserand entwickelte Terminologie zu übernehmen, dürfte schwer zu entscheiden, zudem als Bezeichnungsfrage unerheblich sein.

Gleichzeitig ist als Ergebnis der obigen Untersuchung festzuhalten, daß, von der geschilderten Ausweitung der Gefährdungshaftung abgesehen, deren Anwendung auf durch solche Fehler hervorgerufene Schäden beschränkt bleibt, die der Sache unmittelbar anhaften[68]. Gefahren,

---

[66] Vgl. dazu *Rodière*, s. Rev. trim. dr. civ. 1966, 299, Nr. 10, Anm. Rodière.

[67] *Josserand*, Les transports, Nr. 570; ders., Cours II, Nr. 541 und 547.

[68] Diese Unmittelbarkeit wird verdeutlicht durch Bezeichnungen wie „vice propre de la chose", Cass. civ. 16. 7. 1969, D 1970, somm. 31, Bull. cass. II, Nr. 253, S. 182, oder „vice inhérent à la chose", Cass. civ. 20. 11. 1968, Gaz. Pal. 1969.1.119, D 1969, somm. 50. J. *Mazeaud* stellt, Traité II, Nr. 1595, S. 719, hier die interessante Frage, ob die unbedingte Garantiehaftung auch dann eingreifen soll, wenn der Mangel seinerseits Folge eines dritten Ereignisses ist, für das der Halter nicht einstehen muß. In diesem Falle soll nach J. Mazeaud eine Einstandspflicht des Halters dann entfallen, wenn das Ereignis in einem so kurzen Zeitraum vor Eintritt des Unfalls einwirkte, daß dem Halter bzw. dem Fahrer keine Möglichkeit blieb, das Fahrzeug zu kontrollieren und den Mangel zu beseitigen. Von der Theorie der „faute"-Haftung her erscheint diese Lösung konsequent. (I. d. S. für das belg. Recht: Rev. gén. ass. et resp. 1969, 8150, Anm. Dalcq.) Argumentiert man dagegen von der Basis der Risikotheorie her, müßte man wohl zu einer anderen Lösung des Problems gelangen, zumindest aber die Frage von einer anderen Richtung her angehen. Soweit ersichtlich, ist dies noch nicht geschehen, da die Vertreter der Risikohaftung

die darüber hinaus als Folge der Inbetriebsetzung des Kraftfahrzeugs entstehen oder sich aus einem Zusammenwirken des Kraftfahrzeugs mit der ihm zugehörigen Betriebsgrundlage (Straße) ergeben (etwa Schleudern, Steineschleudern, geplatzte Reifen), bilden nach Ansicht der Rechtsprechung keinen Grund, die Entlastungsmöglichkeit des Halters auszuschließen. Die Möglichkeit einer restriktiven Interpretation des Begriffes „extériorité" wurde im französischen Recht (noch) nicht wahrgenommen.

Schließlich kann festgestellt werden, daß der Entlastungsgrund der „force majeure" mit der offiziellen Anerkennung des Kriteriums der normalen Vorhersehbarkeit des fremden Ereignisses durch die Rechtsprechung faktisch in die Nähe einer Entlastung des Halters durch den Nachweis, keine „faute" begangen zu haben, gerückt ist. Mit dieser Feststellung harmonieren allerdings nicht die von der Rechtsprechung verwendeten Formeln und Grundsätze.

Die neuere Rechtsprechung ist demnach von zwei gegenläufigen Tendenzen geprägt. Einer gewissen Ausweitung des Bereiches der Risikohaftung steht andererseits die Abkehr von den strengen Anforderungen an die Entlastung des Halters und damit eine letztlich auf die „faute" gegründete Haftungskonzeption gegenüber.

Diese Aussage gilt es auch für die Entlastungsgründe des „fait de la victime" und des „fait d'un tiers" zu überprüfen.

B. Der „fait de la victime"

Der „fait de la victime" ist der Entlastungsgrund, auf den sich der verklagte Halter am meisten beruft. Seine Ausformung erhielt er ausschließlich durch die Rechtsprechung, da dem französischen Zivilrecht eine dem § 254 BGB entsprechende Norm fremd ist.

Nur in Sonderregelungen wird das Verhalten des Geschädigten als Haftungsausschließungsgrund genannt. Die „faute" des Verletzten ist als einzige Entlastungsmöglichkeit für den Fall eines durch ein Flugzeug oder eine Seilbahn verursachten Schadens vorgesehen[69]; für Schäden, die beim Betrieb von atomaren Anlagen oder von atomar betriebenen Schiffen entstanden sind, kann sich der Halter nur durch den Nachweis vorsätzlichen Verschuldens auf seiten des Verletzten von seiner Haftung befreien[70].

---

den gesamten Art. 1384 § 1 C.c. unterfallenden Bereich einheitlich gelöst sehen wollen.

Wegen der im deutschen Recht ähnlichen Problematik sei auf die folgenden Ausführungen verwiesen.

[69] Vgl. die Regelungen der Gesetze vom 31. Mai 1924 und Art. 34 des Code de l'aviation civile et commerciale vom 8. Juli 1941.

[70] Vgl. Gesetz Nr. 955 und 956 vom 12. November 1965.

Da diese Regelungen Ausnahmen für den Betrieb von besonders risikoreichen Anlagen oder Maschinen darstellen, konnte sich die Rechtsprechung hieran nicht bei der Schaffung von Leitsätzen orientieren, die für alle Sachen, unabhängig von deren Gefährlichkeit, für den Menschen gelten sollen.

Inzwischen wurde der Entlastungsgrund des „fait de la victime" zum Ausgangspunkt einer neueren, stark an der Kausalität orientierten Rechtsprechung. Die unmittelbar folgenden Ausführungen müssen sich jedoch, ihrem Anliegen entsprechend, im wesentlichen darauf beschränken, die Voraussetzungen einer vollständigen Entlastung des Halters bei einem „fait" des Verletzten zu skizzieren.

I. Vollständige Entlastung bei einer „faute" des Verletzten

Ein Teil der Lehre forderte die vollständige Entlastung des Halters im Rahmen des Artikels 1384 § 1 C.c. für alle Fälle, in denen der Verletzte eine „faute" begangen hatte[71]. Die Mehrzahl dieser Autoren rechtfertigt ihre Haltung entweder mit dem Argument, wenn die Ursache des Schadens bekannt sei, nämlich die „faute" des Verletzten, bestehe kein Grund mehr, die Haftungsvermutung des Art. 1384 § 1 C.c. aufrechtzuerhalten. Savatier kommt zu diesem Ergebnis auf Grund seiner Ansicht, Art. 1384 § 1 C.c. spiele nur eine subsidiäre Rolle bei den Fällen, in denen die näheren Umstände des Unfalls unbekannt bleiben.

Andere Autoren, darunter auch die Vertreter des Risikogedankens, forderten eine vollständige Entlastung des Halters bei schuldhaftem Verhalten des Verletzten nur für die Fälle, in denen das „schuldhafte" Verhalten des Verletzten zugleich die einzige Unfallursache sei[72]. Andernfalls sollte die „faute" des Verletzten als eine der Unfallursachen nur zur Teilentlastung führen.

Die Rechtsprechung hatte sich in der großen Mehrzahl ihrer Entscheidungen lange Zeit der ersten Meinung angeschlossen und den Halter bei Feststellung einer „faute" auf seiten des Verletzten stets völlig entlastet[73].

---

[71] Vgl. *Capitant*, Les fluctuations, D H 1927, chron. 49; ders., Les passagers cloutés, D H 1931. chron. 18; S 1926.1.297, Anm. Esmein; Gaz.Pal. 1938. doctr. 46 und JCP 1949.II.4795, ebenfalls Anm. Esmein; *Savatier*, Traité II, Nr. 384 und 485 bis, D H 1930.1.82 und D 1934.1.41, beide Male Anm. Savatier.

[72] *Besson*, La notion de garde, S. 153 ff.; *Demogue*, Traité V, Nr. 1032; Anm. Josserand, D 1907.1.178, Anm. Henry Mazeaud, S 1934.1.313; desgleichen: S 1940.1.81, Anm. Mazeaud; Mazeaud, Traité II, Nr. 1527, S. 635 ff.; *Rodière*, Traité, Nr. 1557 und 1632 ff.

[73] Vgl. Cass. req. 10. 7. 1923, S 1926.1.297, Anm. Esmein; Cass. req. 12. 1. 1927, S 1927.1.129; Cass. req. 19. 12. 1927, S 1928.1.177, Anm. H. Mazeaud, Gaz.Pal. 1928.1.366; Cass. req. 16. 4. 1929.2.23, D H 1929, 284; Paris 30. 10. 1933, Gaz. Pal. 1933.2.800, Rev. gen. ass. terr. 1934, 131, Anm. Picard.

In zwei Urteilen hatte sich die „chambre de requêtes" zwar frühzeitig für die Möglichkeit einer Haftungsaufteilung ausgesprochen[74], hatte aber dabei wenig Resonanz von seiten der übrigen Senate erhalten.

Erst viel später gab ein Urteil des gleichen Senats dem Zweiten Zivilsenat Anlaß, seine bisherige Rechtsprechung zu revidieren. Die „chambre de requêtes" hatte anläßlich eines Automobilunfalles im Jahre 1934 erneut die Feststellung getroffen, die Haftungsvermutung des Artikels 1384 § 1 C.c. könne erst dann als widerlegt gelten, wenn der Nachweis erbracht sei, daß die „faute" des Verletzten die einzige Ursache des Schadens gewesen war[75].

Als diese Regel im Jahre 1936 vom Zweiten Zivilsenat übernommen wurde[76], wurde eine Rechtsprechung eingeleitet[77], die neben der Feststellung des Verschuldens auch Kausalitätsbetrachtungen in die Entlastung des Halters einbezog. Dies mußte über kurz oder lang zur Zulassung einer Schadensaufteilung zwischen Halter und Verletztem führen. Zugleich mußte damit die Frage neu gestellt werden, unter welchen Voraussetzungen von jetzt an das „schuldhafte" Verhalten des Verletzten noch als ein so wesentlicher Tatbeitrag zur Schadensverursachung angesehen werden konnte, daß eine Haftung des Halters gänzlich entfiel.

Die Rechtsprechung löste die Frage damit, daß sie von jetzt an die volle Entlastung des Halters an die Voraussetzung knüpfte, die „faute" des Verletzten müsse für den Halter unvorhersehbar und unvermeidbar gewesen sein.

Unter den zahlreichen in diesem Sinne ergangenen Urteilen[78] erscheint die Entscheidung vom 9. September 1940[79] besonders erwähnenswert. Es lag hier die Situation zugrunde, daß infolge der im französischen Recht bestehenden Bindungswirkung des im Strafverfahren ergangenen Urteils auch für den Zivilprozeß des Kassationsgericht von der Feststellung ausgehen mußte, daß der Verletzte, nicht aber der Halter als der Beklagte des Verfahrens schuldhaft gehandelt hatte.

Die „cour de Rennes" hatte ihre vorinstanzliche Klageabweisung auf die Ansicht gestützt, wenn auf seiten des Halters nachweisbar keine „faute" vorliege, sei die „faute" des Verletzten notwendigerweise die ein-

---

[74] Cass. req. 5. 6. 1904, S 1905.1.189, D 1907.1.177, Anm. Josserand; Cass. req. 26. 11. 1924, S 1926.1.129, Anm. Hubert, D 1925.1.72, Anm. Ripert.

[75] Cass. req. 13. 4. 1934, D 1934.1.41, Anm. Savatier, S 1934.1.313, Anm. H. Mazeaud, Gaz.Pal. 1934.1.861.

[76] Cass. civ. 1. 12. 1936, Gaz.Pal. 1937.1.157.

[77] Zahlreiche Nachweise bei *Mazeaud*, Traité II, Nr. 1527, S. 637, Fußn. 11.

[78] Cass. req. 13. 4. 1934; Cass. civ. 28. 4. 1937, Gaz.Pal. 1937.2.45; Cass.civ. 9. 9. 1940, S 1940.1.81, Anm. H. Mazeaud; Cass. civ. 31. 1. 1938, S 1938.1.229; Cass. civ. 3. 5. 1944, J A 1944.J.105; Cass. civ. 15. 11. 1949, Bull. cass. I, Nr. 319, S. 11071; Cass. civ. 2. 3. 1955, Bull. cass. II, Nr. 124, S. 75.

[79] Cass. civ. 9. 9. 1940. Vgl. Fußnote 78.

zige Ursache des Schadens. Die Cour de Cassation hob diese Entscheidung dann auf, wobei sie feststellte, die „faute" des Verletzten führe nur in dem Falle zur völligen Entlastung, wenn sie die einzige Ursache des Schadens sei. Dies setze aber voraus, daß der Halter die „faute" weder habe vorhersehen noch vermeiden können.

"... La faute de la victime ne peut exonérer totalement le gardien de la chose, cause du dommage, que si elle en a été la cause unique, le gardien n'ayant pu ni la prévoir ni en éviter les conséquences."

Dieses Urteil schließt eine vollständige Entlastung des Halters durch den Nachweis, keine „faute" begangen zu haben, ausdrücklich aus und macht diese von den für die „force majeure" geltenden Voraussetzungen abhängig. Die Anforderungen, die die Zweite Zivilkammer an Vorhersehbarkeit und Vermeidbarkeit stellte, waren auch hier längere Zeit sehr streng[80]. Sie lockerten sich dann seit dem Jahre 1956 mit der Einführung des Kriteriums der normalen Vorhersehbarkeit auch für den „fait" des Verletzten[81]. Der Richtungswechsel in der Rechtsprechung dürfte hier ebenfalls eine Reaktion auf Vorwürfe von seiten der Doktrin[82] darstellen. Dort wurde u. a. argumentiert, es gebe gerade im Bereich der Verkehrsunfälle praktisch kaum ein Verhalten des Verletzten, das unvorhersehbar sei, begingen doch alle Verkehrsteilnehmer immer wieder Fehler. Für einige Entscheidungen fällt in der Tat auf, daß das Gericht tatsächlich nicht nach dem Kriterium der Vorhersehbarkeit über die Entlastung geurteilt hat, sondern nach Abwägung aller sonstigen Umstände lediglich nachträglich der Entscheidung das Etikett der „imprévisibilité" zur formalen Rechtfertigung beigefügt hat[83].

Auch die Einführung der neuen Formel der normalen Vorhersehbarkeit hatte die Diskrepanz zwischen verwendeter Formel und tatsächlich benutzten Kriterien nur bedingt beseitigen können[84]. Es scheint, daß die

[80] Cass. civ. 10. 1. 1939, S 1939.1.86; Cass. civ. 9. 9. 1940, S 1940.1.81, Anm. Mazeaud; Cass. civ. 21. 1. 1941, Gaz.Pal. 1941.1.327; Cass. civ. 3. 11. 1941, Gaz.Pal. 1942.1.44; Cass. civ. 22. 2. 1942, S 1942.2.43; Cass. civ. 5. 8. 1942, Gaz.Pal. 1942.2. 195; Cass. civ. 12. 11. 1943, Gaz.Pal. 1943.1.134; Cass. civ. 1. 2. 1944, Gaz.Pal. 1944.1.136; Cass. civ. 27. 3. 1944, S. 1944. chron. 43; Cass. civ. 30. 5. 1944, D 1944, 105; Cass. civ. 7. 5. 1946, D 1946, 325; Cass. civ. 7. 5. 1947, Gaz.Pal. 1947. 2.27; Cass. civ. 7. 5. 1952, D 1952, 487; Cass. civ. 13. 5. 1952, D 1953, somm. 11; Cass. civ. 8. 5. 1956, D 1956, 349.

[81] Vgl. Cass. civ. 18. 10. 1956, Gaz.Pal. 1956.2.365; Cass. civ. 22. 11. 1956, Bull. cass. II, Nr. 625, S. 406; Cass. civ. 14. 6. 1957, Gaz.Pal. 1957.2.228; Cass. civ. 15. 1. 1960, JCP 1960.IV. ed. G, 30; Cass. civ. 23. 10. 1963, Gaz.Pal. 1964.1.246; Cass. civ. 24. 10. 1963, Gaz.Pal. 1964.1.63

[82] Vgl. insbes. *Tunc*, Rev. trim. dr. civ. 1964, 320, und die dort genannten Nachweise.

[83] So z. B. Cass. civ. 23. 10. 1963, Gaz.Pal. 27. 3. 1964; Cass. civ. 24. 10. 1963, Gaz.Pal. 1965.1.255. Vgl. zur Kritik an der letztgenannten Entscheidung *Rodière*, Rev. trim. dr. civ. 1965, 654 f.

[84] Zur neuen Formel: Vgl. Cass. civ. 18. 10. 1967, D 1968, 42, Gaz.Pal. 1968.2. ind. 166, Nr. 205; Cass. civ. 14. 10. 1965, JCP 1966.II.14768; Cass. civ. 26. 6. 1968, Gaz.Pal. 1968.2.162, Nr. 185; Cass. civ. 2. 12. 1964, Gaz.Pal. 1965.1.255.

eigentlichen Überlegungen der Richter dahin gehen zu fragen, ob das Verhalten des Verletzten vom Halter hatte erwartet werden können, ob er damit rechnen mußte und letztlich wohl, ob er schuldhaft handelte, da er es nicht voraussah.

Es gibt übrigens ein Urteil der Cour de Montpellier, das sich bemüht hat, das Kriterium der normalen Vorhersehbarkeit zu präzisieren[85]. Das Gericht führt aus, die Haftungsvermutung des Art. 1384 Abs. 1 C.c. dürfe nicht aus dem Wunsche heraus, den Verletzten zu entschädigen, unbegrenzt ausgedehnt werden, genausowenig wie das Konzept des „fait imprévisible" unter dem bequemen Vorwand unbegrenzt angewendet werden solle, der sehr aufmerksame und sorgfältige Fahrer wäre nie überrascht worden. Man solle vielmehr humanerweise zugestehen, daß ein Ereignis dann unvorhersehbar sei, wenn es keinen besonderen Grund gab, es zu fürchten.

Die Praxis der Gerichte schließt insbesondere aus zwei Momenten auf die Unvorhersehbarkeit eines Ereignisses, einmal von der Schwere des Verschuldens des Verletzten, zum anderen von der Plötzlichkeit, mit der das Verhalten des Verletzten den Schadensverlauf bestimmt hat[86].

Einige wenige Beispiele sollen der Anschaulichkeit halber genannt werden.

Im allgemeinen betrachten die Gerichte das Verschulden des Opfers, das in einer Vorfahrtsverletzung liegt, als normalerweise unvorhersehbar insbesondere natürlich dann, wenn ein Stopschild überfahren worden war[87].

Die „faute" des Verletzten, die erst unmittelbar vor dem Unglück erkennbar wurde, führt in der Regel zur Entlastung des Halters[88]. So hat z. B. das Kassationsgericht die plötzliche Überquerung einer Straße durch ein zuvor der Sicht des Fahrers entzogenes Kind wiederholt als „fait normalement imprévisible" betrachtet[89]. So wurde auch dann volle Entlastung gewährt, wenn das Opfer plötzlich zwischen zwei parkenden Autos hervorkam, um die Straße zu überqueren[90].

Keine Unvorhersehbarkeit wurde angenommen in einem Fall, in dem Fußgänger zwar bei rot, aber auf markiertem Fußgängerüberweg die

---

[85] *Montpellier*, 15. 10. 1963, Gaz.Pal. 1964.1.58.

[86] So *Boré*, Anm. zu Cass. civ. 11. 7. 1963, JCP.II.1964.13687.

[87] Vgl. Cass. civ. 31. 5. 1961, Bull. cass. II, Nr. 397, S. 286; Cass. civ. 13. 7. 1961, Bull. cass. II, Nr. 580, S. 407; Cass. civ. 14. 12. 1961, Bull. cass. II, Nr. 871, S. 616; Cass. civ. 14. 12. 1962, Bull. cass. II, Nr. 498, S. 306; Cass. civ. 2. 7. 1964, JCP 1964.IV ed. G. 119.

[88] Cass. civ. 6. 7. 1961, Bull. cass. II, Nr. 550, S. 388; Cass civ. 7. 3. 1963, Bull. cass. II, Nr. 232, S. 169.

[89] Cass. civ. 4. 5. 1957, Bull. cass. II, Nr. 326, S. 217; Cass. civ. 19. 12. 1957, Bull. cass. II, Nr. 803, S. 520; Cass. civ. 20. 10. 1960, Bull. cass. II, Nr. 232, S. 169.

[90] Cass. civ. 27. 6. 1967, Gaz.Pal. 1968.2.202.

Straße überquert hatten und der Unfall schon nach wenigen Metern der Überquerung geschehen war[91].

Was die Forderung der Rechtsprechung nach der Vermeidbarkeit des Unfalls betrifft, so wurde auch für den hier behandelten Bereich die Strenge der Formel nicht gelockert[92]. Faktisch tritt aber eine Abschwächung der Anforderungen auch für den Entlastungsgrund des „fait de la victime" dadurch ein, daß das Gericht aus der normalen Unvorhersehbarkeit auf die Unvermeidbarkeit schließt[93] oder aber sich bereits mit der Unvorhersehbarkeit begnügt[94]. In der Mehrzahl aller Entscheidungen werden allerdings beide Kriterien nebeneinander gefordert[95].

II. Vollständige Entlastung bei einem „fait" des Verletzten

Bei den bisherigen Ausführungen wurde stets davon ausgegangen, daß sich die Beteiligung des Geschädigten an der Herbeiführung des Schadens als „schuldhaft" (fautif) darstellt. Wie jedoch bereits erwähnt wurde, sah sich die Rechtsprechung in zunehmendem Maße genötigt, unabhängig von der Frage des Verschuldens Kausalitätserwägungen in das Haftungssystem einzubeziehen. Die ursprünglich vom Gedanken der Sanktion her operierende Rechtsprechung (dem schuldhaft handelnden Opfer gebührt kein Ersatz) stand bald der Problematik gegenüber, in welchem Maße der zwar nicht schuldhafte, aber doch ursächliche Tatbeitrag des Opfers zur Entlastung des Halters herangezogen werden sollte. Dabei konnte sich die auf das Geleise der kausalen Abwägung geratene Rechtsprechung nicht lange der Überlegung widersetzen, daß das im allgemeinen unvorhersehbare Verhalten des Verletzten, auch wenn es nicht mit einer „faute" des Verletzten verknüpft war, in gleicher Weise für den Schadenseintritt ursächlich sein kann.

In zwei relativ jungen Entscheidungen hob die Cour de Cassation folgerichtig Urteile auf, die eine volle Entlastung des Kfz-Halters am fehlenden Nachweis einer „faute" des Verletzten hatten scheitern lassen, obwohl das Verhalten des Verletzten für den Halter unter normalen Voraussetzungen nicht vorhersehbar war[96].

[91] Cass. civ. 20. 1. 1967 und Cass. civ. 7. 4. 1967, JCP 1968.II.15510.

[92] Vgl. z. B. Cass. civ. 14. 12. 1961, Bull. cass. II, Nr. 867, S. 612; Cass. civ. 14. 3. 1963, Bull. cass. II, Nr. 253, S. 185; Cass. civ. 24. 10. 1963, Gaz.Pal. 1964.1.63; Cass. civ. 3. 1. 1964, Bull. cass. II, Nr. 8, S. 6.

[93] So Cass. civ. 1. 7. 1955, Bull. cass. II, Nr. 374, S. 232; Cass. civ. 25. 1. 1956, JCP 1956.II.9153; Cass. civ. 14. 12. 1961, Bull. cass. II, Nr. 872, S. 616.

[94] So Cass. civ. 9. 11. 1955, Bull. cass. II, Nr. 209, S. 151.

[95] So Cass. civ. 9. 11. 1955, Bull. cass. II, Nr. 499, S. 306; Cass. civ. 10. 3. 1961, Bull. cass. II, Nr. 209, S. 151, Cass. civ. 30. 10. 1963, Bull. cass. II, Nr. 687, S. 513; Cass. civ. 3. 1. 1964, Bull. cass. II, Nr. 8, S. 6; Cass. civ. 8. 11. 1961, Bull. cass. II, Nr. 761, S. 556.

[96] Cass. civ. 17. 12. 1963, Gaz.Pal. 1964.1.292, D 1964, 569; Anm. Tunc, JCP 1965.II.14075, Anm. Dejean de la Batie; Cass. civ. 6. 4. 1965, Gaz.Pal. 1965.2.116,

Im Urteil vom 17. Dezember 1963, das hier beispielhaft zitiert werden soll und in dem ein Automobil nachts über eine auf der Straße liegende Gestalt gefahren war, führt der Senat aus:

"En subordonnant ainsi l'exonération de l'automobiliste à la preuve d'une faute de la victime, alors qu'ils relevaient d'une part un fait qui était susceptible ... de constituer une circonstance étrangère propre à décharger l'automobiliste de sa responsabilité, même si normalement imprévisible pour lui, il (le fait) avait été tel qu'il n'avait pas eu la possibilité de le surmonter, les juges du fond n'ont pas donné une base légale à leur décision."

In beiden Urteilen wurde klargestellt, daß die „faute de la victime" ihre Berechtigung als besonderer Entlastungsgrund verloren hatte und nur noch als Unterfall eines „fait de la victime" unter bestimmten Voraussetzungen zur Vollentlastung führen konnte.

Diese Rechtsprechung hat sich inzwischen weiter verfestigt[97].

C. Der „fait d'un tiers" Voraussetzungen des Entlastungsgrundes

Der Entlastungsgrund „fait d'un tiers" ist wie der des „fait de la victime" ausschließlich von der Rechtsprechung entwickelt und ausgeformt worden. Er findet sich weder in den Artikeln 1147 und 1148 des C.c., die die Entlastungsmöglichkeiten bei einer auf einen Leistungserfolg gerichteten vertraglichen Haftung aufzeigen, noch ist er in dem berühmten Grundsatzentscheid vom 13. 2. 1930 genannt. Seine heutige unbestrittene Anerkennung rechtfertigt sich indes weniger aus einer selbständigen Ausgestaltung heraus als aus dem Bedürfnis, angesichts der bei Regreßfragen auftauchenden Problematik eine eigene Fallgruppe neben den Fällen der „force majeure" zu bilden.

In dem hier gesetzten Rahmen gestattet dies jedoch, den „fait d'un tiers" als eine Art Sonderfall der „force majeure" verhältnismäßig kurz abzuhandeln. Entsprechend der Regelung der „force majeure" muß auch der Nachweis des „fait d'un tiers", soll er zur vollständigen Entlastung führen, den Beweis einer „cause étrangère" beinhalten, die für den Halter weder vorhersehbar noch vermeidbar war.

Im Gegensatz zur „force majeure" besteht diese fremde Ursache nicht in einem unpersönlichen Ereignis, sondern im Verhalten einer dritten Person, das weder dem Halter noch dem Geschädigten mittels der Rege-

---

JCP 1966.II.14485, Anm. Esmein; vgl. Rev. trim. dr. civ. 1965, 815, Anm. Rodière.

[97] Vgl. z. B. Cass. civ. 8. 12. 1965, Gaz.Pal. 1966.1.149; vgl. dazu Rev. trim. dr. civ. 1966, 303, Anm. Rodière. Vgl. auch Cass. civ. 19. 6. 1968, Gaz.Pal. 1968.2. 201/2, Nr. 183; Cass. civ. 20. 11. 1969, Bull. cass. II, Nr. 317, S. 234.

lungen der Art. 1384 und 1385 des Code civil (Haftung für „fait autrui", Haftung der Eltern und des Geschäftsherrn) zugerechnet werden kann[98]. Eine Identifizierung dieser dritten Person ist dabei nicht erforderlich, es genügt der Nachweis der Rolle, die sie bei der Entstehung des Schadens gespielt hat[99].

Die Rechtsprechung, die längere Zeit gezögert hatte, sich auf die Kriterien einer völligen Entlastung des Halters infolge eines „fait d'un tiers" festzulegen[100], entschied sich mit dem Urteil vom 19. Juni 1934[101] zu den Bedingungen der Vorhersehbarkeit und Vermeidbarkeit. Das Gericht verwendete dabei folgende oft zu lesende Formel:

"Attendu qu'il (der Beklagte[102]) ne saurait d'autre part être libre de la présomption de la responsabilité édictée à sa charge par l'article 1384 Code civil qu'à la condition de prouver que l'accident provient d'une cause étrangère que ne lui soit pas imputable; que le fait d'un tiers ne revêt pas ce caractère que s'il n'a pu être ni prévu ni empêché dans ses conséquences."

Mit diesem Urteil war der Weg für eine Gleichstellung zur „force majeure" oder auch — etwas später — zum „fait de la victime" frei geworden.

Entsprechend der für die anderen Entlastungsgründe beschriebenen Tendenz lockerte auch hier die Rechtsprechung in den letzten Jahren ihre Anforderungen an die Vorhersehbarkeit. Als Voraussetzung einer völligen Entlastung wird auch für den „fait d'un tiers" verlangt, daß er für den Halter bzw. Fahrer des Fahrzeugs normalerweise nicht vorhersehbar war[103].

Für das Verhältnis zwischen Vorhersehbarkeit und Vermeidbarkeit gelten in vollem Umfang die zum „la force majeure" gemachten Ausführungen[104].

---

[98] Wegen der auszuscheidenden Personen vgl. *Hübner*, Die Haftung des gardien, S. 134.

[99] Vgl. *Mazeaud*, Traité II, Nr. 1630, 1631-1, 1631-2, S. 747 ff. Aix 6. 5. 1949, D H 1950, 337.

[100] Vgl. die widersprüchlichen Urteile, die einmal strenge Anforderungen an die Entlastung stellen, wie Cass. req. 2. 3. 1927, D 1927.1.121, Anm. Mazeaud, S 1927.1.736; Cass. civ. 9. 1. 1929, Gaz.Pal. 1929.1.245; Cass. req. 30. 6. 1931, Gaz. Pal. 1931.2.530, und die Urteile, deren Anforderungen wesentlich geringer sind, wie Cass. req. 1. 8. 1929, D 1930.1.25, Anm. Josserand, Gaz.Pal. 1929.2.680; Cass. civ. 24. 7. 1930, Gaz.Pal. 1930.2.430; Cass. civ. 19. 6. 1934, S 1935.1.28, Gaz.Pal. 1934.2.376, D H 1934, 409.

[101] Cass. civ. 19. 6. 1934, S 1935.1.28, Gaz.Pal. 1934.2.376, D H 1934, 409.

[102] Einfügung vom Verfasser.

[103] Cass. civ. 14. 11. 1958, JCP 1959.II.10935, Anm. Rodière; Cass. civ. 14. 11. 1963, Gaz.Pal. 1964.1.99, JCP 1969.II.13690, Anm. Esmein; Cass. civ. 6. 3. 1969, Bull. cass. II 1969, Nr. 72, S. 53.

[104] Beispiel für ein Urteil, in dem aus der Nichtvorhersehbarkeit auf die Unvermeidbarkeit geschlossen wurde, ist Cass. civ. 1. 7. 1955, D 1955, 773, wo das Gericht ausführt: „la faute d'un tiers ... exonère le gardien ... lorsqu'elle n'a pu être prévue et a par suite rendu le préjudice inévitable".

D. Verhältnis „fait passif" — „cause étrangère"
Die Problematik einer dogmatischen Zuordnung beider Entlastungsgründe

Die Entlastungsgründe „cause étrangère" und „fait passif" sind bisher getrennt dargestellt worden. Dies führte notwendigerweise jeweils zu einer einseitigen Betrachtungsweise, die eine Hervorhebung der den beiden Entlastungsgründen gemeinsamen Elemente vernachlässigt hatte. Dennoch konnte nur so die Unterschiedlichkeit der Ausgangspositionen beider Begriffe verdeutlicht werden und damit dem (undankbaren) Versuch einer wechselseitigen Abgrenzung der Boden bereitet werden.

Das Nebeneinander beider Begriffe hat in der Doktrin zu großem Unbehagen und kritischen Betrachtungen geführt[105]. Der Grund hierfür dürfte sein, daß sich die Existenz der beiden Entlastungsmöglichkeiten in keines der von den Vertretern des „faute"- oder Risikogedankens entwickelten Haftungssysteme bruchlos einfügt.

So bedürfen die Vertreter des Risikogedankens, die die Entlastungsmöglichkeit des Halters im Nachweis einer fremden, außerhalb des Risikobereichs des Halters liegenden Ereignisses sehen, das für die Entstehung des Schadens ursächlich wurde, des „fait passif" als zusätzlichen Entlastungsgrundes nicht. Für sie würde unter dem Kriterium eines „fait passif" der Sache die gleiche Frage der Kausalität, wenn auch speziell mit Betonung des durch das Kfz geleisteten Beitrags zur Entstehung des Schadens — ein zweites Mal geprüft werden. Aus dieser Sicht ist die von dieser Seite kommende Besorgnis zu verstehen, durch Einführung des Kriteriums des „rôle actif" bzw. „passif" der Sache werde letztlich das hinter der Sache stehende und für deren Zustand verantwortliche Verhalten des Halters und somit die „faute" geprüft[106].

Eine dogmatische Konzeption, die beide Entlastungsgründe gegeneinander abgrenzt, dürfte allein die von den Brüdern Mazeaud entwickelte Theorie der „faute dans la garde" sein.

Die Haftung nach Art. 1384 § 1 C.c. setzt danach zunächst voraus, daß die Sache „cause génératrice" des Schadens ist, womit eine adäquate Kausalität zwischen dem „Verhalten" der Sache und dem eingetretenen Schaden gemeint ist. Neben dieser notwendigen aktiven Beteiligung der Sache am Schadensverlauf müsse auch eine kausale Beziehung zwischen Halter und Schaden bestehen. Wie an anderer Stelle bereits erwähnt wurde, soll das Verhalten des Halters dann nicht kausal sein, wenn eine „cause étrangère" den Schaden verursacht hat, die für den Halter nicht vorhersehbar und nicht vermeidbar war. Dabei bedeutet Verhalten des Kraftfahrers das im Rahmen einer konstruierten Erfolgsabwendungs-

---

[105] Vgl. insbesondere *Esmein,* D 1964. chron. 205 ff.

[106] So *Vray,* Gaz.Pal. 1968, 131, vgl. insbes. II c.

pflicht vorwerfbare Unterlassen einer Abwendung des Schadens. Dadurch, daß der Halter es zuließ, daß die Sache seiner Kontrolle entglitt, beging er eine „faute“. Diese „faute“ entfällt aber mit dem Nachweis, daß das Verhalten gar nicht ursächlich für den Schaden war.

"L'existence du lien de causalité conditionne l'existence de la faute elle-même[107]."

Die Brüder Mazeaud haben mithin den Versuch unternommen, unterschiedliche Kriterien für die Beziehung der Person zum Schaden und der Sache zum Schaden zu entwickeln, jeweils im Sinne einer eigenen Kausalität, die sich auf der einen Seite mittels eines „fait actif“ bzw. durch die Feststellung der „cause génératrice“ der Sache, auf der anderen Seite mittels einer „faute dans la garde“ („absence de cause étrangère“) begründet.

Daß die Theorie sich nicht durchgesetzt hat, erscheint angesichts der Unlösbarkeit des Problems, die von der Rechtsprechung aufgestellten Haftungsgrundsätze aufbauend auf dem Wortlaut des Art. 1384 § 1 C.c. zu einem geschlossenen System zu vereinen, verständlich. Insofern rührt eine Kritik an der erwähnten Theorie zugleich an die Grundlagen des praktizierten Rechts.

Einer der grundlegenden Mängel der Theorie wurde an anderer Stelle bereits aufgezeigt. Er liegt in dem widersprüchlichen Bemühen, einmal die „faute“ als Haftungsgrundlage herauszustellen, gleichzeitig jedoch die von der Rechtsprechung gestellte Forderung zu verteidigen, wonach die Entlastung nicht durch den Nachweis fehlender Schuld ermöglicht werden soll[108]. Dies hat, wie bereits erwähnt wurde, zu einer Identifizierung zwischen „faute“ und Kausalität geführt. Der so begründete, schematisierte „faute“-Begriff hat mit der „faute“, die sich im Sinne einer persönlichen, oder jedenfalls typisierten Vorwerfbarkeit begreift, nur noch den Namen gemein.

Der zweite und speziell im Rahmen der hier gegebenen Aufgabenstellung interessierende kritische Ansatzpunkt liegt in der Frage, ob zwischen Verhalten einer Sache oder einer Person in dem Sinne getrennt werden kann, daß voneinander unabhängige Ausgangskriterien für die Zurechnung eines negativen Erfolges gefunden werden können. Der im Urteil Jand'heur gegebene Hinweis, die Halterhaftung nach Art. 1384 § 1 C.c. solle nicht an die Sache selbst, sondern an die „garde de la chose“ anknüpfen, erschwert die hier beabsichtigte Trennung zusätzlich, da das menschliche Verhalten zu einem integrierenden Faktor bei den den Zustand der Sache messenden Kriterien wird. Nicht nur,

---

[107] H. L. J. *Mazeaud*, Leçons II, Nr. 561, S. 581; vgl. *Esmein*, D 1964. chron. 205; Rev. trim. dr. civ. 1967, 155, Anm. Durry.

[108] I. d. S. bereits das Urteil Jand'heur vom 13. 2. 1930.

daß die Feststellung eines „fait de la chose" ohne Einbeziehung des menschlichen Faktors nicht möglich ist, auch die weiterhin vorzunehmende Prüfung, ob sich die Sache „normal" „verhalten" hat, kann ohne die gleichzeitige Beurteilung des Verhaltens des Fahrers nicht erfolgen. Die Bejahung eines „normalen Verhaltens" der Sache setzt notwendigerweise deren Beurteilung im Rahmen von Umweltbeziehungen, anderen Bewegungsprozessen und deren Bewertung, und damit der Existenz von Rechtspflichten voraus. Wie sollten aber diese losgelöst von einer Bewertung des Verhaltens des Fahrers beurteilt werden?

Der Versuch, die Haftung nach Art. 1384 § 1 C.c. in der ihr durch die Rechtsprechung insbesondere im Urteil Jand'heur gegebenen Ausformung mittels zweier unabhängiger Kausalbeziehungen zu interpretieren, muß da gänzlich scheitern, wo die Haftung nicht an die Wertung eines bestimmten dynamischen Bewegungsprozesses (fait) der Sache, sondern an deren statische Beschaffenheit anknüpft. Mit der Einführung einer unbedingten Garantiehaftung für den durch Fehler der Sache entstandenen Schaden hat die Rechtsprechung einen Weg beschritten, der notwendigerweise zu einer völligen Bipolarität des gesamten Haftungssystems führen mußte.

Parallel muß die Mazeaud'sche Konzeption auch da scheitern, wo die Rechtsprechung die Haftung trotz physischer oder psychischer Mängel des Fahrers (etwa unverschuldete Ohnmacht) aufrechterhält. Das unbedingte Einstehenmüssen für im Risikobereich des Halters liegende Fehlerquellen läßt keine besondere Kausalitätsprüfung zwischen einem Verhalten des Kraftfahrers und dem Schaden mit dem möglichen Ziel einer Haftungsbefreiung zu.

All diese Ungereimtheiten lassen es verständlich erscheinen, daß die Rechtsprechung die Subtilitäten der von den Mazeauds entwickelten Konzeption bald vernachlässigte, wobei sie die jeweiligen Kausalitätsbeziehungen zusammenlegte.

Es wurde bereits gezeigt, wie die Rechtsprechung vorübergehend dazu überging, auch die auf die Sache bezogene Kausalitätsprüfung bei der Prüfung der „cause étrangère" vorzunehmen oder aber ganz darauf zu verzichten. Die dann gegebenenfalls getroffene Feststellung, das Ereignis sei dem Halter der Sache nicht zurechenbar, zeigt, daß die Betrachtungsweise der doppelten Kausalität einer einheitlichen Gesamtbetrachtung gewichen war. Der geschilderte Entwicklungsprozeß hatte schließlich dazu geführt, daß die Rechtsprechung da, wo sie zuvor von dem „rôle passif" der Sache gesprochen hatte, nur noch nach der Vorhersehbarkeit und Vermeidbarkeit des Unfalls für den Kraftfahrer fragte. In einer Serie von aufhebenden Entscheidungen hatte der Kassationsgerichtshof gerügt, wenn eine „cause étrangère" zugebilligt worden war[109], oder wenn umgekehrt dem Halter ein Teil der Haftung auferlegt wurde, ohne daß die Vorhersehbarkeit und Vermeidbarkeit des Ereignisses geprüft worden war[110]. Die Rechtsprechung konzentrierte damit die Entlastung auf ein einziges Moment, in dem zugleich die Beziehungen zwischen der Sache und dem Schaden wie die zwischen Person und Schaden Berücksichtigung fanden.

Zusammenfassend läßt sich feststellen, daß eine Entlastung dann gewährt wurde, wenn einmal kein Fehler der Sache oder des Fahrers vorlag, zum anderen wegen der Ungewöhnlichkeit des Verhaltens des Verletzten, eines Dritten oder eines fremden Ereignisses nicht mit dem Unfall gerechnet werden konnte und der Fahrer auch nicht schuldhaft eine Bedingung für den Schaden gesetzt hatte.

Von dieser Konzeption war die Rechtsprechung dann abermals abgerückt und hatte den „rôle passif“, wenn auch meist unter anderer Bezeichnung, als Entlastungsgrund erneut anerkannt.

Es erscheint nicht sicher, daß mit dieser neueren Tendenz wiederum die von Mazeaud gewiesene Richtung angesteuert werden soll. Hier Klarheit zu erhalten, dürfte im augenblicklichen Stadium der Rechtsprechung kaum möglich sein. Das vorübergehende Zusammenfallen der Entlastungsmomente hat die unterschiedlichen Ausgangspositionen weitgehend verwischen lassen.

Am ehesten läßt sich die Wiedereinführung des Kriteriums des „rôle passif“ wohl aus einem praktischen Bedürfnis bei der Suche des Richters nach billig erscheinenden Ergebnissen begründen. Damit wäre dann der Bereich der Beweislastverteilung angesprochen, der in jüngerer Zeit durch Verschiebungen in der Konzeption der Rechtsprechung spezielle Ausformungen erfahren hat. Das Erfordernis, eine „cause étrangère“ nachweisen zu müssen, bringt den beklagten Halter mitunter in eine schwierige Lage. Gerade angesichts der zahlreichen Unfälle, bei denen die näheren Umstände unaufgeklärt bleiben, wäre der Halter zwar mitunter in der Lage, sein eigenes (korrektes) Verhalten aufzuzeigen, nicht indes die fremde Ursache, die eigentlicher Unfallgrund war. Dieses so empfundene Bedürfnis, einen Halter, der offensichtlich keine „faute“ begangen hat, der aber nicht in der Lage ist, im einzelnen die genaueren Unfallursachen darzulegen, Entlastung zu ermöglichen, dürfte entscheidend dazu beigetragen haben, daß die Rechtsprechung zu einer

---

[109] So Cass. civ. 15. 6. 1961, Bull. cass. II, Nr. 457, S. 326; Cass. civ. 27. 10. 1961, Bull. cass. II, Nr. 711, S. 501; Cass. civ. 14. 12. 1961, Bull. cass. II, Nr. 873, S. 618; Cass. civ. 9. 11. 1961, Bull. cass. II, Nr. 740, S. 520; Cass. civ. 12. 5. 1961, Bull. cass. II, Nr. 344, S. 247.

[110] So Cass. civ. 14. 12. 1958, Bull. cass. II, Nr. 134, S. 87; Cass. civ. 11. 12. 1958, Bull. cass. II, Nr. 839, S. 556; Cass. civ. 19. 10. 1960, Bull. cass. II, Nr. 578, S. 394; Cass. civ. 22. 2. 1961, Bull. cass. II, Nr. 146, S. 106.

erneuten Anerkennung des Entlastungsgrundes des „rôle passif" zurückkehrte[111]. Der Halter, dem es nicht gelingt, eine fremde Ursache als Entstehungsgrund des Unfalls nachzuweisen, kann versuchen, die Neutralität und Normalität der Sache im Unfallzeitpunkt als subsidiäres Entlastungsmoment anzuführen[112]. Dieser Weg drängt sich z. B. gerade da auf, wo ein ordnungsgemäß geparktes Kfz in einen Unfall verwickelt wird, hat aber auch in anderen Situationen durchaus Bedeutung. Ob allerdings die praktischen Bedürfnisse einer gerechten Verteilung der Beweislast allein entscheidend dafür waren, daß die Rechtsprechung heute wiederum zwischen „fait passif" der Sache und dem Eingreifen einer „cause étrangère" trennt, kann nicht beantwortet werden.

§ 8 Das deutsche Recht („unabwendbares Ereignis")

A. Das unabwendbare Ereignis

I. Voraussetzungen einer Entlastung

Nach Abs. 2 des § 7 StVG ist die Ersatzpflicht des Halters ausgeschlossen, wenn der Unfall durch ein unabwendbares Ereignis verursacht wird. Als unabwendbar gilt nach dem Gesetzeswortlaut ein Ereignis insbesondere dann, wenn es auf das Verhalten des Verletzten oder eines nicht bei dem Betrieb beschäftigten Dritten oder eines Tieres zurückzuführen ist und sowohl der Halter als der Führer des Fahrzeugs jede nach den Umständen des Falles gebotene Sorgfalt beobachtet hat. Andererseits darf das Ereignis nie auf einem Fehler in der Beschaffenheit des Fahrzeugs oder einem Versagen seiner Verrichtungen beruhen.

Die Formulierung des Entlastungsgrundes weist auf dessen Verwandtschaft zu dem bereits 1838 in Kraft getretenen § 25 des preußischen Gesetzes über Eisenbahnunternehmungen hin. Nach dessen Wortlaut kann sich die Bahn von ihrer Ersatzpflicht nur durch Nachweis des Verschuldens auf seiten des Verletzten oder den eines unabwendbaren äußeren Zufalls befreien[113].

Das Reichs-Haftpflichtgesetz vom 7. 6. 1871[114], das allerdings nur den Personenschaden regelt, entlastet ebenfalls beim Nachweis eigenen Ver-

[111] I. d. S. *Vray*, Gaz.Pal. 1968. doctr., 131 f.; JCP 1966.II.14672, Nr. 3; Rev. trim. dr. civ. 1968, 722, Nr. 7 Anm. Durry.

[112] So insbesondere *Vray*.

[113] Näheres in *Müller*, § 7 StVG, Rdz. 11.

[114] S. RGBl., S. 207.

schuldens des Verletzten, setzt aber statt des unabwendbaren äußeren Zufalls den Begriff der höheren Gewalt[115].

Diesen Entlastungsgrund hatte zunächst auch der Entwurf des KFG von 1906 übernommen. Man hatte dabei folgende Formulierung gewählt:

„Die Ersatzpflicht ist ausgeschlossen, wenn der Unfall durch höhere Gewalt oder durch eigenes Verschulden des Verletzten verursacht worden ist[116]."

In Anlehnung an den Gegenentwurf rückte der Entwurf von 1908 von seinen strengeren Anforderungen an eine Entlastung ab und ließ, abgesehen von der unbedingten Einstandspflicht für fehlerhafte Beschaffenheit des Fahrzeugs oder Versagen seiner Verrichtungen, den Nachweis zu, daß weder den Halter noch den Fahrer des Fahrzeugs ein Verschulden am Unfall treffe.

In der ersten Lesung des Entwurfs wurde diese Formulierung dann dahin abgeändert, daß der Unfall durch ein unabwendbares äußeres Ereignis oder durch eigenes Verschulden des Verletzten verursacht worden sein müsse. Diese Fassung konkretisierte man in zweiter Lesung dahingehend, daß der Begriff des unabwendbaren Ereignisses im Sinne des heute geltenden Wortlautes verdeutlicht und daneben eine unbedingte Haftung nur für Fehler in der Beschaffenheit des Fahrzeuges und für ein Versagen seiner Verrichtungen festgelegt wurde. Grund für diese Konkretisierung war der im Kommissionsbericht ausdrücklich vermerkte Wunsch, den Begriff des unabwendbaren Ereignisses von dem der höheren Gewalt abzugrenzen[117].

Gerade im Hinblick auf eine vergleichsweise Einordnung des Entlastungsgrundes der „cause étrangère" erscheint es unumgänglich, auch den Begriff der höheren Gewalt, wie er von der Rechtsprechung zum Reichshaftpflichtgesetz ausgeformt wurde, mit in die folgenden Betrachtungen einzubeziehen.

Hierbei ist zunächst festzuhalten, daß sich die Rechtsprechung bei der erstmaligen Anwendung des KFG einem bereits fest ausgeformten Begriff der „höheren Gewalt" gegenübersah. Dessen Bejahung war an drei Voraussetzungen geknüpft: Es mußte sich bei dem schädigenden Ereignis um eine von außerhalb des Betriebs kommende Einwirkung handeln; diese mußte so außergewähnlich sein, daß der Eisenbahnunternehmer sie nicht wegen ihrer Häufigkeit mit „in Kauf nehmen" mußte[118],

---

[115] § 1 HaftpfG lautet: „Wenn bei dem Betriebe einer Eisenbahn ein Mensch getötet oder körperlich verletzt wird, so haftet der Betriebsunternehmer für den dadurch entstandenen Schaden, sofern er nicht beweist, daß der Unfall durch höhere Gewalt oder durch eigenes Verschulden des Getöteten oder Verletzten verursacht ist." (abgedruckt in *Müller*, § 7 StVG, Rdz. 18).

[116] Abgedruckt in *Müller*, § 7 StVG, Rdz. 16.

[117] I. d. S. KommBer., S. 9.

[118] J W 1931, 865.

und sie durfte schließlich auch durch die größte Sorgfalt nicht abwendbar gewesen sein[119].

Es versteht sich, daß bei einer Übernahme dieser Kriterien für die Haftung des Fahrzeughalters eine Entlastung nur in den seltensten Fällen gelungen und im wesentlichen auf Fälle beschränkt gewesen wäre, in denen Naturereignisse zum Unfall geführt hatten. Dennoch ist, wie noch zu zeigen sein wird, der Begriff des unabwendbaren Ereignisses im Vergleich zu dem der höheren Gewalt nicht stets weiter, sondern kann unter Umständen auch zu einer Erschwerung der Entlastung führen.

Der Gesetzgeber hat die Voraussetzungen des „unabwendbaren Ereignisses" in § 7 Abs. 2 S. 2 StVG dahingehend verdeutlicht, daß ein solches Ereignis insbesondere dann vorliege, wenn es u. a. sowohl der Halter als auch der Führer des Kfz bei Anwendung jeder nach den Umständen des Falles gebotenen Sorgfalt abwenden konnten. Daraus ließe sich folgern, daß immer dann, wenn ein bei dem Betrieb beschäftigter Dritter, der auch nicht Fahrer ist, den Schaden verursacht hat, eine Entlastung des Halters ausgeschlossen sein soll. Andererseits schließt der Wortlaut des § 7 Abs. 2 S. 2 StVG eine Interpretation nicht aus, derzufolge auch angesichts des durch den Betriebsangehörigen verursachten Schadens zu prüfen ist, ob der Angehörige jede nach den Umständen des Falles gebotene Sorgfalt beobachtet hat.

Hier erschiene es unbillig, wenn das Gesetz den Halter für das Verhalten seiner sonstigen Betriebsangehörigen strenger haften ließe als für sein eigenes Verhalten oder das des Fahrers. Gerade im Hinblick auf die zu § 831 BGB vorgeschlagenen Veränderungen, wonach ein Verschulden des Verrichtungsgehilfen gefordert wird[120], wird man auch die in § 7 StVG gegebenen Hinweise für eine Interpretation des unabwendbaren Ereignisses durch den Zusatz ergänzen müssen, demzufolge auch der bei dem Betrieb beschäftigte Dritte, der nicht Fahrer ist, das Ereignis nicht abwenden konnte.

Da somit für verschiedene Personen festgestellt werden muß, ob ein unabwendbares Ereignis vorliegt, müßten exakterweise die einzelnen Kriterien für Halter, Führer und auch beim Betrieb beschäftigte Dritte getrennt geprüft werden. Im Rahmen der vorliegenden Untersuchung soll zunächst der Entlastungsgrund des unabwendbaren Ereignisses nur in abstracto bestimmt werden; dies erlaubt es, von dem praktischen Normalfall auszugehen, daß Halter und Führer identisch sind.

---

[119] Vgl. dazu *Geigel*, Haftpflichtprozeß, Kap. 22, Rdz. 23, mit weiteren Nachweisen.

[120] Vgl. Referentenentwurf I, S. 4 und II, S. 83 ff.; vgl. zur Problematik des § 831 BGB auch *v. Caemmerer*, Wandlungen, und *Weitnauer*, VersR 1970, 585 ff. (593).

Aus Gründen des Vergleichs zur Entwicklung der französischen Rechtsprechung erscheint es interessant, daß auch von der älteren deutschen Rechtsprechung bei den hinsichtlich der Entlastung zu stellenden Anforderungen an die Sorgfalt ein äußerst strenger Maßstab angelegt wurde. So verlangte das Reichsgericht die Beachtung jeder nach den Umständen gebotenen Sorgfalt, zeitweilig auch eine ganz besondere Umsicht und Aufmerksamkeit, die umsichtige Erfassung jedes geeigneten, nur irgend erdenklichen Mittels zur Abwendung der Gefahr in der Not des Augenblicks[121].

Inzwischen wurden diese Anforderungen von der Rechtsprechung abgeschwächt. Unabwendbarkeit soll keine absolute Unvermeidbarkeit mehr bedeuten; es soll also nicht rückblickend geprüft werden, ob der Unfall durch irgendein Mittel hätte vermieden werden können; vielmehr ist von der Situation des Halters vor dem Unfall auszugehen[122] und aus diesem Blickwinkel her zu fragen, ob auch ein mit den besten menschlichen Eigenschaften und Fachkenntnissen ausgestatteter, geübter Fahrer trotz äußerster Sorgfalt und Aufmerksamkeit den Unfall nicht hätte vermeiden können[123].

Das Merkmal der abstrakten Vorhersehbarkeit spielt für die Annahme eines unabwendbaren Ereignisses keine unmittelbare Rolle. Zwar wird man aus der Feststellung der Vorhersehbarkeit in der Rechtsprechung einen Hinweis auf die Vermeidbarkeit des Ereignisses erhalten, doch ist diese Beziehung nicht zwingend. So wird die Annahme eines unabwendbaren Ereignisses nicht durch Umstände ausgeschlossen, die beim Kfz-Betrieb regelmäßig wiederzukehren pflegen, also ihm eigentümliche typische Gefahren sind[124].

Auf der anderen Seite folgt aus dem Umstand, daß ein Ereignis nicht vorhersehbar war, nicht automatisch dessen Unabwendbarkeit. Vielmehr soll es an der Unabwendbarkeit erst dann fehlen, wenn die Beachtung einer jeglichen nach den Umständen möglichen Sorgfalt auch eine an sich nicht voraussehbare Unfallursache unwirksam gemacht haben würde[125].

Hier ergibt sich zugleich der erste wesentliche Unterschied zum Begriff der höheren Gewalt, die ein völlig ungewöhnliches Ereignis vor-

[121] I. d. S. *Müller*, § 7 StVG, Rdz. 217; a. A. *Bezold*, DAR 1933, 97.

[122] So BGH v. 9. 6. 1959, VersR 1959, 804 = VRS 17, 102; *Geigel*, Haftpflichtprozeß, Kap. 25, Rdz. 39.

[123] BGH v. 9. 6. 1959; BGH v. 26. 10. 1955, VersR 1955, 764, verlangt „eine über die gewöhnliche Verkehrssorgfalt hinausgehende besondere überlegene und gesammelte Aufmerksamkeit, Umsicht und Geistesgegenwart". Vgl. auch *Böhmer*, DAR 1956, 288, der sich für eine Anpassung an die Anforderungen des § 276 BGB ausspricht.

[124] BGH v. 26. 1. 1960, VRS 18, 245 = DAR 1960, 136.

[125] So BGH v. 24. 3. 1964, VersR 1964, 777 (778).

aussetzt, mit dessen Eintreten nicht gerechnet zu werden brauchte[126]. Gerade da schon wegen der Häufigkeit von Verkehrsunfällen zumindest die typischen Unfälle nicht außerhalb des abstrakt Vorhersehbaren liegen, erscheint es von größter Bedeutung, daß auch bei solchen typischen Unfällen eine Entlastung möglich sein soll.

Ein weiterer Unterschied, der sich aus dem bisher Gesagten nicht ausdrücklich ergibt, soll nach überwiegender Ansicht darauf beruhen, daß das unabwendbare Ereignis nicht außerhalb der Betriebssphäre des Kfz liegen muß[127]. Dabei fehlt allerdings ein einheitliches Verständnis des Begriffes der Betriebssphäre. Teilweise wird mehr auf den inneren Zusammenhang der schadensstiftenden Ursachen zum Betrieb[128], teilweise mehr auf die räumliche Sphäre, aus der die Ursache stammt[129], abgestellt.

Der BGH hat in einem Urteil vom 26. 1. 1960[130] den Unterschied zwischen unabwendbarem Ereignis und höherer Gewalt durch Zusammenlegung beider Aspekte damit gekennzeichnet, daß ein unabwendbares Ereignis auch in der gefährdenden Natur des Kraftfahrzeuges liegen könne, während höhere Gewalt voraussetze, daß ein Ereignis die Ursache war, das von außen auf den Betrieb einwirkte.

II. Die unbedingte Einstandspflicht des Halters

Da nach dem Gesetzeswortlaut eine Entlastung für solche Schäden, die auf einem Fehler des Kfz oder auf dem Versagen seiner Verrichtungen beruhen, auf jeden Fall ausgeschlossen bleibt, gilt es, den Bereich abzustecken, in dem noch für die vom Kfz-Betrieb ausgehenden Ereignisse Entlastung möglich ist. Hierzu sind zunächst die Begriffe „Fehler" und „Versagen der Verrichtungen" zu bestimmen, wobei dann eine Eingrenzung des Bereichs, in dem ohne Exkulpationsmöglichkeit gehaftet wird, parallel zur Darstellung des französischen Rechts durch Gliederung in Fallgruppen vorgenommen werden soll.

Die Anforderungen an den Fehlerbegriff werden in der Literatur grundsätzlich dahingehend verdeutlicht, daß das Kfz oder eine Serie

---

[126] Vgl. *Weitnauer*, VersR 1962, 687 ff.; *Böhmer*, RdK 1954, 19; *Geigel*, RdK 1950, 37; *Müller*, § 16 StVG, Rdz. 149; RG v. 16. 11. 1912, JW 1913, 218; BGH v. 26. 1. 1960, 403/404, DAR 1960, 136.

[127] So *Müller*, § 7 StVG, Rdz. 220; *Floegel/Hartung*, § 2 StVG, Nr. 5, trennt zwischen Vorkommnissen, die aus dem Betrieb des Kfz selbst entstehen, und inneren Betriebsgefahren, für die keine Entlastung besteht. Vgl. auch *Geigel*, Haftpflichtprozeß, Kap. 19, Rdz. 28, und *Wussow*, Rdz. 709.

[128] So *Wussow*, Rdz. 709.

[129] *Geigel*, Kap. 25, Rdz. 23.

[130] VersR 1960, 403 ff.

von Kfz solche Fehler aufweisen müsse, die nach den anerkannten Regeln der Technik hätten vermieden werden können. Hierbei soll von einem dem jeweiligen Stand der Technik entsprechenden Durchschnittstyp des Kfz ausgegangen werden[131]. Dabei tritt Dickertmann[132] der Ansicht Geigels[133] entgegen, derzufolge auch der Stand der Wissenschaft Kriterium für die Vermeidbarkeit des Fehlers sein soll, da beim praktischen Kfz-Betrieb nicht Anforderungen gestellt werden könnten, die zwar wissenschaftlich bekannt sind und vertreten werden, auf dem Gebiet des Kfz-Baues aber noch nicht praktisch in der Technik verwirklicht sind.

Während Dickertmann[134] erstmals auftretende Konstruktions- und Herstellungsfehler mit dem Argument vom Fehlbegriff ausnehmen will, dafür sei die Zulassungsbehörde verantwortlich, sieht Müller hier gerade den Anwendungsbereich des Fehlerbegriffs. Die wohl herrschende Meinung[135] bejaht hier jedoch zu Recht einen Anwendungsfall für die unbedingte Einstandspflicht des Halters; es ist nicht einzusehen, daß durch dergleichen Fehler entstandene Schäden zu Lasten des unbeteiligten Verletzten geregelt werden sollen. Dem Halter bleibt es unbenommen, sich im Wege des Regresses gegen Produzent, Verkäufer oder auch Zulassungsbehörde seinerseits schadlos zu halten.

Auch die Frage, *welcher* Stand der Technik dem Fehlerbegriff im einzelnen zugrunde gelegt werden soll, dürfte nicht immer leicht zu beantworten sein. Dickertmann[136] vertritt hier mit einleuchtender Begründung die Ansicht, daß die von den Zulassungsstellen bei der Zulassung angewendeten Maßstäbe gelten sollen[137].

Daneben bereitet die Abgrenzung des Begriffes „Fehler" von dem des „Versagen der Verrichtungen" Schwierigkeiten, dessen Deutung besondere Mühe macht. Der Grund hierfür liegt darin, daß das Wort „Verrichtung" üblicherweise auf eine menschliche Tätigkeit bezogen wird. Bei einem Kfz aber kann dieser Begriff nur im Sinne eines Funktionierens verstanden werden[138], wobei mit zweckgerechter Funktion wiederum sowohl einzelne Teile des Kfz[139] wie aber auch das Kfz als Ganzes angesprochen sein können.

---

[131] Vgl. *Geigel*, Haftpflichtprozeß, Kap. 25, Rdz. 42; *Müller*, § 7 StVG, Rdz. 304; OLG Kiel, VR 1931, 426.

[132] *Dickertmann*, DAR 1956, 208.

[133] Vgl. Fußnote 131.

[134] *Dickertmann*, S. 209.

[135] Vgl. *Geigel*, Rdz. 41/42.

[136] *Dickertmann*, S. 209.

[137] I. d .S. LG Kiel, DAR 1952, 119/20.

[138] So *Weitnauer*, VersR 1969, 681 und NJW 1968, 194; *Dickertmann*, DAR 1956, 206 (207); vgl. auch *Schweizer*, VersR 1969, 19.

[139] So jedenfalls *Müller*, § 7 StVG, Rdz. 297; Celle 13. 12. 1948, DAR 1949, 44.

Es läge nahe, mangelhaftes Funktionieren des Kfz mit seiner fehlerhaften Beschaffenheit gleichzusetzen[140]. Diese Möglichkeit wird indes vom Gesetz ausgeschlossen, das den Fehler als selbständige Unfallursache neben das Versagen der Verrichtungen stellt[141]. Wenn demnach ein Versagen der Verrichtungen auch bei einem fehlerfreien Fahrzeug erfolgen kann, so ergibt sich daraus, daß ein Versagen auch dann vorliegt, wenn ein an sich fehlerfreies und auch funktionstüchtiges Kraftfahrzeug durch bestimmte Einwirkungen am ordnungsgemäßen Funktionieren gehindert wird[142]. Diese Einwirkungen können aber nur das Ergebnis des Zusammenwirkens der mechanischen Kfz-Teile mit außerhalb liegenden Faktoren sein. Eine fehlerfreie Beschaffenheit des Kfz schließt aus, daß es lediglich auf Grund des Zusammenwirkens von Kfz-Teilen zu einer Funktionsstörung kommt[143]. In diese Betrachtung paßt theoretisch das vielerorts zitierte Beispiel des Steines, der durch das Rad des Fahrzeugs hochgeschleudert wird und anschließend die an sich fehlerfreie Lenkung blockiert[144].

Das so gefundene Ergebnis bedarf jedoch einer zusätzlichen Einschränkung. Da im Verlauf einer großen Anzahl von Unfällen eine Beeinträchtigung des funktionsgetreuen Zusammenspiels von Kraftfahrzeugteilen oder der Funktion des Kraftfahrzeugs als Ganzem eintritt, gelangte man zu einer zu extensiven Anwendung der strengen Gefährdungshaftung.

Auch die von Müller vorgeschlagene Lösung, der für das Versagen maßgebliche Zeitpunkt müsse unmittelbar zu Beginn des Unfallverlaufes liegen[145], verliert bei näherem Zusehen an Tauglichkeit. Sie führt zu der Frage, zu welchem Zeitpunkt man den Beginn des Unfallverlaufes ansetzen soll, wenn das Versagen der Einwirkung eines Dritten zuzuschreiben war und erst dann seinerseits zu einer Rechtsgutsverletzung

---

[140] Vgl. *Dickertmann*, DAR 1956, 213, der unter Zugrundelegung eines extensiv interpretierten Fehlerbegriffs aus der Forderung, daß eine innerbetriebliche Störung vorliegen müsse, folgert, es gäbe kein Verrichtungsversagen ohne Beschaffenheitsfehler.

[141] I. d. S. auch *Wussow*, Rdz. 714.

[142] Vgl. *Wussow*, Rdz. 715.

[143] Wenn OLG Braunschweig am 31. 3. 1953, VersR 1953, 1513, das Versagen der Verrichtungen damit definiert, daß „die einzelnen Teile während des Betriebes des Fahrzeugs nicht mehr so zusammenwirken, wie es nach den allgemeinen Anforderungen, die an ein Kfz und seine Betriebssicherheit nach dem gegenwärtigen Stand der Technik vernünftigerweise gestellt werden können, geschehen müßte", so wird der Gesichtspunkt des von außen kommenden Faktors nicht berücksichtigt.

[144] Ob allerdings dieses Beispiel auch angesichts des heutigen Standes der Technik noch von Wert ist, erscheint fraglich, da heute ein Kfz, dessen Lenkung durch hochgeschleuderte Steine blockiert werden kann, als fehlerhaft angesehen werden muß.

[145] *Müller*, § 7 StVG, Rdz. 298.

geführt hat. Soll der Unfallverlauf zur Zeit der Einwirkung des Dritten oder erst bei der (möglicherweise erst viel später erfolgenden) Rechtsgutsverletzung einsetzen? Man wird wohl auch hier kaum darauf abheben können, zu welchem Zeitpunkt der zweite Schaden eintrat.

Gerade die eigentlich problematischen Fälle (z. B. Schleudern des Kraftfahrzeugs) würden so ohnedies keine Lösung erfahren. Diese scheint nur über eine unterschiedliche Bewertung der (äußeren) zum Versagen führenden Faktoren möglich. Inwieweit hier Literatur und Rechtsprechung Wege weisen, ist im folgenden zu prüfen.

Aufschlußreich ist zunächst die vom Gesetzgeber selbst verfolgte Absicht. Der jetzigen Fassung des § 7 StVG war die im Gegenentwurf von 1906 ausgearbeitete Fassung vorausgegangen[146]:

„Die Ersatzpflicht ist ausgeschlossen, wenn der Schaden ... durch Betriebsfehler oder durch Betriebsstörungen verursacht ist.“

Über die Gründe für die Ersetzung dieser Fassung durch die heutige geben die Protokolle Aufschluß. So soll laut der dem Reichstag zugeleiteten Begründung zum Entwurf[147] der Halter aufkommen: für Fehler in der Konstruktion, für Mängel im Material sowie für Ordungswidrigkeiten, die beim Zusammenwirken der Bestandteile des Fahrzeugs infolge des Betriebs eintreten, wie Versagen der Steuerung, Platzen der Luftreifen, Explosion, Selbstentzündung; eine unbedingte Haftung soll indes nicht eingreifen, wenn der Unfall durch die Einwirkung äußerer Umstände auf ein an sich betriebssicheres Automobil, insbesondere durch Handlungen dritter Personen oder zufälliger Ereignisse herbeigeführt wird.

Schweizer[148], der sich mit der Entwicklungsgeschichte der in Frage stehenden Regelung auseinandergesetzt hat, zitiert Seuffert, der schrieb, die Änderung der Textfassung könne nur dahin erklärt werden, daß man das Wort Betriebsstörung als zu weitgehend in dem Sinne erachtete, als man hier von außen eintretende Störungen nicht mit treffen wollte. Nur die sog. innere Betriebsgefahr, die sich aus der Natur der Maschine, aller Hilfsmaschinen, kurz aller verwendeten Stoffe ergibt, sollte unbedingt unter allen Umständen haftbar machen[149].

Daraus ergibt sich, daß die damalige Intention des Gesetzgebers dahin ging, die unbedingte Einstandspflicht des Halters auf die Fälle zu beschränken, in denen das Kfz bereits vor Eintritt des schädlichen Ereignisses nicht betriebstauglich war.

---

[146] Vgl. *Seuffert*, Ztschr. für Rechtspflege in Bayern, 1909, 240 ff. (243).

[147] Reichstagsprotokolle, Bd. 248, Nr. 988, S. 5599.

[148] VersR 1969, 20.

[149] *Seuffert*, S. 243.

Ungewiß scheint, ob diese Intention mit dem Wortlaut zum Ausdruck gekommen ist, der zwischen Fehlern in der Beschaffenheit und Versagen von Verrichtungen trennt. Schweizer, der dieses Problem gesehen hat, sieht die Lösung darin, daß sich der Begriff „Fehler in der Beschaffenheit" auf das ruhende Kfz, der Begriff „Versagen der Verrichtungen" auf den Betrieb des Kfz beziehen solle[150].

Diese Trennung überzeugt jedoch nicht. Zum ersten ist der Betrieb des Kfz die erste Voraussetzung einer Haftung nach § 7 StVG. Unterscheidet man dessenungeachtet zwischen stehenden und fahrenden Fahrzeugen, so ergeben sich kaum Fälle, in denen Fehler des Kfz zu einem Unfall geführt haben könnten. Denkbar wäre die Möglichkeit, daß die Beleuchtung des stehenden Kfz ausfällt oder vielleicht eine schlecht wirkende Handbremse ihren Dienst versagt. Damit würden Vorgänge angesprochen, die ihren Parallelfall auch bei einem sich bewegenden Fahrzeug haben können, und die, da sie ohne engere Beziehung zum laufenden Motor stehen, ihren Charakter nicht dadurch verändern dürften, daß das Fahrzeug steht. Grundsätzlich dürfte es daher nicht möglich sein, in dem engen, durch die Vorstellungen des Gesetzgebers begrenzten Rahmen zwischen Fehler in der Beschaffenheit und Versagen der Verrichtungen zu trennen[151].

Zudem erscheint die bei Seuffert angebene Motivation nicht ganz folgerichtig. Wenn dort die innere Betriebsgefahr als die sich aus der Natur der Materie ergebende bezeichnet wird, so führt diese Sicht zu Problemen der Kausalität. Mit den unnatürlichen Folgen werden letztlich die unwahrscheinlichen und damit inadäquaten Folgen der Inbetriebnahme ausgeschlossen. Ob damit die vom Gesetzgeber gewünschte Abgrenzung erreicht wird, ist zweifelhaft. Weitnauer hat in anderem Zusammenhang darauf hingewiesen, daß es auch typische, von außen kommende Störungen gibt[152]. Dieser Umstand dürfte von Seuffert übersehen worden sein.

Aber auch die in der neueren einschlägigen Literatur zum Problemkreis vorhandenen Ausführungen können meist nicht befriedigen.

Floegel/Hartung[153] stellen im Anschluß an Böhmer nur allgemein darauf ab, ob es sich bei dem eingreifenden Ereignis um ein betriebsfremdes handelt oder um eines, das den normalen Betrieb stört[154]. Eine

---

[150] *Schweizer*, S. 21; i. d. S. auch *Dickertmann*, S. 212, der in diesem Nebeneinander eine Ungeschicklichkeit des Gesetzgebers sieht, der zwischen „statischen" und „dynamischen" Elementen des Betriebes trennen wollte.

[151] So im Ergebnis *Dickertmann*, S. 213.

[152] So VersR 1969, 681 ff.

[153] *Floegel/Hartung*, § 7 StVG, Nr. 6.

[154] Dabei bekennt sich Böhmer an anderer Stelle — RDK 1954, 177 — zu einer restriktiven Interpretation des betriebsfremden Ereignisses. Als Beispiel für eine unbedingte Einstandspflicht des Halters nennt er neben dem

Abgrenzung zwischen Fehlern und einem Versagen der Verrichtungen wird nicht gegeben.

Geigel[155] weist zwecks einer Charakterisierung des Begriffes „Versagen der Verrichtungen" insbesondere auf Fälle hin, in denen die Steuerung oder die Bremsen versagen, er nennt Beispiele wie Selbstentzündung und Explosion und läßt auch Fälle übermäßigen Gleitens und Schleuderns gelten.

Nicht ganz schlüssig scheint die von Müller gegebene Unterscheidung. Er sieht zunächst den Anwendungsbereich eines Versagens von Verrichtungen da, wo Kfz-Teile infolge natürlicher Abnutzung funktionsuntüchtig werden; Fehler in der Beschaffenheit werden somit nur auf die Mängel bezogen, die in Konstruktion und Bauausführung des Fahrzeugs und seiner Teile angelegt sind. Gleichzeitig werden aber auch die Unterhaltungsmängel dazugerechnet[156]. Dabei wird nicht verständlich, warum z. B. abgefahrene Reifen nicht als Fehler im Sinne eines Unterhaltungsmangels angesehen werden sollen[157].

Wussow[158] erkennt an, daß ein „Versagen der Verrichtungen" neben einem Fehler des Kraftfahrzeugs selbständige Unfallursache sein kann. Er ist folgerichtig der Ansicht, ein Versagen der Verrichtungen im technischen Sinn, das die Folge eines Materialfehlers sei, sei rechtlich dem Terminus „Fehler in der Beschaffenheit" des Kraftfahrzeugs zuzurechnen[159]. Für ein Versagen der Verrichtungen im juristischen Sinne bleibe demnach nur Raum, wenn die Verrichtungen trotz tadelloser Beschaffenheit des Kraftfahrzeuges deshalb versagen, weil auf sie bestimmte äußere Vorgänge Einfluß ausüben. Weitere Voraussetzung einer unbedingten Einstandspflicht soll sein, daß die Verrichtungen den Unfall hätten verhindern können, wenn der von außen kommende Störungsfaktor nicht hinzugetreten wäre. Mit dieser Bedingung soll insbesondere eine unbedingte Haftung für durch schleudernde Kfz verursachten Schaden abgelehnt werden. Wussow wie auch Müller argumentieren damit, daß bei einer bestimmten Straßenglätte die technische Beschaffenheit des Kfz ein Bremsen und Steuern des Fahrzeuges gar nicht zulasse, vielmehr der Fahrer das Fahrzeug in eine Situation hineinmanövriert

---

Versagen von Kfz-Teilen auch ein Gleiten oder Schleudern des Kraftwagens infolge von Nässe, Platzen der Luftreifen wie das Aus-der-Spur-Geraten des Anhängers eines Lastzuges. Vgl. i. d. S. OLG Braunschweig 31. 3. 1953, VRS 1953, 156. Damit bleiben für betriebsfremde Ereignisse nur elementare Naturereignisse und die den normalen Betrieb störenden Handlungen dritter Personen.

155 *Geigel*, Haftpflichtprozeß, Kap. 25, Rdz. 42.

156 *Müller*, § 7 StVG, Rdz. 303.

157 So aber *Müller*, § 7 StVG, Rdz. 301.

158 *Wussow*, Rdz. 714.

159 *Wussow*, Rdz. 715.

habe, für deren Bewältigung Verrichtungen seines Fahrzeuges nicht vorgesehen seien.

Diese Argumentation ist aber nicht zwingend. Das Funktionieren des Kfz wird ja stets gerade infolge eines Zusammenwirkens zwischen Kfz und äußeren Faktoren beeinträchtigt, wobei einmal der Stein, ein andermal die glatte Beschaffenheit der Unterlage die von außen kommenden Faktoren darstellen.

Auch das Kfz, dessen Lenkung verklemmt ist, befindet sich in einer Situation, für deren Bewältigung keine Verrichtungen vorgesehen sind. Die Frage scheint uns zunächst einmal die zu sein, ob man das Schleudern sprachlich noch als ein Versagen der Verrichtungen bezeichnen kann, oder ob dieser Begriff verlangt, daß ein internes Zusammenspiel von Teilen des Kraftfahrzeugs mißglückt ist. Die Schwierigkeiten, die diese Frage der Literatur bereitet, spiegeln sich teilweise auch in der Rechtsprechung wider. Im folgenden daher soll mittels Bildung von entsprechenden Fallgruppen wiederum der Bereich eingegrenzt werden, in dem die Rechtsprechung eine unbedingte Einstandspflicht des Halters bejaht.

III. Fallgruppen

1. Naturereignisse u. a.

Ohne Abgrenzungsprobleme im obigen Sinn gestaltet sich die Lösung von Fällen, in denen die Unfallursache eindeutig von außen kommt. Dies gilt insbesondere für Naturereignisse und das Dazwischentreten dritter Personen[160]. Eine Überschwemmung, plötzlich eintretender dichter Nebel oder Schneesturm können stets unabwendbare Ereignisse darstellen, die im Falle ihrer Unvermeidbarkeit zur Entlastung des Halters führen[161].

Allein der Umstand, daß jemand trotz erhöhter Gefahr am Verkehr teilnimmt, stellt in diesen Fällen noch keinen Verstoß gegen die äußerste Sorgfalt dar. Dennoch verlangt hier die Rechtsprechung stets im Einzelfall die Überprüfung, ob der Unfall nicht durch besonders umsichtiges Verhalten hätte vermieden werden können. Die Antwort wird in vielen Fällen davon abhängen, wie plötzlich das Ereignis auf den Fahrer zukam[162].

---

[160] „Dritter" ist dabei jede Person, die weder der aus dem Unfall in Anspruch genommene Halter eines Kfz noch dessen Führer und auch nicht der Verletzte ist. Nach vielfach vertretener Ansicht soll auch der Führer des Kfz „Dritter" sein. Vgl. i. d. S. *Müller*, § 7 StVG, Rdz. 248.

[161] Vgl. auch *Müller*, Rdz. 256 f.; *Geigel*, Haftpflichtprozeß, Kap. 25, Rdz. 30.

[162] Vgl. z. B. BGH v. 10. 6. 1963, VersR 1963, 1045; BGH v. 28. 11. 1961, VersR 1962, 164; RG v. 19. 1. 1938, DAR 1938, 167.

Auch bei Unfällen, die infolge plötzlich auftretenden Sturms entstanden, wurde meist Entlastung gewährt. Wird ein Kfz dabei aus der Fahrbahn herausgetragen, so kann darin nach der höchstrichterlichen Rechtsprechung ein unabwendbares Ereignis liegen, sofern der Fahrer nicht durch entsprechendes Gegensteuern die Wirkung abfangen kann[163]. Auf die jeweilige Vermeidbarkeit des Unfalls bei Sturm hebt auch ein Urteil des OLG Karlsruhe ab[164]. Das LG Kiel stellte in einem Fall ein unabwendbares Ereignis fest, in dem ein durch Sturm gebrochener Ast auf die Windschutzscheibe eines Kfz geschleudert wurde[165]; daß bereits andere Äste auf der Straße lagen, war kein Hinderungsgrund gewesen, die Unvermeidbarkeit des Schadens zu bejahen. Andererseits versagte der BGH die Entlastung in einem Fall, in dem ein LKW-Fahrer bei von links kommendem Sturm einen gegen den Sturm ersichtlich ankämpfenden Radfahrer überholt hatte, wobei dieser in den Windschatten des LKW geraten und mit dem LKW in Berührung gekommen war[166].

2. Straßenglätte/Schleudern

Meist handelte es sich bei den von der Rechtsprechung im Zusammenhang mit einem Schleudern des Kfz entschiedenen Fragen um Unfälle infolge Vereisung der Straße. Die Rechtsprechung knüpft dabei die Entlastung des Halters an die Forderung, das Glatteis müsse völlig unerwartet aufgetreten sein, so daß das Schleudern nicht mehr habe verhindert werden können[167]. Entsprechende Anforderungen gelten für durch Schleudern auf regennasser Straße entstandene Unfälle, wobei jeweils der Straßenbelag eine Rolle spielen soll[168]. Die Verursachung des Unfalls durch ein drittes Fahrzeug, das infolge von Glatteis auf die Gegenfahrbahn geriet, wurde vom BGH als unabwendbares Ereignis anerkannt[169].

Gegenstücke zu den umstrittenen Urteilen der Cour de Cassation vom 28. 10. 1965 und vom 23. 10. 1964 bilden die Urteile des BGH vom

---

[163] BGH v. 2. 10. 1952, VersR 1952, 431;; a. A. Pohle, RdK 1953, 29.

[164] OLG Karlsruhe, Beschluß v. 17. 4. 1968, VersR 1968, 889; vgl. *Gaisbauer*, VersR 1967, 1038.

[165] LG Kiel v. 11. 7. 1951, DAR 1952, 119; teilweise ablehnend, aber im Ergebnis zustimmend *Krille*, Anm.; zustimmend *Gaisbauer*, VersR 1967, 1038.

[166] So BGH v. 2. 10. 1952, VersR 1952, 431.

[167] OLG Hamburg v. 25. 1. 1955, VersR 1956, 352; LG Bonn v. 1. 9. 1956, MDR 1957, 163. Das letztere Urteil begnügt sich mit der pauschalen Feststellung, wonach im gegebenen Fall keinerlei Umstände dafür gesprochen haben sollen, daß die technischen Vorrichtungen des Kfz versagt hätten.

[168] Vgl. für Kleinpflaster Hamm v. 16. 9. 1949, VRS 3, 106/7.

[169] BGH v. 24. 2. 1959, VersR 1959, 455; BGH v. 26. 1. 1960, VersR 1960, 403; vgl. auch OLG München v. 2. 12. 1957, VersR 1958, 425.

2. 11. 1965[170] und des LG Köln vom 9. 4. 1965[171]. Der BGH hatte nach gründlicher Abwägung aller konkreten Gegebenheiten einen Kradfahrer entlastet, dem ein Hund vor das Fahrzeug geraten war, und das LG Köln nahm ein unabwendbares Ereignis zugunsten eines Halters an, der auf einer nicht erkennbaren Ölspur ins Rutschen gekommen war[172].

Aus den angeführten Entscheidungen ergibt sich, daß die Gerichte bei einem Schleudern des Fahrzeuges prüfen, ob die Straßenglätte ein unabwendbares Ereignis darstellt und ohne zusätzliche Anhaltspunkte nicht geneigt sind, den Vorgang unter dem Haftungsgrund „Versagen der Verrichtungen" zu prüfen[173]. Zwei Beiträge Weitnauers[174] und auch die gegenteiligen Ausführungen Schweizers[175] haben indes dieser Frage eine gewisse Aktualität verliehen. Ausgangspunkt der jeweiligen Betrachtungen sind zwei Urteile des BGH vom 11. 6. 1963[176] und vom 26. 1. 1960[177], gleichzeitig die einzigen höchstrichterlichen Entscheidungen zum angeschnittenen Problemkreis.

Im ersten Fall, in dem eine Straßenbahn wegen eines in der Schienenrille liegenden Metallbolzens entgleist war, hatte der BGH ein „Versagen der Verrichtungen" im Sinne des § 2 Eisenbahnsachschadengesetzes (der in starkem Maße § 7 StVG entspricht) mit ausführlicher Begründung bejaht[178]. Die Radkränze der Bahn einerseits und die außerhalb des Fahrzeugs verlegte Schienenanlage andererseits wurden hierbei

---

170 BGH v. 2. 11. 1965, VersR 1966, 143.

171 LG Köln v. 9. 4. 1965, DAR 1965, 328. Das Urteil führt aus: „... Auch ein besonders sorgfältiger Fahrer kann es nicht verhindern — noch voraussehen —, daß er mit seinem Fahrzeug ins Rutschen gerät, wenn er durch eine von ihm nicht verursachte Verkehrssituation zum Abbremsen veranlaßt wird." Auf die Frage, ob speziell die Ölspur nicht vorhersehbar gewesen war, geht das Urteil nicht näher ein.

172 Es war hier allerdings ausdrücklich festgestellt worden, daß die Ölspur die alleinige Unfallursache darstellte.

173 A. A. eine ältere Entscheidung des OLG Marienwerder vom 29. 4. 1930, RdK 1930, 369. Dort wird ausgeführt, das Schleudern und Gleiten des Kraftwagens des Beklagten entspreche einem Versagen der Vorrichtungen dieses Fahrzeugs, nämlich der Steuerung und der Bremse. Daß die Beschaffenheit des Kraftwagens ordentlich war und den Fahrer am Versagen der Vorrichtungen kein Verschulden treffe, stehe dieser Feststellung nicht entgegen. Vgl. zu weiteren älteren Urteilen i. d. S. *Walter*, JRPrV 1933, 313.

174 *Weitnauer*, NJW 1968, 194 und VersR 1969, 680 ff.

175 *Schweizer*, NJW 1969, 18 ff.

176 NJW 1963, 1831 = VersR 1963, 1050.

177 VersR 1960, 403 f.

178 § 2 SHG lautet: „Die Ersatzpflicht ist ausgeschlossen, wenn der Schaden durch höhere Gewalt oder, soweit die Eisenbahn oder Straßenbahn innerhalb des Verkehrsraumes einer öffentlichen Straße liegt, durch ein unabwendbares Ereignis verursacht ist, das weder auf einem Fehler in der Beschaffenheit der Fahrzeuge noch auf einem Versagen ihrer Verrichtungen beruht." Diese Begriffe „Fehler ..." und „Versagen ..." sind die gleichen wie bei § 7 StVG. Vgl. *Geigel*, Haftpflichtprozeß, Kap. 4, Rdz. 67.

als Vorrichtungen bewertet, wobei die Schienenanlage im Falle des Entgleisens ihre Funktion nicht erfüllt und somit in der ihr obliegenden Verrichtung versagt habe. Das mißlungene Ineinandergreifen von Rad und Schiene wurde damit als ein „Versagen der Verrichtungen" der Bahn gewertet.

Im zweiten Urteil hatte der BGH in einem Fall, in dem ein Busfahrer infolge eines unverschuldeten Ausweichmanövers das Fahrzeug zum Schleudern gebracht hatte, eine unbedingte Einstandspflicht des Halters verneint.

Das letztere Urteil leidet allerdings unter Mängeln, auf die Weitnauer[179] im einzelnen hingewiesen hat. Diese führen dazu, daß das Urteil für die Beantwortung der Frage, ob ein Schleudern des Fahrzeugs nicht als Versagen seiner Verrichtungen angesehen werden muß, nicht als eindeutige Antwort betrachtet werden kann[180]. Der BGH vermengt in seiner Entscheidung das Begriffspaar betriebsinnere und betriebsäußere Umstände mit Ereignissen, die „in der gefährlichen Natur des Kfz-Betriebes ihre Ursache haben". Die inexakte Gleichsetzung von innerer und typischer Betriebssphäre[181] erschwert zudem die Abgrenzung des unabwendbaren Ereignisses vom Begriff der höheren Gewalt. Wenn die höhere Gewalt negativ dadurch gekennzeichnet wird, daß sie sich nur durch solche Ereignisse begründen läßt, deren Ursachen außerhalb des Betriebes des Fahrzeuges liegen, so hätte für das unabwendbare Ereignis entsprechend gesagt werden müssen, daß hier die Ursache auch innerhalb des Betriebes des Kfz liegen könne[182].

Unterstellte man die Richtigkeit des hier vorgeschlagenen Gegensatzes von außen und innen, so könnte auch das Versagen der Verrichtungen begrifflich ein unabwendbares Ereignis darstellen, für das dann jedoch die Exkulpationsmöglichkeit fehlte[183]. Dies gälte dann, wie der BGH ausführt, auch für den Fall, daß das Ereignis als eine dem Kfz-Betrieb typische, eigentümliche Gefahr anzusehen ist. Daraus würde folgen, daß es nicht möglich ist, aus der Deutung des Begriffes des unabwendbaren Ereignisses heraus den Bereich einer unbestimmten Einstandspflicht negativ einzugrenzen, sondern daß dessen Deutung nur

---

[179] Vgl. Fußnote 174.

[180] So *Weitnauer*, VersR 1969, 680 ff.

[181] Vgl. das von *Weitnauer*, VersR 1969, 681, genannte Gegenbeispiel des wilden Überholers, der eine typische — äußere — Betriebsgefahr darstellt.

[182] So die h. M.; vgl. *Dickertmann*, DAR 1957, 141.

[183] In seinen Gründen zum Urteil vom 11. 6. 1963 weist der BGH für § 2 SHG ausdrücklich darauf hin, daß bei einem Fehler oder dem Versagen der Anlage auch für unabwendbare Ereignisse gehaftet werden muß. So wie hier, *Wussow*, Rdz. 713, wohl auch *Dickertmann*, DAR 1956, 206; a. A. *Geigel*, Haftpflichtprozeß, Kap. 19, Rdz. 41, wonach Fehler und Versagen der Verrichtungen nie als unabwendbares Ereignis gelten sollen.

aus einer positiven Interpretation der Fälle, in denen eine Entlastung zu versagen ist, möglich wäre.

Die Ausdrucksweise des BGH läßt ferner die Möglichkeit offen, diese Interpretation sowohl durch Bestimmung eines räumlichen Bereichs, aus der die Unfallursache herrührt, als auch durch die einer funktionalen Beziehung zum Betriebsbegriff des Kfz vorzunehmen, wobei der Zusammenhang mittels Kriterien wie „typische Betriebsgefahr" oder „dem Kfz eigentümliche Betriebsgefahr" herzustellen wäre[184].

3. Geschleuderte Steine

Die Urteile zur Verursachung von Schäden durch von Reifen geschleuderten Steinen wurden meist von unteren Gerichten gefällt.

Das AG Husum stellt in einem Urteil vom 25.5.1956[185] anläßlich eines 4 - 6 cm großen, durch einen Omnibus in eine Fensterscheibe geschleuderten Steines fest, es liege hier ein unabwendbares Ereignis vor, da der Kraftfahrer seine Konzentration auf den eigentlichen Verkehrsvorgang habe richten müssen.

Dagegen läßt das OLG Koblenz in einem Urteil vom 10. 2. 1955[186] einen Kraftfahrer in ähnlicher Situation haften, der auf einer geschotterten Landstraße 2. Ordnung mit einer Geschwindigkeit von 30 - 40 km/h gefahren war und dessen Fahrzeug einen auf der Landstraße liegenden Stein gegen einen entgegenkommenden Radfahrer geschleudert hatte. Das Gericht war hier der Ansicht, der Kraftfahrer hätte seine Geschwindigkeit noch weiter herabsetzen müssen.

Das LG Lübeck entschied am 7. 1. 1955[187], die Zerstörung der Windschutzscheibe eines entgegenkommenden Fahrzeuges durch einen von einem Streufahrzeug weggeschleuderten kleinen Stein oder gefrorenen Sandklumpen sei ein unabwendbares Ereignis.

Schließlich sprach sich das AG Lahr am 31. 3. 1960[188] für das Vorliegen eines unabwendbaren Ereignisses aus, obwohl für den beklagten Fahrer erkennbar gewesen war, daß sich noch Splitt auf der Fahrbahn befand, und das LG Lüneburg[189] stellte das gleiche fest für den Fall, daß die Reifen eines Kfz einen Stein auf schmaler Landstraße mit nur notdürftig befestigten Seitenstreifen geschleudert hatten.

---

[184] Die Identifizierung von innerer und typischer Betriebsgefahr ist übrigens kein Novum in der Rspr. und reicht zurück bis auf die Kommentierung Seufferts und die entsprechenden RG-Urteile.

[185] AG Husum v. 25. 5. 1956, VersR 1957, 812.

[186] VersR 1955, 237, mit ablehnender Anm. v. Viegener, DAR 1955, 158.

[187] Lübeck, DAR 1955, 158.

[188] VersR 1961, 334; ablehnend *Wussow*, Rdz. 711.

[189] LG Lüneburg v. 15. 6. 1961, MDR 1961, 1014.

Allen Entscheidungen ist gemeinsam, daß die Frage der Haftung unter dem Gesichtspunkt des unabwendbaren Ereignisses geprüft wird; in keiner der Urteilsbegründungen wird die Frage gestellt, ob es sich nicht um ein Versagen der Verrichtungen des Fahrzeugs gehandelt hat. Mit Ausnahme des OLG Koblenz scheinen die Gerichte dabei geneigt zu sein, das Schleudern von kleineren Steinen als unvermeidbare Begleiterscheinung des Kfz-Betriebes zu betrachten, für die nicht gehaftet werden muß.

4. Bewußtlosigkeit

Ähnlich der Cour de Cassation hat sich auch der BGH entgegen der Meinung eines größeren Teils der Literatur[190] im Anschluß an das OLG Neustadt[191] dahingehend ausgesprochen, daß die auf plötzlicher Bewußtlosigkeit beruhende Unfähigkeit des Kfz-Führers, das Kfz zu steuern, kein die Haftung ausschließendes unabwendbares Ereignis i. S. des § 7 Abs. 2 StVG sei[192].

Der BGH argumentiert mit dem Normzweck des § 7 StVG, der seine innere Rechtfertigung in der erhöhten Gefahr eines durch maschinelle Kraft mit höherer Geschwindigkeit bewegten Fahrzeugs habe. Diese Gefahrenerhöhung ginge aber nicht schon von der technischen Konstruktion als solcher aus, sondern beruhe auf dem Zusammenwirken von Maschine und Mensch. Aus diesem Grunde stelle das Versagen des Führers in gleichem Maße eine innerhalb des Betriebskreises des Kfz liegende Störung dar, wie die in § 7 Abs. 2 S. 1 StVG ausdrücklich normierte Betriebsstörung. Neben weiteren Begründungen hebt der BGH hervor, bei dem unabwendbaren Ereignis müsse es sich um Einwirkung äußerer, betriebsfremder Umstände handeln, insbesondere um Handlungen Dritter, nicht mit dem Betrieb des Kfz befaßter Personen.

Die Entscheidung ist im Rahmen der vorgehenden Erörterungen von außerordentlicher Tragweite, grenzt sie doch aus grundsätzlichen Erwägungen heraus, ohne am Gesetzeswortlaut zu haften, einen Bereich ein, in dem keine Exkulpationsmöglichkeit gegeben sein soll. Gleichzeitig gelingt hier die im französischen Recht nicht erreichte Verschmelzung einer Sphäre, in der Sache und Mensch einer funktionalen Einheit zugeordnet werden.

Auffallend an der Begründung des BGH scheint uns, daß sie überwiegend auf die Gefährlichkeit des menschlichen Versagens und dessen enge Beziehung zum Kraftfahrzeug-Betrieb abstellt. Daraus ergibt sich

---

[190] Nachweise in den Gründen des Urteils, VersR 1957, 220 und bei *Wussow*, DAR 1952, 162.

[191] OLG Neustadt v. 9. 3. 1956, VkBl 1956, 679.

[192] BGH v. 15. 1. 1957, VersR 1957, 219 = NJW 1957, 674 = VRS 12, 531 = DAR 1957, 154 = VkBl 1957, 366.

jedoch nur, daß in diesen Fällen eine adäquate Beziehung zwischen Betrieb und Schaden besteht, daß also § 7 StVG Anwendung findet. Daß eine Entlastung des Halters gemäß § 7 Abs. 2 StVG ausgeschlossen sein soll, wird nur damit begründet, daß der Unfall seine Ursache nicht außerhalb des Betriebskreises des Kraftfahrzeugs habe. Dabei wird jedoch das Verständnis des Begriffes „Betriebskreis" nicht vertieft. Der Bereich einer unbedingten Einstandspflicht wird somit, völlig losgelöst von dem Wortlaut des § 7 StVG, durch die Feststellung einer typischen, erhöhten Gefahr, die ihren Ursprung innerhalb des Betriebskreises des Kfz hat, bestimmt.

Es wird zu prüfen sein, in welchem Umfang sich diese Kriterien auch zum Verständnis der übrigen Rechtsprechung eignen.

B. Die Beteiligung des Verletzten oder eines Dritten

Da das Verhalten des Verletzten und dritter Personen im deutschen Recht nur als beispielhafter Unterfall des unabwendbaren Ereignisses genannt ist, wird eine gesonderte Behandlung der Entlastungsgründe in diesem Zusammenhang mangels eigener Problematik entbehrlich.

Erwähnenswert im Hinblick auf die Entwicklungsproblematik des französischen Rechts erscheint, daß der Entwurf von 1906 in Anlehnung an das RHaftpflG von einem eigenen Verschulden des Verletzten sprach, und weiterhin, daß in zweiter Lesung in einem zum Entwurf von 1908 gestellten Antrag angeregt worden war[193], der Ausdruck „Verhalten des Verletzten" solle durch „Verschulden des Verletzten" ersetzt werden[194].

Da diese Formulierung nicht Gesetz wurde, stand von Anfang an nichts im Wege, das Verhalten des Verletzten nur unter dem Gesichtspunkt der Vorhersehbarkeit und Vermeidbarkeit zu betrachten, wofür ein Verschulden nur Indizwirkung hatte. Auch die in der französischen Rechtsprechung aufgetretene systemwidrige Behandlung des Verhaltens von schuldunfähigen Personen wurde vermieden.

Bei der Feststellung eines unabwendbaren Ereignisses im Sinne des § 7 Abs. 2 StVG ist es demnach unerheblich, ob der Verletzte schuldhaft gehandelt hat[195]. Kommt eine vollständige Entlastung des Halters nicht in Betracht, regelt § 9 StVG die mögliche Aufteilung der Haftung.

---

[193] Vgl. Komm. Ber., S. 9.

[194] Vgl. Nr. 2 des Entwurfes von 1908, abgedruckt in *Müller*, § 7 StVG, Rdz. 18.

[195] RG v. 7. 1. 1918, RGZ 92, 38; *Geigel*, Haftpflichtprozeß, Kap. 25, Rdz. 44; Weimar, J R 1960, 12.

C. Vorschlag für eine neue Abgrenzung des Bereiches der unbedingten Einstandspflicht

I. Allgemeine Kriterien

Die Beispiele haben gezeigt, daß die Rechtsprechung bei der Abgrenzung eines Bereichs reiner Gefährdungshaftung wenn nicht widerspruchsvoll, so doch zumindest zu knapp argumentiert. Wie eingangs erwähnt wurde, muß die Lösung der Frage mittels einer Wertung der jeweiligen Ursachen des Unfalls gefunden werden. Je nach der Beziehung der Ursachen zu dem im Betrieb befindlichen Kfz ist die Entlastungsmöglichkeit des Halter gegeben oder nicht.

Aus der Motivation des Gesetzgebers ergibt sich, daß dieser eine räumlich eng abzugrenzende Sphäre im Auge hatte. Für alle dem einzelnen Kfz selbst anhaftenden Schäden, genauer, für alle unmittelbar auf Grund fehlerhafter Beschaffenheit des Kfz entstehende Schäden, sollte ohne Entlastungsmöglichkeit gehaftet werden, für die Verletzungserfolge, deren Ursachen außerhalb dieses Bereichs zu finden waren, nur im Falle ihrer Vermeidbarkeit. Der durch das Verhalten des Menschen hervorgerufene Verletzungserfolg (z. B. Ohnmacht des Fahrers) oder die infolge des Zusammenwirkens zwischen technisch einwandfreiem Kfz und außerhalb liegenden Faktoren eingetretene Rechtsgutsverletzung (Schleudern des Fahrzeugs auf glatter Fahrbahn) hätten danach nicht zu einer Haftung ohne Entlastungsmöglichkeit geführt.

Die Anwendung dieses Grundsatzes wäre gerade angesichts einer streng begrenzten Sphäre unbedingter Einstandspflicht verhältnismäßig unproblematisch. Ihr entspräche zugleich der maschinentechnische Betriebsbegriff, wonach § 7 StVG nur bei Beteiligung von Kraftfahrzeugen mit laufendem Motor Anwendung findet. Unabwendbare Ereignisse wären damit auch sämtliche mit i. d. S. verstandenen Betriebsvorgängen zusammenhängende unvermeidliche Schadensursachen, solange sie nicht mit Fehlern des Kfz identisch sind. Von dem Entlastungsgrund der höheren Gewalt unterschiede sich ein in dieser Weise bestimmtes unabwendbares Ereignis insbesondere dadurch, daß jene ihren Ursprung außerhalb des so gekennzeichneten Betriebskreises haben müßte und zudem keine typische Gefahr des Betriebes darstellen dürfte.

Wie bereits gezeigt wurde, verließ die Rechtsprechung diese Konzeption sowohl was den Anwendungsbereich des § 7 StVG insgesamt als auch den Bereich der unbedingten Einstandspflicht anbelangt. Speziell im letzten Fall wurde durch die Gleichstellung von unverschuldeten Mängeln der Person mit Fehlern der Sache der Anwendungsbereich einer strengen Gefährdungshaftung stark erweitert. Dessen Verständnis lediglich unter dem negativen Aspekt der Ausnahmereglung vom Grundsatz der Verschuldenshaftung erschien nicht mehr möglich. Der vom BGH eingeschlagene Weg lag daher notgedrungen in einer positiven Kennzeichnung des Einstandsbereichs, wobei die bestimmenden Haftungsgrundsätze aus dem allgemeinen Anliegen einer Gefährdungshaftung heraus formuliert wurden[196].

Daß mit der derartig vorgenommenen Ausweitung der strengen Gefährdungshaftung auch grundsätzlich der Weg zu einer positiven Bestimmung der allgemeinen Grundsätze dieser Haftung freigegeben werden sollte, kann allerdings nicht angenommen werden. Die bisher stets auch von der Rechtsprechung vertretene herrschende Meinung, die die Gefährdungshaftung als restriktiv zu interpretierende Ausnahmeregelung von den Grundsätzen der Verschuldenshaftung betrachtet[197], hätte deutlicher aufgegeben werden müssen. So dürfte das Urteil vom 15. 1. 1957[198] mit der ihm zugrunde liegenden Besinnung auf das generelle Anliegen der Gefährdungshaftung und deren analoge Anwendung über den Wortlaut des Gesetzes hinaus mehr als Konzession gegenüber einem spezifischen sozialen Anliegen denn als grundsätzliche Umorientierung der Rechtsprechung zu verstehen sein.

Versuche der Lehre, die rechtssystematische Stellung der Gefährdungshaftung mittels Herausbildung von positiven Grundsätzen zu umreißen, fanden bisher keine allzu breite Resonanz[199]. Hier hat insbesondere Esser mit der Betonung der Schadensverteilungsfunktion der Gefährdungshaftung für eine neue Sicht plädiert, wonach Aufgabe der Gefährdungshaftung die Schaffung einer distributiven Gerechtigkeit bei der Frage sei, wem die Lasten eines (unverschuldeten) Unglücks aufzubürden sind[200]. Dabei soll die Rücksicht auf die soziale Lage des Verletzers und Verletzten zur integralen Haftungsgrundlage einer Schadenszumessung werden. Damit wird zum Ansatzpunkt einer Zurechnung des jeweiligen Schadens das Bemühen um die sozial gerechte Abgrenzung des übernommenen und zu verantwortenden Betriebskreises mit seinen eigenen typischen Risiken gegenüber den nicht betriebsbedingten Schadensursachen.

---

[196] Vgl. Urteil vom 15. 1. 1957.

[197] Vgl. dazu *Weitnauer*, VersR 1970, 598. Vgl. RG v. 11. 4. 1935, RGZ 147, 353, wo die analoge Anwendung der Verursachungshaftung für unzulässig erklärt wurde.

[198] BGH v. 15. 1. 1957, s. Fußn. 192.

[199] Immerhin schlagen *Zweigert/Kötz*, S. 62 - 64, vor, einen allgemeinen Haftungstatbestand aufzustellen, der das Merkmal der Gefährdung zum Ausdruck bringt und notfalls neben den besonderen Gefährdungstatbeständen einen Auffangtatbestand darstellen würde. Vgl. auch die Fortführung dieser Überlegungen bei *Kötz*, AcP 170, 1 und bei *Weitnauer*, VersR 1970, 598, der den gleichen Vorschlag macht.

[200] *Esser*, Gefährdungshaftung, S. 69.

Larenz hat in diesem Zusammenhang unter anderem zwei wesentliche Aspekte als Kriterien einer Einstandspflicht genannt: das Erfordernis eines inneren Zusammenhangs zwischen Schaden und bestimmter Gefahrenquelle und das einer zumindest im allgemeinen vorausgesetzten Beherrschung des Gefahrenbereichs durch den Verantwortlichen[201].

Auch der BGH stellt bei der Bejahung einer reinen Gefährdungshaftung für durch unverschuldete Ohnmacht des Kraftfahrers entstandene Unfälle auf die typische Gefährlichkeit ab[202]. Ist man aber — wie der BGH — bereit, hierunter mehr zu verstehen als die durch erwiesene oder vermutete Mängel des Kfz erzeugte Gefahr, so gelangt man zur Anknüpfung an die speziell durch Ingebrauchnahme des Kfz erzeugten Risiken. Die auf diesem Wege erfaßten Schadenszurechnungen entsprechen dann tendenziell den bei Anwendung des maschinentechnischen Betriebsbegriffes i. e. S. erfaßten Rechtsgutsverletzungen, welche die Realisierung der typischen Kfz-Gefahr darstellen.

Ein so gefundener Anwendungsbereich für die strenge Gefährdungshaftung nach § 7 StVG gestaltete sich jedoch zu weit; insbesondere wäre durch die Anknüpfung an die typische Betriebsgefahr die Ausschaltung von außerhalb des Fahrzeugbereichs herrührenden Verhaltensweisen Dritter nicht ermöglicht. (Auch der entgegenkommende Überholer stellt eine typische Betriebsgefahr i. o. S. dar[203] und § 7 StVG nennt in Absatz 2 speziell das Verhalten Dritter, nicht beim Betriebe beschäftigter Personen als Fall des unabwendbaren Ereignisses.)

Der zweite bei Larenz genannte der Abgrenzung des Haftungsbereichs dienliche Aspekt kennzeichnet sich durch die Tendenz, die Zurechnung eines Schadens zu dem Verantwortungsbereich des Haftpflichtigen entsprechend dem Grundgedanken der Gefahrenbeherrschung zu begrenzen. Hier wird die wohl auch vom Gesetzgeber vorzugsweise ins Auge gefaßte Sphäre angesprochen, die wegen ihrer unmittelbaren (räumlichen) Nähe zum Kfz selbst als der vom Halter des Kfz beherrschbare Bereich der „inneren“ Betriebsgefahr verstanden wird.

Angesichts der geschilderten Absicht des Gesetzgebers und des Wortlauts von § 7 StVG, wonach insbesondere für Fehler des Kfz gehaftet wird, hat es hier aber nie Zweifel gegeben, daß der Haftungsbereich sich nur auf die räumliche Sphäre des jeweiligen einzelnen Kfz erstrecken sollte, nicht auf den allgemeinen Kfz-Verkehr als solchen. Dennoch haben die extensive Interpretation des BGH im Urteil vom 15. 1. 1957, die auch die vom Zustand des Fahrers ausgehenden Risiken in die behan-

---

[201] *Larenz*, Schuldrecht II, § 71, I, S. 483 f.

[202] Ansätze in dieser Richtung finden sich auch bei *Seuffert*, wenn er die Erfassung der inneren Betriebsgefahr fordert, die sich „aus der Natur der Maschine“ ergibt.

[203] So *Weitnauer*, VersR 1969, 682.

delte Haftungssphäre einbezog, sowie auch ein Beitrag Weitnauers zur hier behandelten Problematik[204], die Schwierigkeiten einer Grenzziehung i. o. S. deutlich gemacht.

Es erscheint entgegen der Ansicht der herrschenden Meinung in Literatur und Rechtsprechung denkbar, diejenigen Unfallursachen, die auf einem mangelhaften Zusammenwirken des Kfz mit der von ihm benutzten Unterlage beruhen, dem Verantwortungsbereich des Halters zuzurechnen. Wie Weitnauer gezeigt hat[205], läßt dabei der Wortlaut des Gesetzes „Versagen der Verrichtungen" speziell für die Fälle des Schleuderns des Fahrzeugs durchaus eine Bejahung unbedingter Einstandspflicht zu. Angesichts eines sich heute vielfach neu begründenden Verständnisses einer Funktion der Verkehrshaftpflicht und der sich extensiv entwickelnden Interpretation des § 7 StVG durch die Rechtsprechung dürfte auch der Hinweis auf den enger verstandenen historischen Gesetzeszweck der ihm von Schweizer zugeschriebenen Bedeutung ermangeln[206]. Wie hierzu mit Recht betont wurde[207], handelt es sich bei der Frage nach dem Umfang der Gefährdungshaftung in erster Linie um ein rechtspolitisches Problem, das zwar unter Berücksichtigung von Wortlaut und Gesetzeszweck insbesondere jedoch im Hinblick auf gegebene Interessenlagen anzugehen ist. Dies soll im folgenden im Hinblick auf die verschiedenen Fallgruppen geschehen.

II. Untersuchung der Fallgruppen

In Fällen, in denen Naturereignisse, das Verhalten Dritter oder das des Verletzten in adäquater Weise den Schaden verursacht haben, dürfte es mitunter schon an einer Kausalität zwischen spezifischer Gefährdung durch das Kfz und der Verletzung fehlen. Ist diese aber wie im erwähnten Fall des entgegenkommenden Überholers gegeben, wäre zu prüfen, ob die so gesetzte Unfallursache der Verantwortungssphäre des Halters zugerechnet werden kann. Dabei läßt der Wortlaut des § 7 Abs. 2 StVG für die Fälle einer Verursachung durch das Verhalten Dritter und des Verletzten keinen Zweifel, daß hier nur mit Entlastungsmöglichkeit gehaftet werden soll.

Nach der herrschenden Meinung in der Rechtsprechung und Literatur soll der Halter in gleicher Weise — d. h. nur mit der Möglichkeit der

---

[204] So *Weitnauer*, VersR 1969, 680 ff.

[205] *Weitnauer*, S. 681.

[206] *Schweizer*, VersR 1969, 19/20; vgl. *Larenz*, Methodenlehre, S. 313 ff.; vgl. auch die Argumentation des BGH im Urteil vom 9. 1. 1959, VersR 1959, 159, in der der BGH die in diesem Urteil vorgenommene extensive Interpretation des Betriebsbegriffes mit grundsätzlichen Erwägungen rechtfertigt.

[207] *Weitnauer*, VersR 1969, 681.

Entlastung — für solche Rechtsgutsverletzungen haften, die Folge einer Einwirkung von Naturereignissen sind, ungeachtet des Umstandes, ob diese zugleich eine Realisierung der typischen Kfz-Gefahr darstellen. Diese Auffassung erscheint zumindest für die Fälle des Schleuderns eines Kfz einer Überprüfung wert, wobei hier zunächst gerade an die Fälle gedacht ist, in denen das Schleudern die Folge von Witterungseinflüssen ist. Angesichts der Tatsache, daß das Schleudern des Fahrzeugs sich begrifflich als ein Versagen seiner Verrichtungen betrachten läßt, wären darüber hinaus auch die Fälle zu prüfen, in denen das Schleudern auf das Verhalten von anderen Personen zurückgeführt werden kann. Auch hier scheint im Hinblick auf die von der Rechtsprechung geübte Praxis, die nach den Ursachen des Schleuderns fragt, eine Differenzierung unumgänglich.

Als Anknüpfungspunkt für die erste Fallgruppe mag das sowohl von der Cour de Cassation als auch von der deutschen Rechtsprechung entschiedene Beispiel dienen, in dem ein Fahrzeug auf unvermutet vereister Stelle ins Schleudern gerät und einen am Rande der Straße stehenden Fußgänger verletzt[208]. In beiden Ländern waren die Gerichte nicht bereit gewesen, speziell aus der Halterhaftung auf eine Ersatzpflicht zu erkennen, da es sich bei der Glatteisbildung und damit dem Schleudern des Fahrzeugs um ein unvermeidbares Ereignis gehandelt habe.

Die Prüfung des Falles unter den von Larenz genannten Kriterien einer Gefährdungshaftung ergibt zunächst, daß es sich hier bei dem Schadenseintritt um eine typische Realisierung der dem Kfz innewohnenden Gefährdung handelte. Weitnauer[209] bejaht für dergleichen Fälle, in denen der Verlust der Steuerbarkeit Folge natürlicher atmosphärischer Vorgänge ist, die Realisierung einer inneren Betriebsgefahr mit der Erklärung, daß die in dem bewegten Fahrzeug verkörperte kinetische Energie dadurch außer Kontrolle gerät, daß die zu ihrer Beherrschung erforderliche Reibung des Fahrzeugs auf seiner Unterlage verlorengeht.

Diese Erklärung verweist zugleich auf den zweiten erwähnten und speziell hier problematischen Gesichtspunkt: die Herkunft der Ursache aus einer im allgemeinen von dem Halter beherrschbaren Sphäre. Naturgemäß kann es hier nicht auf die Frage der Vorwerfbarkeit des Unfallgeschehens ankommen; vielmehr gilt es, nach Feststellung des Schadens als typischer Verwirklichung der Betriebsgefahr des Kfz zusätzlich in

---

[208] Vgl. dazu OLG Koblenz v. 27. 3. 1962, NJW 1962, 1515, mit Anm. Weitnauer, und Cass. civ. 19. 6. 1966, D 1966, 145, Anm. Tunc = JCP 1967.II.14931 bis, Anm. Savatier.

[209] *Weitnauer* wie Fußn. 207; so im Ergebnis auch *Böhmer*, RdK 1954, 177, der auf den engen Zusammenhang des Ereignisses mit Betrieb und Betriebseinrichtungen des Kfz abhebt. Der besondere Charakter dieses Zusammenhangs wird dabei aber nicht näher analysiert.

einer für Halter und Unfallopfer gleichermaßen zumutbaren Weise denjenigen zu bestimmen, der den Unglücksschaden tragen soll.

Der Anschaulichkeit halber soll für das ausgewählte Beispiel unterstellt werden, daß außer Halter und Opfer keine dritten Personen zusätzlich an der Realisierung des Schadens beteiligt waren, daß insbesondere ein in Abs. 2 des § 7 StVG erwähntes Verhalten Dritter als zurechenbare Unfallursache ausscheidet. Der durch ein Zusammenwirken verschiedener Faktoren wie Verhalten des Fahrers, Beschaffenheit der Straße, Witterung, Verhalten des Verletzten entstandene Schaden müßte dann vom Verletzten oder dem Halter des beteiligten Fahrzeugs endgültig getragen werden.

Diese Alternative — Halter oder Verletzter — ist im Rahmen der hier vorzunehmenden rechtspolitischen Abwägung jedoch nur im Formalen exakt gewählt. Da der Halter versichert ist und im Falle seiner Ersatzpflicht der Versicherer den Schaden des Opfers begleichen würde, bedeutete die Ersatzpflicht für den Halter wirtschaftlich nur den mittelbaren Nachteil bei der Berechnung seiner Versicherungsprämie; lediglich der eigene Schaden wäre von ihm beim Zusammenstoß mit dem schuldlos handelnden Nichtkraftfahrer voll zu tragen[210]. Die Leistung der Versicherung wiederum, ermöglicht durch die Beitragszahlungen der Versicherungsnehmer, stellte sich mittelbar als Leistung der Gesamtheit der Kraftfahrer dar[211]. Bei dieser Sicht wird die Gegenüberstellung Halter — Unfallopfer in ihrer sozialen und wirtschaftlichen Relevanz in wesentlichem Umfang durch die Alternative Kollektiv der Versicherungsnehmer — Unfallopfer ersetzt. Diese Betrachtungsweise, die gewiß von Einfluß auf die sowohl von der deutschen wie auch französischen Rechtsprechung vorgenommenen Ausweitung der Halterhaftung war, erleichtert es, in unserem Falle eine Übernahme der Haftung durch den Halter zu bejahen.

Gegenteilige Bedenken resultieren aus der Überlegung, daß ähnlich dem Verletzten auch der Kraftfahrer in einem gewissen Maße selbst Verkehrsrisiken ausgesetzt ist, deren Kontrolle im allgemeinen nicht in seiner Macht liegt. So sollte konsequenterweise nach der Vorstellung des Gesetzgebers der einzelne Kraftfahrer nicht wie etwa der Eisenbahnunternehmer für sämtliche aus Einrichtung und Zustand der Verkehrs-

---

[210] Vgl. zu dieser Erkenntnis *Füchsel*, DAR 1961, 293, der daraus die Forderung nach verstärktem Regreßrecht der Versicherungen ableiten möchte.

[211] Vgl. dazu *Savatier*, Rev. int. dr. comp. 1966, 649; ders., Les métamorphoses, Rdz. 275 ff.; i. d. S. z. B. auch *Oftinger*, Bd. 1, § 1, S. 31/32: Dieser sieht das mit einer Haftpflichtversicherung gekoppelte Haftpflichtrecht nurmehr als das juristisch-technische Mittel zur Bestimmung des Versicherungsanspruchs an, der zu Lasten einer Kollektivität geht. Aus dieser Überlegung resultiert für Oftinger die Bereitschaft, das bisherige Recht auf bestimmten Gebieten in ein versicherungsrechtliches System zu überführen.

anlagen erwachsene Gefahren haftbar sein, sondern das Prinzip des „casum sentit dominus“ Geltung behalten. Die Geltung dieser Regel setzte aber voraus, daß gleichermaßen für Verletzer wie Verletzten Gesichtspunkte der Schadenszurechnung fehlen.

Das Schleudern des Kfz resultiert aus dem Zusammenwirken einer bestimmten Fahrweise mit dem Zustand der Straße. Zumindest theoretisch hätte sich der infolgedessen eingetretene Verletzungserfolg durch eine andere z. B. wesentlich langsamere Fahrweise verhindern lassen. Insoweit hätte das Gefahrenpotential noch im Einflußbereich des einzelnen Kraftfahrers gelegen. Im Verhältnis zu einem verletzten Nichtkraftfahrer, der nicht zur Schaffung der Gefährdung beitrug und dem auch rein theoretisch die Möglichkeit fehlte, auf den Umfang der Gefährdung (des Schleuderns des Fahrzeugs) Einfluß zu nehmen, der lediglich durch seine bloße, eventuell zufällige Anwesenheit zur Verursachung des Schadens beisteuerte, steht der Halter dem Schadensereignis näher.

Die Bedenken, die darauf beruhen, daß der Unfall Folge der Mitwirkung auch außerhalb des einzelnen Kraftfahrzeugs liegender gefährdender Faktoren (Straßenglätte) ist, die damit der Einwirkungsmacht des einzelnen Halters entzogen sind, dürften sich im Blickfeld der Vorstellung verringern, daß sich eine Entschädigung durch den Halter praktisch als Leistung der Gesamtheit der versicherten Kraftfahrer darstellt. Diese Verschiebung der Schadenslast ermöglicht es in gewissem Umfang, die Zuordnung der Ursachen und die Abgrenzung der Herrschaftssphäre über den vom einzelnen Kraftfahrer kontrollierten Bereich hinaus auf den vom Kfz-Verkehr als solchen geschaffenen Gefahrenbereich hin zu erweitern. Zu dieser Sphäre ließen sich auch noch vom Straßenzustand herrührende Ursachen rechnen.

Diese Überlegung wäre speziell dann von Wert, wenn das Schleudern des Fahrzeugs auf von anderen Kfz herrührenden Ölspuren oder Schmutzresten erfolgt ist. Hier wird die Unfallursache, soweit sie im Zustand der Straße begründet ist, vom einzelnen Kraftfahrzeug hinweg zur Sphäre des Kraftfahrzeugverkehrs als solchem verlagert, wobei das Unfallopfer dem Schaden ferner steht als der Kraftfahrer, der eine dem Fahrbetrieb eigentümliche Gefährdung verwirklicht.

Weiterhin Bedeutung hätten die obigen Überlegungen aber auch für den Fall der von den Reifen des Kfz weggeschleuderten kleinen Steine. Bei den hier erzeugten Schäden handelt es sich um typische Kfz-Schäden, die erfahrungsgemäß mit dem Betrieb eines Kfz verknüpft sind.

Auch angesichts dieser Fälle lehnt die herrschende Meinung eine unbedingte Ersatzpflicht des Halters ab. Grundlage dieser Ansicht dürfte zuallererst der Wortlaut des § 7 StVG sein, der die Gefährdungshaftung nur für Fehler des Fahrzeugs und ein Versagen seiner Verrichtungen statuiert.

Auch bei extensiver Interpretation des Begriffes „Versagen der Verrichtungen“ in Fortführung der von Weitnauer aufgezeigten Betrachtungsweise wird man das Steineschleudern nicht mehr als mangelhaftes Funktionieren des Fahrzeugs ansehen können. Das in Frage stehende Fahrzeug erfüllt durchaus die ihm zugedachte Funktion, erzeugt lediglich zusätzlich gewisse (unerwünschte) Nebenwirkungen. Die Annahme einer strengen Gefährdungshaftung für den behandelten Fallkomplex stünde somit mit dem Wortlaut speziell des § 7 Abs. 2 StVG nicht mehr in Einklang.

Wie gezeigt wurde, hatte der BGH selbst diese Schranke in seinem Urteil vom 15. 1. 1957 durchbrochen, als er aussprach, für ein Versagen des Führers müsse in gleichem Maße gehaftet werden wie für ein solches des Fahrzeugs. Die diesem Urteil zugrunde liegende Besinnung auf Grundgedanken der Gefährdungshaftung könnte dann auch im Rahmen der hier zu behandelnden Fallgruppe zu einer extensiven Interpretation von § 7 Abs. 2 StVG führen. Von einer Abgrenzung der Haftungssphäre unter dem Gesichtspunkt typischer Gefahrenverwirklichung und -beherrschung her sowie unter dem Blickwinkel einer sozial gerechten Schadensverteilung ergibt sich kein Wesensunterschied zu den Fällen, in denen der Schaden durch ein Schleudern des Fahrzeugs verursacht wurde. In gleichem Maße wie das Rutschen des Reifens auf seiner Unterlage dürfte auch das Wegschleudern von Teilen der Unterlage noch als Vorgang betrachtet werden können, der sich unmittelbar im Herrschaftsbereich des Kraftfahrers abspielt.

Schließlich sind in diesem Zusammenhang auch die Fälle zu nennen, in denen der Schaden durch platzende Reifen erfolgt ist. Unabhängig davon, wodurch das Platzen hervorgerufen wurde, ließen sich dergleichen Vorgänge mit obigen Argumenten einer strengen Gefährdungshaftung zuordnen, wobei durchaus von einem Versagen der Verrichtungen des Fahrzeugs gesprochen werden kann[212].

Damit, so scheint es, gelangte man schlechterdings zur Bejahung einer strengen Gefährdungshaftung für sämtliche durch schleudernde Steine und schleudernde Kfz hervorgerufene Rechtsgutsverletzungen im Sinne des § 7 StVG wie auch solcher, die infolge geplatzter Reifen eingetreten sind. Dieses Ergebnis bedarf der Überprüfung.

---

[212] Vgl. hier OLG Celle v. 13. 12. 1948, RdK 1949, S. 162, zu dem Fall einer Beschädigung eines sonst noch betriebssicheren Autoreifens durch Steinsplitter. Das Gericht kommt immerhin zu der Feststellung, daß bei Unklarheit über die Ursache des Reifenplatzens der Beklagte haften müsse. Die Einwirkung von Steinsplitt stelle zwar einen normalen Betriebsvorgang dar, es handle sich jedoch um ein von außen her wirkendes Ereignis.

III. Die Fälle vorsätzlicher Schädigung

Weitnauer hatte den Extremfall zur Erörterung gestellt, in dem ein Dritter in Sabotageabsicht die Fahrbahn präpariert, auf der dann der Kraftfahrer — wie beabsichtigt — ins Schleudern gerät[213]. Ganz allgemein lautet die damit implizierte Fragestellung, ob die Einstandspflicht des Halters für Fehler des Fahrzeugs und das Versagen seiner Verrichtungen dann entfällt, wenn diese durch Dritte (vorsätzlich) herbeigeführt wurden.

Soweit ersichtlich, liegt zu dieser Frage keine Rechtsprechung vor. Der BGH hatte sich einmal dafür entschieden, es sei noch als mit dem „Betrieb" eines Kfz zusammenhängend anzusehen, wenn ein Fahrer, dem der Halter das Fahrzeug überlassen hatte, bei der Fahrt mit Hilfe des Wagens einen Menschen vorsätzlich tötet[214]. Das Urteil wurde von Larenz mit dem Argument kritisiert, es sei keine typische Gefahr des Betriebes eines Kfz, daß jemand dieses als Mordwerkzeug benutzt[215]. Dieses Urteil einschließlich seiner Kritik bietet gewisse Ansatzpunkte zur Lösung der gestellten Frage.

Auch nach dem hier zugrunde gelegten weiten Betriebsbegriff muß das Fahrzeug speziell in seiner Eigenschaft als Kfz am Schadensverlauf beteiligt sein. Daran dürften Zweifel bestehen, wenn das Fahrzeug zur Begehung eines Mordes eingesetzt wird. Für die hier zu lösende Aufgabe liegt das Problem allerdings anders insofern, als das Kfz in den Händen des (ahnungslosen) Fahrers tatsächlich nur der Fortbewegung dienen soll. Darin unterscheidet sich dieser Fall von dem von der Rechtsprechung entschiedenen. Dort lag eine Situation vor, die im Bereich der Tierhalterhaftung ihre Parallele da hat, wo der Mensch das Tier vorsätzlich auf einen anderen hetzt. Dabei kommt nach allgemeiner Auffassung eine Haftung aus § 833 BGB nicht in Betracht, da es sich um einen Angriff der Person und nicht um eine Realisierung typischer Tiergefahr handelt. In dem hier vorliegenden Beispiel ist dagegen aus der Sicht des Halters die Voraussetzung eines normalen Gebrauchs des Kfz und damit des Betriebes gegeben. Man wird diesen Blickwinkel angesichts der Tatsache, daß die Haftung des Halters zur Debatte steht, als den entscheidenden ansehen müssen.

Wenn sich damit auch vertreten läßt, der Schaden sei „bei dem Betrieb" des Kraftfahrzeuges eingetreten, so muß zur Annahme einer strengen Gefährdungshaftung nach herrschender Meinung bejaht werden, daß der Schaden eine adäquate Folge der Kfz-Gefährdung darstellt. An dieser Voraussetzung fehlt es aber hier. Es kann nicht als eine dem Kfz-Gebrauch innewohnende Gefahr angesehen werden, daß ein Dritter das Kfz zu

[213] *Weitnauer* VersR 1969, 682.

[214] BGH v. 3. 7. 1962, BGHZ 37, 311.

[215] *Larenz*, Schuldrecht II, § 71, IV, S. 494, Fußn. 2.

Sabotagezwecken benutzt. Die Realisierung des Schadens ist zwar Folge des Kfz-Betriebs, bleibt aber mangels Adäquität atypisch und kann daher nicht mehr von der strengen Gefährdungshaftung erfaßt werden.

Für durch Fehler und ein Versagen der Verrichtungen des Fahrzeugs entstandene Schäden wäre demnach dann nicht zu haften, wenn diese vorsätzlich von Dritten herbeigeführt wurden. Entsprechendes müßte auch für die hier gleichgestellten, in der Praxis wohl kaum eintretenden Fälle des geplatzten Reifens gelten. Entsprechendes muß aber auch in Anlehnung an die durch die Rechtsprechung vorgenommene Ausweitung des Gefährdungshaftungs-Tatbestands dann gelten, wenn die (unverschuldete) Ohnmacht des Fahrers Folge eines vorsätzlichen Verhaltens Dritter (z. B. eines Attentäters) ist.

Angesichts der durch Dritte nur fahrlässig oder auch schuldlos herbeigeführten Folgen im obigen Sinne wäre entsprechend zu prüfen, inwieweit dieses (fahrlässige) Verhalten im Zusammenhang mit der typischen Betriebsgefahr des einzelnen Kfz steht. Dabei ergibt sich, daß beispielsweise durch mangelhafte Arbeit von Reparaturwerkstätten entstandene Mängel des Kraftfahrzeugs als eine — leider — normale Begleiterscheinung des Kfz-Gebrauchs zu betrachten sind und bei Entstehung eines Unfalls zur Ersatzpflicht des Halters führen. Ähnliches gilt z. B. auch für durch ein Streufahrzeug verlorene, auf der Fahrbahn liegende kleine Steinchen, die vom nächsten Kfz in eine Schaufensterscheibe geschleudert werden, oder von dem Nagel auf der Straße, der zum Platzen eines Reifens führt.

Handelt es sich aber bei der Verursachung derartiger Gefahrenquellen um untypische und ungewöhnliche Kausalzusammenhänge, so kann sich der Halter durch deren Nachweis von seiner Haftung befreien.

§ 9 Vergleich

Ein Vergleich des Entlastungsgrundes des „unabwendbaren Ereignisses“ mit dem der „cause étrangère“ ergibt weitgehende Identität. In beiden Fällen liegt die Bedeutung der Entlastung darin, aufzuzeigen, daß den Halter oder den Fahrer des Fahrzeugs keinerlei Verschulden an der Entstehung des Unfalls trifft, da dessen Ursache seiner Einwirkungsmöglichkeit entzogen blieb.

Geringfügige Unterschiede in den Anforderungen an die Sorgfaltspflicht, die speziell im französischen Recht fast ganz den allgemeinen Verschuldensmaßstäben zu entsprechen scheint, fallen kaum in Betracht.

Von der Entlastungsmöglichkeit ausgeschlossen bleibt ein enger Bereich von Ursachen, der unmittelbar die Verkehrssicherheit des Fahrzeugs und seines Lenkers umfaßt. Dabei erscheint es im deutschen Recht möglich, diesen Bereich auch umfassender zu begreifen, während im französischen Recht die Anwendung der Haftungsregeln auf alle Arten von Sachen derartigen Interpretationsversuchen zumindest tendenziell im Wege steht.

Dennoch haben beide Rechtssysteme z. B. für den Fall des Versagens des Fahrers weitgehend übereinstimmende Lösungen gefunden. Dies zeigt, daß, wenn das Rechtsgefühl dies erfordert, die Rechtsprechung auch ohne Rücksicht auf ein in sich geschlossenes gedankliches System diese Forderungen zu erfüllen bereit war. Die im wesentlichen übereinstimmende Rechtsprechung in Deutschland und Frankreich läßt hier zugleich auf ein weitgehend sich entsprechendes Gerechtigkeitsempfinden schließen.

Viertes Kapitel

Die teilweise Entlastung

§ 10 Das französische Recht

I. Voraussetzung einer Anrechnung des Tatbeitrags des Verletzten

Die unbefriedigende Regelung, die bestand, solange der französische Richter nur die Wahl zwischen Abweisung des Klagebegehrens oder dessen vollständiger Zubilligung hatte, wurde zuerst da aufgehoben, wo das Verhalten des Verletzten schuldhaft zur Entstehung des Schadens beigetragen hatte. Stand allerdings aufseiten des Schädigers ein Verschulden fest, so hatte die Rechtsprechung in Anwendung von Art. 1382 C.c. stets das beiderseitige Verschulden der Beteiligten gegeneinander abgewogen und die Ersatzpflicht des Beklagten entsprechend reduziert[1].

Wesentlich problematischer gestaltete sich eine solche Abwägung im Rahmen des Art. 1384 § 1 C.c. Als das Kassationsgericht erstmals in seinem Urteil vom 1. 12. 1936[2] den Nachweis einer „faute" auf seiten des Verletzten nicht mehr als zur völligen Entlastung des Halters ausreichend erachtete, wurde auch für die Anwendung des Art. 1384 § 1 C.c. eine differenzierende Wertung der jeweiligen Tatbeiträge ermöglicht. Da die Anwendung dieses Artikels jedoch keine Feststellung eines beim Halter vorliegenden Verschuldens voraussetzt, konnte das Maß der Verschuldung nicht den gemeinsamen Nenner für eine vergleichsweise Bewertung der Tatbeiträge abgeben. Anhaltspunkte einer Bewertung ergaben statt dessen einmal die Schwere der beim Verletzten festgestellten „faute" und für die Person des Halters möglicherweise die Überlegung, in welchem Maße für ihn der Schaden vorhersehbar und vermeidbar war.

---

[1] So z. B. Cass. civ. 12. 2. 1970, JCP 1970.IV.90 ed. G; vgl. dazu *Mazeaud*, Traité II, Nr. 1514, S. 628. Das französische Recht unterscheidet nicht zwischen Verschulden im eigentlichen Sinne und dem, was bei uns mitunter als Verletzung einer Obliegenheit bezeichnet wird. Sowohl das Verhalten des Verletzers wie das des Verletzten wird gleichermaßen an dem Maßstab der „faute" gemessen.

[2] Cass. civ. 1. 12. 1936, Gaz.Pal. 1937.1.157; ähnlich bereits Cass. req. 13. 4. 1934, DP 1934.1.42, Anm. Savatier.

Soweit die Lehre nicht allein auf die kausale Abwägung der Unfallursachen abzustellen suchte, neigte sie dazu, lediglich aus der Schwere des Verschuldens des Verletzten heraus den Maßstab für die Kürzung des Ersatzanspruchs zu entnehmen. Dieses Vorgehen wurde mit der Erwägung begründet, daß derjenige, der seine Pflicht, auf seine eigene Sicherheit zu achten, verletzte, eine Sanktion mittels Kürzung seines Ersatzanspruchs erfahre. Das Maß für die Sanktion sollte sich aus dem Umfang der Pflichtverletzung („faute") ergeben[3]. Ohne daß hier auf die dogmatischen Grundlagen dieser Theorie eingegangen werden soll, muß bezweifelt werden, daß bei ihrer praktischen Anwendung nicht doch zugleich auch das Verhalten des Halters, soweit es bekannt geworden ist und sich aus den Umständen rekonstruieren läßt, das Maß der Anspruchskürzung mitbestimmt. Damit gerieten jedoch neue Abwägungskriterien mit ins Spiel, auf deren Problematik noch einzugehen sein wird.

Die Rechtsprechung hat sich jedenfalls gehütet, die Kriterien, die hier für die Abwägung entscheidend sein sollen, allgemeingültig zu definieren. Die Lektüre der zahlreichen Urteile zum genannten Problemkreis führt mitunter zu dem auch von anderen Kommentatoren[4] geäußerten Verdacht, daß im Zweifel eine mehr gefühlsmäßige Wertung den Ausschlag zugunsten der gefundenen Lösung gegeben hatte.

Das Problem komplizierte sich weiter, als auch die Nichtvorhersehbarkeit eines schuldlosen „fait de la victime" zugunsten des „gardien" als Entlastungsgrund im Sinne einer „cause étrangère" anerkannt wurde. Damit wurde nahegelegt, bereits die lediglich kausale Beteiligung des Opfers zur Teilentlastung heranzuziehen[5].

Die Cour de Cassation machte von dieser Möglichkeit Gebrauch und hob in den letzten Jahren zahlreiche Urteile der Appellationsgerichte auf, die sich mit der Feststellung begnügt hatten, der „fait" des Verletzten sei nicht schuldhaft gewesen. Bezeichnend für die neuere Rechtsprechung ist folgende, in einem Urteil vom 19. 6. 1968[6] verwendete Formel:

> "Le gardien d'une chose cause d'un dommage ne peut pas en être déclaré entièrement responsable sans qu'il ait été recherché si le fait de la victime, même non fautif, n'avait pas concouru à la production de ce dommage et ne constituait pas une cause d'exonération totale ou partielle de ce gardien."

Trotz der zahlreichen in diesem Sinne ergangenen Urteile[7] herrscht allgemeine Unsicherheit über die Kriterien, die hier einer Abwägung zu-

---

[3] Vgl. *Starck*, JCP 1970.I.2239, Nr. 57; ders., Essai, S. 495.

[4] So z. B. *Esmein*, D 1964. chron. 205 ff.; *Starck*, JCP 1970.I.2239, Nr. 66.

[5] So erstmals in Cass. civ. 17. 12. 1963, JCP 1965.II.14075, Anm. Dejean de la Batie; D 1964, Anm. Tunc; Gaz.Pal. 1964.1.292.

[6] Cass. civ. 19. 6. 1968, Gaz.Pal. 1968.2.201/2, Bull. cass. II, Nr. 128.

[7] Vgl. z. B. Cass. civ. 3. 2. 1965, JCP 1966.II.14485, Anm. Esmein; Cass. civ. 6. 4. 1965, Gaz.Pal. 1965.2.116; Cass. civ. 16. 6. 1965, D 1965, 662, Anm. Tunc; Cass. civ. 14. 2. 1966, Bull. cass. II, Nr. 967, S. 675; Cass. civ. 20. 10. 1967,

grunde liegen sollen. Die Schwierigkeit liegt darin, daß jede Verletzung in gewissem Umfang eine Beteiligung des Verletzten voraussetzt. Es gilt also, die Grenze zu bestimmen, von der ab diese Mitwirkung kausal im Sinne der genannten Formel und damit relevant für eine Kürzung des Schadensersatzanspruchs des Verletzten wird.

Zahlreiche Autoren halten eine Abwägung der verschiedenen Ursachen nach ihrer anteilmäßigen Kausalität mangels geeigneter Kriterien für unmöglich und fordern teilweise eine Rückkehr zum „Alles-oder-nichts-Prinzip“ oder aber eine gleichmäßige Aufteilung des Schadens unter den beiden Beteiligten[8].

Tunc schlägt vor, von der Normalität des Verhaltens des Verletzten auszugehen und zu fragen, in welchem Maße dieses Verhalten den Unfall wahrscheinlich machte[9]. Dagegen argumentiert Starck, wenn Anomalität vorliege, seien in der Regel die Voraussetzungen einer totalen Entlastung gegeben[10]. Dieser bewußt etwas überspitzt formulierte Einwand scheint angesichts der Feststellung, daß mitunter auch mit atypischen Verhaltensweisen anderer Verkehrsteilnehmer gerechnet werden muß, verfehlt; er veranschaulicht jedoch, wie rasch man von der Wertung des Verhaltens des Verletzten zur Frage der Vorhersehbarkeit und damit einer Betrachtung der auf seiten des Halters möglicherweise gegebenen „faute“ gelangt.

Die Rechtsprechung prüft nun in der Tat mehr oder weniger deutlich die Frage, ob der Verletzte sich anders hätte verhalten müssen und können, mit. Einmal fragt sie nur nach der aktiven Beteiligung des Verletzten[11], ein andermal prüft sie dagegen das Ausmaß der Vorhersehbarkeit und Vermeidbarkeit des Unfalls für den Fahrer[12].

Zahlreiche Urteile legen die Vermutung nahe, das Gericht habe zwar nur von kausaler Abwägung gesprochen, in Wahrheit aber entscheidend

D 1968, 6; Cass. civ. 14. 2. 1968, Gaz.Pal. 1968.2.201, Nr. 175; Cass. civ. 29. 11. 1967, JCP 1968.II.15446, Anm. Mourgeon; Cass. crim. 13. 2. 1968, Bull. cass. crim. Nr. 43, S. 104; Cass. civ. 25. 1. 1968, D 1968, 351; Cass. civ. 7. 6. 1968, Bull. cass. II, Nr. 163, S. 116; Cass. civ. 26. 6. 1968, Gaz.Pal. 1968.2.201, Nr. 173/4; Cass. civ. 5. 12. 1968, Bull. cass. II, Nr. 298, S. 212.

[8] Vgl. z. B. *Rodière*, Rev. trim. dr. civ. 1966, 303; Durry, Rev. trim. dr. civ. 1969, 340 f., vertritt die Ansicht, daß die Rechtsprechung in Wahrheit weiterhin nach der „faute“ des Verletzten suche.

[9] Tunc JCP 1965.II.14075; D 1964, 569.

[10] *Starck*, JCP 1970.I.2239, Nr. 67.

[11] So in Cass. civ. 14. 2. 1968, Bull. cass. II, Nr. 35. Hier wird geprüft, „si le fait de la victime n'avait pas concouru à la production du dommage“. Ähnlich auch Cass. civ. 17. 7. 1968, Bull. Cass. II, Nr. 215, wo beanstandet wurde, daß der Umstand, daß sich ein Kind auf die Straße gestürzt hatte, nicht zur teilweisen Entlastung führte.

[12] So in Cass. civ. 20. 3. 1968, Bull. cass. II, Nr. 61, wo die völlige Entlastung des Halters mit dem Argument in Frage gestellt wurde, er hätte wegen der guten Sichtverhältnisse die „faute“ eines die Straße überquerenden Fußgängers rechtzeitig erkennen müssen.

auf den jeweils möglichen Schuldvorwurf abgestellt[13]. Starck glaubt, das Gericht qualifiziere in solchen Fällen die „faute“ des Verletzten unrichtigerweise als „fait“, um zu verdeutlichen, daß es auf den Grad des Verschuldens nicht ankomme[14].

In anderen Urteilen wurde dagegen eine Haftungsaufteilung auch da vorgenommen, wo nachweisbar keine „faute“ auf seiten des Verletzten vorgelegen hatte. Hierzu gehören insbesondere die Fälle, in denen eine schuldunfähige Person verletzt wurde[15]. Daraus ergibt sich, daß, wenn auch Klarheit über die Kriterien einer Zurechnung weitgehend fehlt, nach dem augenblicklichen Stand der Rechtsprechung die Anerkennung einer Anrechnung des lediglich kausalen Beitrags des Verletzten außer Zweifel steht.

II. Kriterien einer anteiligen Bewertung — Die neue Sicht der „obligatio in solidum“

Die geschilderte Rechtsprechung im Bereich des „fait de la victime“ stellt keine isolierte Entwicklung dar, sondern wird erst im Zusammenhang mit einer umfassenden Neuorientierung verständlicher, die ihren Ausgangspunkt von einer Neugestaltung des Regreßrechtes bei Vorhandensein mehrerer aus Delikt haftender Schuldner nahm.

Die neue Entwicklung begann mit Überlegungen, die das Prinzip der obligatio in solidum in Frage stellten. Dieser aus dem römischen Recht übernommene Grundsatz besagt, daß, solange jede Beteiligung an der Herbeiführung des Schadens gleichermaßen für den gesamten Schaden ursächlich gewesen sei, jeder der Beteiligten auch für den gesamten Schaden einstehen müsse[16]. Demgegenüber wurde nun die Vorstellung in den Mittelpunkt gerückt, daß der Schaden die Folge eines Nebeneinander mehrerer kausaler Bedingungen darstelle; aus dem Umstand, daß jede Bedingung nur kausal gewesen sei, weil sie es mit einer anderen zusam-

---

[13] Vgl. Cass. civ. 7. 7. 1965, D 1965, 577; Cass. civ. 16. 6. 1965, D 1965, 662; Cass. civ. 16. 2. 1967, Bull. cass. II, Nr. 54; Cass. civ. 20. 10. 1967, D 1968, 6; Cass. civ. 25. 4. 1968, Bull. cass. II, Nr. 233; Cass. civ. 6. 12. 1967, Bull. cass. II, Nr. 257; Cass. civ. 9. 10. 1968, Bull. cass. II, Nr. 233. In den genannten Fällen, in denen einmal ein Solexfahrer die Straße statt des vorgeschriebenen Fahrwegs benutzt hatte (Cass. civ. 20. 10. 1967), oder wo das beschädigte Kfz z. T. auf einem Fußgängerüberweg geparkt war (Cass. civ. 7. 7. 1965), oder wo ein Fußgänger den Bürgersteig nicht benutzt hatte (Cass. civ. 6. 12. 1967), hätte das Verhalten des Verletzten jeweils auch als schuldhaft bezeichnet werden können; vgl. auch Cass. civ. 9. 2. 1972, D 1972, 158 som.

[14] *Starck*, JCP 1970.I.2239, Nr. 76.

[15] Vgl. das Urteil der Cour de Cassation — Cass. civ. 15. 6. 1966, Bull. cass. II, Nr. 684, S. 483 —, das die Beteiligung eines zweijähr. Kindes betraf.

[16] Vgl. zur Darstellung der Entwicklung insbesondere Chabas, L'influence, Nr. 12, S. 13 ff.

men war, wurde gefolgert, daß jeder Bedingung ein bestimmter Anteil an dem in Geld bezifferten Schadensbetrag entsprechen müsse[17].

Tunc[18] und Favier[19] forderten dabei, die Aufteilung des Schadens müsse nach dem Grad der objektiven Wahrscheinlichkeit der jeweiligen Bedingung für den Eintritt des Schadens erfolgen.

Chabas[20] und wohl auch Starck[21] sehen dagegen den Gedanken der adäquaten Verursachung allenfalls als ein mögliches Kriterium zur Eliminierung bestimmter Ursachen, eventuell auch noch als Kriterium für eine im Regreßwege erfolgende Haftungsaufteilung. Nie jedoch könne die Adäquanztheorie ein Kriterium für das Ausmaß der Kausalität a priori liefern, da sich aus einer höheren Wahrscheinlichkeit noch keine höhere Ursächlichkeit ergeben müsse.

Andere Autoren wie Radouant[22], Pleytel[23] und Esmein[24], die sich an Birkmeyer[25] anlehnen, gelangen dagegen zu ähnlichen Folgerungen wie Tunc und Favier. Aus dem bloßen Umstand, daß eine Ursache conditio sine qua non für den Schaden gewesen sei, dürfe nicht gefolgert werden, daß ihr der gesamte Schaden zuzurechnen sei. Jede der Ursachen sei nur eine Teilursache des Schadens und jede neu hinzutretende beseitige gewissermaßen ein wenig die Wirksamkeit der vorhergehenden.

So schreibt Radouant[26]:

> "Lorqu'un dommage peut être rattaché à deux causes dont l'une écarte la responsabilité du défendeur et dont l'autre l'engage, ce serait une erreur de n'en retenir qu'une seule et de régler uniquement d'après elle le problème de la responsabilité. Chacune doit avoir ses effets propres."

Für diese Autoren[27] beinhaltet die Idee der „obligation pour tout" keine zwingende Konzeption. Auf ihre formale Logik, wird argumentiert, könne gefahrlos verzichtet werden, und die Verpflichtung zur Zahlung des ge-

---

[17] Vgl. dazu *Starck*, JCP 1970.I.2239, Nr. 18 und *Chabas*, L'influence, Nr. 130, S. 107.

[18] *Tunc* in Mazeaud/Tunc II, Nr. 1443 und 1510; *Tunc*, D 1964, 570.

[19] *Favier*, La relation, S. 457; ähnlich auch *Boré*, JCP 1971.I.2369, Nr. 8.

[20] *Chabas*, L'influence, Nr. 129, S. 105.

[21] *Starck*, JCP 1970.I.2239, Nr. 18 ff.

[22] D 1961, 681, D 1958, 73; dagegen wiederum *Savatier*, Traité, Nr. 488.

[23] *Pleytel*, Gaz.Pal. 1942. doctr. 7, führt aus: „Il appartient au juge du fait de rechercher quelles sont les causes du dommage, d'en attribuer la responsabilité à chacune des choses qui y ont participé, dans la proportion où elles sont les causes génératrices, et de partager les réparations du dommage dans les mêmes mesures."

[24] JCP 1957.II.10084 und JCP 1959.II.11026; ähnlich auch *Aydalos*, concl. in D 1964, 733 und *Meurisse*, concl. in D 1962. chron. 243; *Boré*, JCP.I.2221, Nr. 20 - 27; Rev. trim. dr. civ. 1944, 156 ff., Anm. Dareux.

[25] *Birkmeyer*, Über Ursachenbegriff.

[26] D 1958, 73 ff.

[27] Vgl. auch *Savatier*, D 1964. chron. 155; *Fossereau*, Anm. Rev. trim. dr. civ. 1963, 36, Nr. 38 ff.; Dejean de la Batie, Anm. JCP 1966.II.14735.

samten Schadens stelle sich nur noch als eine in bestimmten Fällen gewährte Garantie gegenüber einem schutzbedürftigen Opfer oder als ein Problem der Sanktion zu Lasten der Schadensverursacher dar[28].

Derartige Vorstellungen waren nicht ohne Einfluß auf die Rechtsprechung geblieben. Sie sollten, wie zu zeigen sein wird, den vollständigen Richtungswechsel einer lange Zeit gefestigten Rechtsprechung bringen, der dann auch die Lehre in heftige Kontroversen stürzte und erst in letzter Zeit wieder aufgegeben worden zu sein scheint.

Bisher hatte die Rechtsprechung stets das Prinzip vertreten, daß jeder Haftende den gesamten Schaden schulde, ein Prinzip, das seit dem 4. Dezember 1939 unter dem erwähnten Terminus der „obligatio in solidum" in die höchstrichterliche Rechtsprechung übernommen worden war[29, 30]. Auf der anderen Seite stand praktisch aber außer Zweifel, daß dem Deliktsschuldner, der den gesamten Schaden beglichen hatte, ein Regreßanspruch gegen den mithaftenden Dritten zustehen sollte. Diese Überlegung schien sich insbesondere aus Billigkeitsgründen aufzudrängen, da man es nicht der Willkür des Gläubigers überlassen wollte, welcher Schuldner die gesamte Schadenslast tragen sollte[31].

Die Rechtsprechung bestimmte dabei die Höhe des Regreßanspruchs bei zwei aus Verschulden haftenden Schuldnern nach der jeweiligen Schwere ihrer „faute"[32], bei einer auf einen Erfolg gerichteten Haftung, worunter sie auch die Regelung des Art. 1384 § 1 C.c. rechnete, wurde der Schaden meist zu gleichen Teilen aufgeteilt[33].

Was die rechtliche Begründung des Regreßanspruchs betrifft, so hatte diese zunächst Schwierigkeiten bereitet, da der Code civil hier keinerlei Regelung vorsah. Die Rechtsprechung sprach sich schließlich in Anlehnung an Art. 1251-3 C.c. für das Prinzip der Subrogation aus[34], das auch einer in der Doktrin weitgehend vertretenen Meinung[35] entsprach.

---

[28] I. d. S. auch *Esmein*, D 1964. chron. 205 ff.

[29] Cass. civ. 4. 12. 1939, DC 1941, 124, Anm. Holleaux.

[30] Vgl. zur Entstehung des Begriffes der „obligatio in solidum" auch *v. Caemmerer*, Ausgleichsprobleme, S. 89 f.

[31] Vgl. *Chabas*, L'influence, Nr. 86, S. 76.

[32] Vgl. z. B. schon Cass. civ. 11. 7. 1892, D P 1894.1.513, S 1892.1.508; Cass. req. 5. 7. 1926, D H 1926, 401; Cass. civ. 20. 5. 1935, D H 1935, 394.

[33] Cass. civ. 28. 11. 1948, D 1949, 117; Cass. civ. 16. 2. 1962, Bull. cass. II, Nr. 208, S. 145; Cass. civ. 19. 2. 1945, Bull. cass. II, Nr. 178, S. 125. Bereits die Aufteilung der Haftung nach der Schwere der „faute" erscheint im Rahmen der strengen Kausalbetrachtung der „obligatio in solidum" nicht ganz systemgemäß; mit der gleichen Logik, derzufolge jeder Ursache die gleiche Rolle bei der Erzeugung des Schadens zugeschrieben wird, hätte man auch jeder „faute", unabhängig von der Schwere des Vorwurfs, die gleiche Rolle zugestehen müssen. I. d. S. auch *Chabas*, L'influence, Nr. 89, S. 77.

[34] So Cass. civ. 21. 12. 1943, D C 1944, Anm. P.C.P.; Cass. civ. 29. 11. 1948, D 1949, 117, Anm. Lalou; Cass. civ. 29. 2. 1956, D 1956, 305; Cass. civ. 9. 5. 1956, JCP 1956.II.9384; Cass. civ. 16. 12. 1962, Bull. cass. II, Nr. 268, S. 145; Cass. civ.

So führte die Cour de Cassation am 29. 11. 1948[36] aus:

"Le solvens n'invoque pas un préjudice qui lui soit propre mais exerce les droits des victimes qu'il a payés en l'acquit du tiers responsable en même temps que lui[37]."

Den Anlaß zu einer Abkehr der Rechtsprechung von diesen Grundsätzen bildeten Fälle, in denen der Verletzte aus bestimmten Gründen keinen Anspruch gegen einen dritten Mitverursacher hatte. Hier ging das Kassationsgericht dazu über, die Aufteilung des Schadens, die mangels eines übertragbaren Anspruchs nicht im Regreßweg vollzogen werden konnte, ab initio vorzunehmen und dem Kläger nur einen Anspruch auf Ersatz eines Teils des festgestellten Schadens zu gewähren. Boré bejaht diesen Schritt aus der Überlegung, ein Mitverursacher könne nicht Garant einer nichtexistierenden Schuld sein[38]:

Die Realisierung der neuen Rechtsprechung zeigte sich dann im wesentlichen auf folgenden Bereichen:

1. Hatte ein Naturereignis wesentlich zur Entstehung des Schadens mit beigetragen, so war es der höchstrichterlichen Rechtsprechung (zumindest in zwei Fällen) unbillig erschienen, dem Halter der schadensstiftenden Sache vollständig die Verantwortung für den gesamten Schaden aufzulasten. Berühmt wurde in diesem Zusammenhang das Urteil vom 19. 6. 1951 im Fall Lamoricière[39], das zugleich das erste Urteil im oben erwähnten Sinne darstellt und die entscheidende Wende in der Rechtsprechung einleitete.

Das Gericht hatte hier zugestanden, daß der infolge eines Schiffsunterganges entstandene Schaden Folge eines außergewöhnlich heftigen Sturms gewesen sei, aber gleichzeitig die Benutzung mangelhaften Brennstoffes als weitere Unfallursache angesehen werden müsse. Im Gefolge dieser Feststellungen wurde der Reeder des Schiffes zum Ersatz eines Fünftels des entstandenen Schadens verurteilt, da der Sturm die bei weitem überwiegende Schadensursache gewesen sei.

Das Urteil hatte damit ersichtlich mit dem bisher geltenden Grundsatz gebrochen, wonach der, der einen Schaden auch nur mitverursacht hat, diesen voll ersetzen muß.

Wegen der Bedeutung dieses Urteils seien die tragenden Gründe zitiert:

---

5. 3. 1964, Bull. cass. II, Nr. 214, S. 159; Cass. civ. 19. 2. 1965, Bull. cass. II, Nr. 178, S. 125; Cass. civ. 6. 1. 1966, Bull. cass. II, Nr. 5, S. 4.

[35] *Demogue*, Traité VI, Nr. 783; *Mazeaud/Tunc* II, Nr. 1971, S. 950; *Planiol/Ripert*, Traité IV, Nr. 1228.

[36] Cass. civ. 29. 11. 1948, D 1949, 117, Anm. Lalou.

[37] Vgl. die im deutschen Recht entsprechende Regelung des § 426 II BGB.

[38] *Boré*, JCP 1967.I.2126, II A c 2.

[39] Cass. civ. 19. 6. 1951, JCP 1951.II.6426, Anm. Becqué, D 1951, 717, Anm. Ripert, S 1952, 89, Anm. Nerson.

"... que cependant le dommage subi par les consorts Brosette (Kläger[40]) ne procède pas exclusivement de cause étrangère au fait de la chose que les Frs. Maritimes (Beklagte[40]) avaient sous leur garde; que, par suite, la Cour d'appel a pu déduire de ces constatations que la réparation dudit dommage devait être mise pour 1/5 à la charge des Frs. Maritimes ..."

Bezeichnend ist auch hier, mit welch knapper Begründung die französische Rechtsprechung viele Jahre anerkannte Grundsätze über Bord zu werfen bereit war. Das Urteil blieb allerdings längere Zeit das einzige seiner Art. Im Jahre 1957 kam es dann zum Urteil im Falle Houillères[41], in dem das Kassationsgericht der Naturgewalt selbst im Rahmen der Verschuldenshaftung des Art. 1382 C.c. eine teilweise entlastende Wirkung zuzugestehen bereit war.

2. Den zweiten Bereich, in dem dem Verletzten wegen fehlender Regreßmöglichkeit des Beklagten gegen den Mitverursacher nur ein Teil des entstandenen Schadens zugesprochen wurde, bildeten die Fälle, in denen den Angehörigen infolge des Todes oder der Verletzung des Opfers ein Schaden entstanden war („victimes par ricochet"). Da diese Personen gegenüber dem Angehörigen, der seinen eigenen Tod oder seine eigene Verletzung schuldhaft verursacht hatte, keinen Anspruch auf Ersatz des Schadens haben, der ihnen gerade als Folge dieses Eingriffs entsteht[42], fehlt es an einem Recht, das auf den schädigenden Halter übergehen könnte. Für diesen Fall entschieden die Vereinigten Senate der Cour de Cassation, daß — wie es im deutschen Recht die Regelung des § 846 BGB vorsieht — auf den eigenen Anspruch der Angehörigen das anteilmäßige „Verschulden" des Erstgeschädigten anzurechnen sei[43].

3. Eine dritte Fallgruppe setzt sich schließlich aus Fällen zusammen, in denen aus besonderen rechtlichen Gründen ein an sich bestehender Anspruch des Verletzten gegen einen dritten Mitverursacher nicht in Betracht kommt.

So untersagt Art. 470 des Code de la Sécurité sociale dem Verletzten, der eine pauschale Abfindung durch die Sozialversicherung erhält, zivilrechtlich gegen den Arbeitgeber oder den verantwortlichen Betriebskollegen vorzugehen. Daraus folgerte die Rechtsprechung, daß der Anspruch gegen einen mithaftenden, außerhalb des Betriebes stehenden Dritten sich auf dessen kausalen Anteil an der Entstehung des Schadens reduzie-

---

[40] Anmerkung vom Verfasser.

[41] Cass. civ. 13. 3. 1957, D 1958, 73 zust. Anm. Radouant, S 1958, 77, Anm. Meurisse, JCP 1957.II.10084, Anm. Esmein.

[42] I. d. S. Cass. civ. 27. 1. 1965, Bull. cass. II, Nr. 79, S. 55, D 1965, 619, Anm. Lambert/Faivre; Cass. civ. 5. 2. 1965, Bull. cass. II, Nr. 123, S. 88.

[43] So Cass. ch. réun. 25. 11. 1964, D 1964, 733, concl. *Aydalot*, JCP 1964.II. 13972, Anm. Esmein. Vgl. zur gesamten Problematik und deren Behandlung durch Rechtspr. und Lehre *Durry*, Anm. in Rev. trim. dr. civ. 1968, 553; Fossereau, Anm. in Rev. trim. dr. civ. 1963, 9; *Savatier*, D 1964. chron. 155; *Meurisse*, D 1962. chron. 93.

ren solle, da andernfalls kein Anspruch des Verletzten auf den Dritten übergehen könnte, um diesem den Regreß zu ermöglichen[44].

4. Seit den drei Grundsatzurteilen der „chambre mixte" vom 20. Dezember 1968[45] hat die zur Haftung bei der Gefälligkeitsfahrt entwickelte Rechtsprechung nur noch historische Bedeutung, verdient aber wegen ihres engen Zusammenhangs mit der vorliegenden Problematik kurzer Erwähnung[46].

Bis zum genannten Zeitpunkt hatte die höchstrichterliche Rechtsprechung dem Gratispassagier die Berufung auf Art. 1384 § 1 C.c. verweigert, was bedeutete, daß der verletzte Passagier eine „faute" des Fahrers nachweisen mußte, um Entschädigung zu erlangen[47]. Im Zusammenhang mit dieser Prämisse ergab sich die außerordentlich umstrittene Folge, daß im Falle eines Zusammenstoßes mit einem dritten Fahrzeug der Gratispassagier, wenn ein Verschulden des befördernden Fahrzeuglenkers nicht zu beweisen war, vom Halter des dritten Fahrzeuges aus Art. 1384 § 1 C.c. nur Entschädigung entsprechend der anteilmäßigen Verursachung des Schadens durch das dritte Fahrzeug erhielt. Auch hier fehlte ein eigener Anspruch des Fahrgastes gegen den ihn befördernden Halter, der auf den Dritten hätte übergehen können[48]. Dieses Ergebnis wurde als besonders ungerecht angesichts der Tatsache empfunden, daß der Transporteur für seinen eigenen Schaden vollen Ersatz aus Art. 1384 § 1 C.c. erhielt[49].

---

[44] So im Ergebnis: Cass. crim. 21. 12. 1954, Bull. cass. crim. Nr. 420, S. 722; Cass. crim. 11. 12. 1956, Bull. cass. crim. Nr. 828, S. 1466; Cass. crim. 17. 12. 1958, Bull. cass. crim. Nr. 756, S. 1352; Cass. crim. 3. 6. 1966, JCP 1967.II.14947; Cass. soc. 19. 7. 1960, Bull. cass. IV, Nr. 798, S. 605; Cass. soc. 21. 6. 1961, Bull. cass. IV, Nr. 671, S. 532.

Vgl. hier für das deutsche Recht die entsprechende Entscheidung des BGH v. 29. 10. 1968, BGHZ 51, 37 ff. Nach dem Leitsatz des Urteils, das von RGZ 153, 38 abweicht, kann eine Berufsgenossenschaft gegen einen außerhalb des Sozialversicherungsverhältnisses stehenden Mitschädiger insoweit keinen Rückgriff nehmen, als der für den Unfall verantwortliche Unternehmer ohne Eingliederung in das System der Unfallversicherung und ohne die hierauf beruhende Freistellung von einer Haftung (§ 636 RVO) im Verhältnis zu dem Zweitschädiger (§§ 426, 254 BGB, 17 StVG u. a.) für den Schaden aufkommen müßte.

[45] Cass. ch. mixtes 20. 12. 1968, D 1969, 37; im gleichen Sinne Cass. civ. 21. 1. 1970, D 1970, 525; Cass. civ. 31. 5. 1972, D 1972 vom 175.

[46] Vgl. zur Vorgeschichte und Bedeutung der Urteile die ausführliche Besprechung von *Boré* in JCP 1969.I.2221.

[47] So die Grundsatzurteile Cass. req. 29. 3. 1927, D P 1927.1.137, Anm. Josserand; Cass. civ. 27. 3. 1928, D P 1928.1.145, Anm. Ripert, und diesem Urteil folgend die gesamte höchstrichterliche Rechtsprechung bis Dezember 1968.

[48] In diesem Sinne erstmals Cass. civ. 9. 3. 1962 (arrêt Pilâstre), JCP 1962.II. 12728, Anm. Esmein, D 1962, 625, Anm. Savatier, S 1963, 11, Anm. Meurisse; ferner Cass. civ. 5. 3. 1964, Gaz.Pal. 1964.T.2.V Resp. civ., Nr. 246; Cass. civ. 21. 12. 1965, JCP 1966.II.14735, Anm. Dejean de la Batie; Cass. civ. 9. u. 30. 8. 1966, Bull. cass. II, Nr. 657 und 721, S. 464 und 506; Cass. civ. 5. 10. 1966, D 1967, 229; Cass. civ. 20. 10. 1966, JCP 1966.II.14869.

[49] Vgl. die unter obiger Fußnote zitierten Anmerkungen.

Allen Beispielen ist der durch die Rechtsprechung vollzogene Übergang einer Haftungsverteilung a posteriori zu einer solchen ab initio gemeinsam. Zur Begründung bediente sich die Rechtsprechung dabei meist folgender Formel[50]:

"Le principe selon lequel chacun des responsables d'un même dommage doit être condamné à le réparer en entier, suppose que la partie lesée dispose d'une action contre deux ou plusieurs codébiteurs ... permettant, par l'effet de la subrogation portée à l'article 1251 - 3 du Code civil, à celui qui a payé pour le tout de répéter, contre celui ou ceux qui étaient tenus au paiement, la part et portion de chacun d'eux dans la dette."

Die neue Konzeption der „obligatio in solidum" bedingt also das Nebeneinander zweier Ansprüche gegen die jeweiligen Verursacher des Schadens. Nur in dem Maße, in dem der Verletzte den Regreß gegen den Dritten durch Übergang seines Anspruchs prinzipiell gewährleistete, mußte der erste Schuldner den vollen Schaden ersetzen. Andernfalls wurde ihm nur seine anteilige Mitverursachung zugerechnet, die vom Gericht geschätzt wurde. Damit schien die Brücke zu der bei „fait de la victime" vorgenommenen kausalen Abwägung geschlagen, die ebenfalls auf dem Gedanken beruht, daß der Schädiger nur in anteiliger Höhe seiner Verursachung ersatzpflichtig sein soll.

III. Problematik und Inkonsequenzen der neueren Rechtsprechung

Wenn Boré angesichts der geschilderten Entwicklung im Jahre 1967 einen endgültigen Wandel der Rechtsprechung feststellen zu können glaubte[51], so mußte er von dieser Aussage inzwischen — zumindest teilweise — wieder abrücken[52].

Die neuere Rechtsprechung hatte nicht nur Zustimmung erfahren, sondern sah sich auch schwerwiegender Kritik ausgesetzt. So argumentierte Meurisse[53], die Rechtsprechung führe sich selbst ad absurdum, indem sie, um die vollständige Haftung eines Schädigers auszuschließen, die Mitbeteiligung eines Dritten anführe, dessen Haftung aber gerade mangels eines rechtlichen Hindernisses nicht geprüft werde, und von dem man nicht einmal wisse, ob er andernfalls überhaupt haften würde.

---

[50] So z. B. Cass. civ. im Urteil Pilâstre; vgl. Fußn. 44 der vorliegenden Arbeit wie auch die übrigen dort zitierten Urteile.

[51] Vgl. *Boré*, JCP 1967.I.2126.

[52] Boré, JCP 1971.I.2369, Nr. 3, 39, interpretiert die Rückkehr der Rechtsprechung zum Prinzip der „obligatio in solidum" einschränkend dahingehend, daß dieses Prinzip, das er weiterhin als Garantiefunktion zugunsten des Verletzten versteht, dann nicht gelten solle, wenn dem Verletzten von vornherein keine Ansprüche gegen den dritten Mitverursacher zustanden. Diese Interpretation erscheint allerdings nicht mehr haltbar.

[53] Anm. D 1966, 278.

Boré[54] schlägt hier vor, man solle zunächst hypothetisch die Haftung des Dritten, die infolge einer Sonderregelung ausgeschlossen ist, unter dem Gesichtspunkt des Art. 1384 § 1 C.c. prüfen und nur bejahendenfalls eine Kürzung des Ersatzanspruchs gegen den Schädiger gestatten.

Diesem Vorschlag kann unabhängig von der Frage nach einer kausalen Betrachtungsweise jedoch höchstens insoweit zugestimmt werden, als der Beklagte die Art und Weise der Beteiligung des Dritten beweist. Sind die näheren Umstände des Unfalls dagegen unklar geblieben, so erscheint es unzulässig, zugunsten des Verletzten die Anwendbarkeit des Art. 1384 § 1 C.c. mit seiner typischen Beweislastverteilung zu unterstellen, um dann das gefundene Ergebnis als Grundlage für eine teilweise Entlastung des Beklagten zu seinem Nachteil zu verwenden. Damit würden in jahrzehntelanger Rechtsprechung stets im Interesse des Verletzten herausgebildete Privilegien mit einem Mal zu dessen Nachteil verwendet[55].

Starck wirft der durch die neuere Rechtsprechung realisierten haftungsrechtlichen Konzeption vor, sie falle einem Zirkelschluß zum Opfer[56]. Das Regreßrecht sei stets die Folge von haftungsrechtlichen Verpflichtungen; fehle die Verpflichtung mehrerer, sei auch kein Platz mehr für hypothetische Erwägungen. Keinesfalls könne nun die haftungsrechtliche Verpflichtung von der Existenz eines die Haftpflicht voraussetzenden Regresses abhängig sein.

Diese Kritik erscheint aber wiederum nur dann schlüssig, wenn man die geschilderte Rechtsprechung als Ausnahmeregelung für bestimmte Fälle betrachtet, im übrigen jedoch weiterhin die Geltung des traditionellen Prinzips der „obligatio in solidum" zugrunde legt. Will man sie dagegen — von der gegenteiligen Betrachtungsweise her — als Realisierung des Prinzips von der beschränkten Haftung für eine nur anteilmäßige Verursachung angesehen, von der eine Ausnahme zugunsten des Geschädigten dann gemacht wird, wenn aus sonstigen rechtlichen Gründen der restliche Schaden nicht eingeklagt werden kann, trifft sie daneben.

Wie unsicher die Rechtsprechung selbst den neuen Weg beschritten hatte, zeigt bereits die Behandlung der Fälle, in denen Art. 1384 § 1 C.c. wechselseitig zur Anwendung gelangt. Dies entspricht dem Beispiel, in dem zwei Kraftfahrzeuge zusammengestoßen sind, es aber keinem der Beteiligten gelingt, dem anderen ein Verschulden nachzuweisen, oder auch den Beweis zu erbringen, daß das eigene Kraftfahrzeug „instrument du dommage" gewesen sei.

---

[54] *Boré*, JCP 1967.I.2126.

[55] I. d. S. wohl aber Cass. civ. 9. 3. 1962, S 1963, 11, Anm. Meurisse, JCP 1962.II.12728, D 1962, 625, Anm. Esmein, und Cass. civ. 21. 12. 1965, JCP 1966. II.14735, Anm. Dejean de la Batie, wo die Feststellung getroffen wurde, daß die Umstände des Zusammenstoßens zweier Fahrzeuge unbekannt geblieben seien.

[56] *Starck*, JCP 1970.II.2839, Nr. 36.

Lange Zeit hatte hier der Gedanke der Neutralisation der Haftungsvermutung starken Einfluß auf Rechtsprechung und Lehre ausgeübt. Die in mehreren Nuancen vertretene Idee ging davon aus, daß die wechselseitige Existenz der Haftungsvermutung des Art. 1384 § 1 C.c. die Wirkung der einzelnen Ansprüche neutralisierte, was zur Folge hätte, daß jeder Halter seinen eigenen Schaden tragen müßte[57].

Eine andere Meinung verlangte, man solle die Masse des beidseitigen Schadens zusammenrechnen und jeden die Hälfte zahlen lassen[58] oder aber die Ersatzpflicht nach dem Grad der jeweiligen Verursachung bemessen[59].

Diesen Vorstellungen stand im wesentlichen das Argument gegenüber, daß die Haftungsvermutung des Art. 1384 § 1 C.c. sich jeweils auf den gegnerischen Schaden bezöge und sich beide Vermutungen somit nicht im Wege ständen. Daraus ergebe sich die Folge, daß jeder für den Schaden des anderen aufkommen müsse. Aus dem Schutzzweck der Norm ergebe sich aber weiterhin, daß der in Anspruch genommene „gardien" sich zu seiner Entlastung nicht auf die zu Lasten des Gläubigers bestehende Haftungsvermutung berufen könne, da diese sich nicht auf die Haftung für den Unfall als solchen, sondern nur auf eine zurechenbare Verursachung des eigenen Schadens beziehen würde[60].

Die Stellungnahme der Rechtsprechung zu den genannten Theorien war nicht einheitlich. Während der Conseil d'Etat sich die Auffassung von einer Neutralisation der Haftungsvermutungen zu eigen machte[61], folgte das Kassationsgericht den letztgenannten Argumenten. Im Falle eines nur einer Partei entstandenen Schadens hatte das Gericht bereits im Jahre 1930 für den nichtgeschädigten Unfallbeteiligten die Verpflichtung ausgesprochen, seinem Unfallgegner den gesamten Schaden zu ersetzen[62]. In Fortentwicklung dieser Entscheidung verwarf dann das Gericht die Theorie der Neutralisation wie die einer Gesamtbetrachtung des Schadens. So führt es in seinem Urteil vom 20. März 1933[63] aus:

---

[57] Vgl. in der Rspr. Riom v. 3. 4. 1930, Gaz.Pal. 1030.2.203; Paris v. 12. 4. 1930, Rev. gén. ass. terr. 1930, 918; Montpellier v. 2. 12. 1930, D 1931.2.129, Rev. gén. ass. terr. 1931, 351; Paris v. 17. 1. 1931, Rev. gén. ass. terr. 1931, 578, D 1931.2.129; Dyon v. 25. 3. 1931, Rev. gén. ass terr 1931, 812. Zur Lehre vgl. *Mazeaud/Tunc* II, Nr. 1532, S. 526, Fußn. 1.

[58] So in der Rspr. Agen 27. 5. 1935, Gaz.Pal. 1935.2.589, Rev. gén. ass. terr. 1933, 1086.

[59] So insbes. *Savatier*, Traité II, Nr. 509 ff.; ders. D 1933, 157; D 1934, 130; D 1935, 217 und Rev. gén. ass. terr. 1933, 501. Vgl. auch *Besson*, Anm. Rev. gén. ass. terr. 1964, 149.

[60] Vgl. im einzelnen *Mazeaud*, Traité II, Nr. 1535, S. 655 ff.

[61] So Cons. d'Etat 28. 6. 1946, Gaz.Pal. 1946.2.241.

[62] Cass. civ. 24. 6. 1930, S 1931.1.121, Anm. Esmein; D 1930.1.137, Anm. Savatier; Gaz.Pal. 1930.2.398.

[63] Cass. civ. 20. 3. 1933, D 1933.1.57, Anm. Savatier, S 1933.1.257, Anm. H. Mazeaud, Gaz.Pal. 1933.1.855.

"... la présomption de responsabilité édictée par l'article 1384 Code civil à l'encontre du gardien de la chose ne saurait être détruite en tout ou en partie du fait que les deux gardiens se sont réciproquement causés des dommages."

Die Rechtsprechung, die wegen ihrer künstlichen Trennung beider Schäden schon immer von vielen Autoren als fragwürdig empfunden wurde[64] und sich wohl insbesondere deshalb halten konnte, weil sie die angenehme Folge hatte, daß die beiden haftpflichtversicherten Beteiligten jeweils voll von der gegnerischen Versicherung entschädigt wurden, hätte im Gefolge der neueren kausalen Betrachtungsweise zu Fall kommen müssen. Sobald diese zuließ, daß die bloße kausale Beteiligung des Geschädigten zu einer teilweisen Entlastung des Schädigers führte, hätte sie zu einer Lösung gelangen müssen, wonach jeder Halter nur entsprechend seiner ursächlichen Beteiligung an der Herbeiführung des gegnerischen Schadens ersatzpflichtig wird. Bei Unkenntnis der näheren Tatumstände hätte dies zu einer jeweiligen Halbierung der Haftung führen können[65].

Trotz der geschilderten Zurückhaltung gegenüber einer konsequenten Anwendung der neuen Haftungsgrundsätze kam es noch zu Urteilen, die über die geschilderte Entwicklungsstufe hinausgingen. Speziell der Zweite Zivilsenat der Cour de Cassation schien vorübergehend jede Scheu vor dem Betreten von Neuland verloren zu haben. So hatte das Gericht den Halter auch dann teilweise von der in Art. 1384 § 1 C.c. statuierten Ersatzpflicht befreit, wenn der „fait" eines (ersatzpflichtigen) Dritten an der Erzeugung des Schadens beteiligt war („... a concouru à la production du dommage")[66].

Derartige Urteile brachen einmal mit dem Grundsatz, daß eine Entlastung durch „fait d'un tiers" nur unter den Voraussetzungen einer „force majeure" zugebilligt werden konnte[67] und führten generell dazu, daß zwei Autofahrer, die nebeneinander einem Dritten Schaden zugefügt hatten, jeweils nur noch anteilmäßig ersatzpflichtig waren[68]. Zum ande-

---

[64] *Bancal*, JCP 1966.I.2039.

[65] Dennoch hat die Cour de Cassation diese Rechtsprechung stets unbeirrt aufrechterhalten. Vgl. z. B. Cass. civ. 16. 1. 1963, Bull. cass. II, Nr. 53, S. 39; Cass. civ. 16. 12. 1964, Bull. cass. II, Nr. 821, S. 604; Cass. civ. 17. 2. 1965, Bull. cass. II, Nr. 178, S. 125; Cass. civ. 19. 7. 1965, Bull. cass. II, Nr. 668, S. 465; Cass. civ. 13. 12. 1967, Gaz.Pal. 1968.1.228; Cass. civ. 2. 7. 1969, JCP 1971.II.16588.

[66] So Cass. civ. 15. 1. 1960, D 1961, 681, Anm. Radouant, S 1962, 2; Cass. civ. 9. 5. 1963, D 1963, somm. 113, S. 1963, 313; Cass. civ. 24. 4. 1964, Bull. cass. II, Nr. 328, S. 247; Cass. civ. 19. 11. 1964, Bull. cass. II, Nr. 537; Cass. civ. 3. 2. 1965, Bull. cass. II, Nr. 113, Nr. 82; Cass. civ. 29. 3. 1966, Bull. cass. II, Nr. 436, S. 310; Cass. civ. 15. 6. 1966, Bull. cass. II, Nr. 689, S. 483; Cass. civ. 7. 6. 1968, Bull. cass. II, Nr. 117, S. 82; Cass. civ. 28. 10. 1968, Bull. cass. II, Nr. 117, S. 178.

[67] So aber noch Cass. civ. 10. 11. 1966, Bull. cass. II, Nr. 669, S. 455.

[68] Da diese Urteile nicht darauf abheben, ob der Dritte seinerseits ersatzpflichtig war oder nicht, sondern den „fait" des Dritten gleichsam als entpersönlicht („dépersonnalisé": vgl. Chabas, D 1970. chron. 114 B 2a) registrieren, stehen sie im Widerspruch zu der Rechtsprechung, die eine Teilhaftung ab initio an das Fehlen einer Regreßmöglichkeit knüpfte.

ren vollendeten sie auch eine Entwicklung, die durch das Urteil Lamoricière eingeleitet worden war und die von der Vorstellung bestimmt wurde, daß ein Schädiger zumindest im Rahmen des Art. 1384 § 1 C.c. stets nur für den anteilig von ihm verursachten Schadensbeitrag einstehen müsse. Es wäre dabei unerheblich gewesen, ob der Verletzte, Naturgewalt oder irgendein Dritter an der Realisierung des Schadens mitgewirkt hatten, solange nur der Beklagte die Beteiligung zu beweisen in der Lage war. Nach einem ausdrücklichen Hinweis des Senats sollten für die Bestimmung der Kriterien für eine Haftungszumessung für die zwischen Verletztem und Schädiger im Rahmen eines „fait de la chose" gültigen Prinzipien anwendbar sein[69].

Die wenigen genannten Urteile konnten allerdings auch von den Vertretern der neuen Haftungskonzeption zu keinem Zeitpunkt als endgültige Überwindung der bisherigen Rechtsprechung verstanden werden.

So war der Grundgedanke der „obligatio in solidum" im Ersten Senat, der hinsichtlich der vertraglichen Erfolgshaftung über die gleiche Problematik zu befinden hatte, nie aufgegeben worden[70]. Auch der Zweite Senat hatte dieses Prinzip in einem Fall aufrechterhalten, in dem der dritte Mitverursacher nicht identifiziert werden konnte[71] und damit ein Urteil ausgesprochen, das zwar von Erwägungen des Schutzes des Verletzten bestimmt gewesen zu sein schien, jedoch unter dem Gesichtspunkt der rechtlichen Klarheit sehr fragwürdig bleiben mußte[72].

IV. Die Rückkehr der Rechtsprechung zu traditionellen Haftungsgrundsätzen

Die neueren Urteile der Cour de Cassation lassen inzwischen wohl den Schluß zu, daß der Zweite Senat zu den Prinzipien der „obligatio in solidum" zurückgefunden hat, wonach grundsätzlich jeder Mitverursacher den Ersatz des gesamten Schadens schuldet[73]. Zweifelhaft bleibt nur, in

[69] Vgl. z. B. Cass. civ. 26. 6. 1968, Bull. cass. II, Nr. 133: „Si le fait relève, soit à la charge de la victime soit d'un tiers, encore que non imprévisible ni insurmontable, le gardien doit être exonéré partiellement dans une mesure qu'il appartient aux juges du fond d'apprécier."

[70] Vgl. Cass. civ. 16. 6. 1965, JCP 1966.II.14649, Anm. Bigot.

[71] So Cass. civ. 14. 2. 1962, Gaz.Pal. 1962.1.430.

[72] Es erscheint auch erwähnenswert, daß die neuere Rechtsprechung im wesentlichen auf die Interpretation von Art. 1384 § 1 C.c. und 1385 C.c. beschränkt blieb. Von dem Urteil Houillères abgesehen, hält die Rechtsprechung im Rahmen der Verschuldenshaftung am traditionellen Prinzip der „obligatio in solidum" fest. Vgl. z. B. Cass. civ. 15. 12. 1966, Gaz.Pal. 1967.1.216; Cass. civ. 26. 6. 1953, S 1953.1.191; Cass. civ. 11. 6. 1965, D 1965, 509, Anm. Combaldien.

[73] Vgl. insbesondere Cass. civ. 12. 2. 1969, Bull. cass. II, Nr. 46, S. 45; Cass. civ. 5. 3. 1968, Bull. cass. II, Nr. 68, S. 51; Cass. civ. 31. 5. 1972, D 1972 som. 175.

welchem Maße die geschilderte Rechtsprechung noch Bestand hat, wonach der Umfang der Ersatzpflicht von der Existenz eines Regreßrechtes abhängt.

Hinsichtlich der Haftung des Halters gegenüber seinem Gratispassagier hatte sich das Problem mit der Änderung der Rechtsprechung durch die Urteile vom 20. Dezember 1968 von selbst erledigt. Um so bemerkenswerter erscheint das Urteil des Zweiten Senates vom 2. 7. 1969 im Falle Gueffier[74], wonach auch im Falle der Anwendbarkeit von Art. 470 des Code de Sécurité sociale der außerhalb des Betriebes stehende, mitverantwortliche Dritte auf Ersatz des gesamten Schadens in Anspruch genommen werden könne. Gerade da in der Rechtsprechung im Zusammenhang mit Art. 470 Code de Sécurité sociale bisher nie zweifelhaft war, daß der Dritte neben dem Betriebsangehörigen nur in der seiner Beteiligung entsprechenden Höhe des Schadens haftete, stellt das erwähnte Urteil eine kleine Sensation dar. Selbst Anhänger der traditionellen Haftungskonzeption hatten sich mit der bisherigen Rechtsprechung einverstanden erklärt, da angeblich der Wortlaut von Art. 470 des Code de Sécurité sociale ein Abgehen vom Grundsatz der „obligatio in solidum" rechtfertige[75]. Daß der Zweite Senat nun entgegen der ständigen eigenen Rechtsprechung und der auch heute von der „chambre sociale et criminelle" gepflogenen Ansicht[76] bewußt zum Grundsatz der „obligatio in solidum" zurückkehrte und auch von der speziellen Interpretationsmöglichkeit des Art. 470 des Code de Sécurité sociale keinen Gebrauch machte, deutet darauf hin, daß die gesamte erwähnte neuere Rechtsprechung aufgegeben werden soll[77].

Für diese Schlußfolgerung sprechen weitere Gründe. So erklärte das Gericht inzwischen nicht nur, der fehlende Regreßanspruch sei kein Hindernis für die vollständige Ersatzpflicht des Beklagten[78], sondern auch, daß die Möglichkeit einer Aufteilung der Ersatzpflicht unter den Mitverursachern des Schadens die Verpflichtung zum Ersatz des ganzen Schadens gegenüber dem Verletzten nicht berühre[79].

[74] Cass. civ. 2. 7. 1969, Gaz.Pal. 1969.2.311.

[75] Das Urteil lautet in seinen entscheidenden Sätzen: „Dans le cas de concours de responsabilités, chacun des responsables d'un dommage, ayant concouru à le causer en entier, doit être condamné envers la victime à en assurer l'entière réparation, sans qu'il y ait lieu d'envisager l'éventualité d'un recours à l'égard d'un autre coauteur."

[76] Vgl. hierzu im einzelnen *Starck*, JCP 1970.I.2239, Nr. 37/8.

[77] Nachweise bei Boré, JCP 1971.I.2369, Nr. 2. Eine neuere nach dem Urteil Gueffier ergangene Entscheidung der „chambre sociale" vom 13. 11. 1970, JCP 1971.II.16583, hält die bisherige Rechtsprechung aufrecht.

[78] Für Art. 1384: Cass. civ. 12. 7. 1969, Bull. cass. II, Nr. 46, S. 35; Cass. civ. 5. 3. 1969, JCP 1969.IV.99; Cass. civ. 25. 3. 1969, Bull. cass. II, Nr. 96, S. 71; Cass. civ. 2. 7. 1969, D 1970 somm. 23, Gaz.Pal. 1969.2.311; Cass. civ. 2. 4. 1970, JCP 1971.II.16586 (hier war der dritte Beteiligte unerkannt geblieben).

[79] Cass. civ. 11. 6. 1969, Bull. cass. II, Nr. 198, S. 142; Cass. civ. 26. 2. 1970, JCP 1970.IV.102; Cass. civ. 4. 3. 1970, JCP 1971.II.16585; Cass. civ. 12. 3. 1970,

Schließlich weisen zwei Urteile im Fall Boujank[80] darauf hin, daß auch die Rechtsprechung zum Fall Lamoricière, wonach eine „force majeure" Grundlage einer teilweisen Entlastung sein kann, aufgegeben werden soll. Danach soll der Halter einer Sache, die „instrument" des Schadens wurde, zum vollständigen Ersatz verpflichtet sein, wenn er nicht ein Ereignis im Sinne einer „force majeure" nachweist, das zur vollständigen Entlastung führt.

Nur für die Fallgruppe der mittelbar Geschädigten hat sich die Rechtsprechung nicht geändert. Starck, der sich insoweit neben Chabas als Befürworter der traditionellen Rechtsprechung profiliert hat, sieht darin weniger eine Konzession an neuartige Haftungsprinzipien als die Anwendung des bei uns in § 846 BGB zum Ausdruck gelangten, allgemeinen Rechtsgrundsatzes, wonach der mittelbar Geschädigte nicht günstiger stehen könne als der unmittelbar Geschädigte[81]. Es erscheint uns zweifelhaft, ob sich die Anwendung einer solchen nicht normierten Regel so ohne weiteres auf den eigenen Anspruch von Angehörigen zu erstrecken vermag. Aber auch wenn man hier Starck nicht zu folgen bereit ist, bleibt die Erkenntnis, daß die Rechtsprechung in ganz entscheidendem Umfang zum traditionellen Prinzip zurückgekehrt ist, wonach jeder, der zurechenbar den Schaden mitverursacht hat, auf das Gesamte haftet.

Im Ergebnis jedenfalls ist der Versuch der französischen Rechtsprechung, für die Aufteilung der Haftung entsprechend den bei dem „fait de la victime" angewandten Regeln[82] zu einheitlichen Maßstäben zu gelangen, gescheitert[83].

Bull. cass. II, Nr. 97; Cass. civ. 21. 5. 1970, JCP 1971.II.16584. Vgl. dazu die in den Urteilen vom 4. 3. 1970, Bull. cass. II, Nr. 76, 77, 78, 80 gebrauchte Wendung: „Le gardien de la chose qui a été l'instrument d'un dommage hors le cas où il établit un événement de force majeure totalement exonératoire, est tenu, dans ses rapports avec la victime, à réparation intégrale, sauf son recours éventuel contre le tiers qui aurait concouru à la production de ce dommage."

[80] Cass. civ. 4. 3. 1970, JCP 1970.IV.114, D 1970. somm. 117.

[81] *Starck*, JCP 1970.I.2239, Nr. 40.

[82] Für die Fälle einer Entlastung wegen eines „fait de la victime" hält die Rechtsprechung weiterhin daran fest, es genüge, wenn das Verhalten des Verletzten, auch wenn es sich nicht als schuldhaft darstellt, keine kausale Rolle gespielt habe, damit eine Entlastung erfolgen kann.

I. d. S. Cass. civ. 19. 2. 1969, JCP 1969.IV.84; Cass. civ. 29. 4. 1969, Bull. cass. II, Nr. 131, S. 94; Cass. civ. 15. 10. 1969, Bull. cass. II, Nr. 279, S. 203; Cass. civ. 7. 1. 1970, JCP 1970.IV.49.

Mitunter wird auch der Ausdruck verwendet, es genüge „que le fait n'ait pas été étranger à la production du dommage" — so Cass. civ. 8. 1. 1969, JCP 1969.IV.45; Cass. civ. 29. 1. 1970, D 1970, 305; Cass. civ. 7. 1. 1971, D 1972, 118 — oder daß er „en relation avec le dommage" gewesen sei — so Cass. civ. 29. 1. 1969, JCP 1969.IV.65 —.

[83] Die für den „fait de la victime" geltenden Grundsätze einer kausalen Abwägung führt *Boré*, JCP 1971.I.2369, Nr. 35 ff., ins Feld, um der Theorie der teilweisen Verursachung auch im Bereich der Schadenszufügung durch mehrere Personen einen begrenzten Anwendungsbereich zu erhalten. Die

§ 11 Das deutsche Recht

I. Voraussetzungen einer Anrechnung des Tatbeitrags des Verletzten

Anders als in Frankreich hat der deutsche Gesetzgeber die eine Haftungsaufteilung betreffenden Regeln kodifiziert. So regelt § 9 StVG durch Verweisung auf § 254 BGB im Rahmen einer Haftung nach § 7 Abs. 1 StVG und § 18 StVG die Fälle einer schuldhaften Mitverursachung des Schadens durch den Verletzten; § 17 StVG regelt die Ausgleichspflicht mehrerer Haftpflichtiger untereinander, wobei nach § 17 Abs. 2 StVG auch der Fall einer wechselseitigen Zufügung von Schäden durch zwei oder mehrere Halter entsprechende Anwendung findet.

Man ist sich allerdings darin einig, daß in den Fällen, in denen der geschädigte Nichtkraftfahrer zum Eintritt des Schadens beigetragen hat, § 254 BGB auch ohne die ausdrückliche Verweisung von § 9 StVG zur Anwendung gelangen würde[84], so daß die eigenständige Bedeutung von § 9 StVG nicht allzu groß ist[85].

Weiterhin besteht nahezu Einigkeit darüber, daß das Verschulden[86] des Verletzten nur dann zu einer Minderung der Schadensersatzpflicht führen kann, wenn es für die Entstehung des Schadens adäquat kausal geworden ist[87]. Über das Wesen des in § 254 Abs. 1 BGB geforderten „Ver-

---

Grundsätze der „obligatio in solidum" sollen nur für den Fall gelten, daß auch mehrere Personen dem Geschädigten ersatzpflichtig sind, sie sollen aber keine Garantie gegen das Fehlen oder die mangelnde Durchsetzbarkeit eines Anspruchs gegen den Dritten darstellen. Da diese Konzeption jedoch in klarem Widerspruch zum „arrêt Gueffier" steht und auch das Urteil der „chambre sociale" vom 13. 11. 1970 nicht unbedingt im Sinne einer Anlehnung des Senats an die Theorie der Teilverursachung interpretiert werden muß — vgl. *Starck*, —, steht das Plädoyer Borés auf schwachen Füßen. Hier gilt es abzuwarten, ob das Urteil Gueffier tatsächlich, wie Boré behauptet (Nr. 29), eine Entscheidung „isolée et sans lendemain" bleibt.

[84] So hatte z. B. der Entwurf des KFG von 1909 auf eine besondere Verweisung auf § 254 BGB verzichtet, da sich die Anwendung dieser Bestimmung ohnedies verstünde. Vgl. Begründung, mitgeteilt bei *Müller*, § 9 StVG, Rdz. 3.

[85] Auf den in § 9 StVG speziell geregelten Sonderfall der Sachbeschädigung soll hier wegen der vergleichsweise geringen Bedeutung dieser Norm nicht eingegangen werden.

[86] Da ein Verschulden als seelischer Zustand nicht für einen Schaden kausal sein kann, müßte in § 254 BGB besser von „schuldhaftem Verhalten" die Rede sein. Vgl. i. d. S. *Gottschalk*, Das mitwirkende Verschulden, S. 29 ff.; *Staudinger/Werner*, § 254 BGB, Rdz. 2.

[87] I. d. S. RGZ 131, 119; BGHZ 3, 261 ff., 267; BGH v. 14. 7. 1954, Betrieb 1954, 820; *Floegel/Hartung*, § 9 StVG, Nr. 4; *Rother*, NJW 1966, 328; *Venzmer*, Mitverursachung, Rdz. 72/83; a. A. *Weidner*, Die Mitverursachung, S. 5/6, der davon ausgeht, daß § 254 BGB eine Ausprägung des Satzes ist, daß jedermann Nachteile an seinen Rechtsgütern selbst zu tragen habe (casum sentit dominus). Daraus folge, daß der Geschädigte das Risiko der Verursachung von außergewöhnlichen Schadensfolgen bei sich selbst — wegen des in § 254 BGB bestimmten Ausschlusses der Schadensabwälzung — nicht auf den Schädiger

schuldens“ des Verletzten gehen die Meinungen dagegen auseinander. Der Fragenkomplex ist im Laufe der Zeit sozusagen zur „Spielwiese“ für eine kaum mehr zu überblickende Vielheit dogmatischer Bemühungen geworden.

Die herrschende Meinung erfaßt bei der Prüfung, ob ein Verschulden des Verletzten vorliegt, nicht nur die Fälle, in denen ein Verstoß des Verletzten gegen gesetzliche Vorschriften gegeben ist, sondern auch die, denen nur ein Verstoß gegen allgemeine Sorgfaltspflichten zugrunde liegt[88]. Nach einer auf Zitelmann[89] zurückgehenden Formulierung soll das Verschulden von § 254 BGB darin bestehen, daß der Geschädigte diejenige Sorgfalt außer acht läßt, die ein ordentlicher und verständiger Mensch zur Vermeidung eigenen Schadens anzuwenden pflegt[90]. Diese Formulierung hat sich bis jetzt in der Rechtsprechung gehalten[91]. Daneben spricht der BGH auch von „Verletzung des zumutbaren Maßes an Aufmerksamkeit und Sorgfalt“[92]. Lehmann[93] bezeichnet das Mitverschulden des Geschädigten als „Verstoß gegen die Gebote des wohlverstandenen eigenen Interesses“.

Daß es sich bei dem von Zitelmann[94] als „Verschulden gegen sich selbst“ gekennzeichneten Verhalten nicht um ein Verschulden im eigentlichen Sinne handeln kann, wurde auch von der Rechtsprechung früh erkannt[95]. So hätte ein Verschulden im Sinne des § 276 Abs. 1 S. 2 BGB Rechtswidrigkeit, d. h. die Verletzung einer Verhaltenspflicht des Verletzten vorausgesetzt; die Pflicht zur Erhaltung eigener Rechtsgüter ist aber dem Gedanken der subjektiven Sach- und Rechtsherrschaft entgegengesetzt[96] und dürfte auch zu den Prinzipien des Grundgesetzes im Widerspruch stehen[97].

---

abwälzen könne, dies auch dann nicht, wenn dessen Handlung den Schaden adäquat verursacht habe.

[88] Vgl. z. B. *Erman/Sirp*, § 254, Anm. 3 b; *Soergel/Siebert/Reimer/Schmidt*, § 254, Rdz. 17.

[89] *Zitelmann*, Das Recht des BGB, S. 152/166.

[90] So z. B. *Rümelin*, AcP 90, 312 (Abweichung vom Verhalten des redlichen und verständigen Mannes); ähnlich *Enneccerus/Nipperdey*, 2. Halbb., S. 1326; *Enneccerus/Lehmann*, S. 77; *Erman/Sirp*, § 254, Anm. 3 b, S. 471 ff.; BGB-RGRK (Nastelski), § 254 BGB, Anm. 33; *v. Träger*, Kausalbegriff, § 52, S. 329.

[91] Vgl. RG v. 6. 3. 1935, RGZ 149, 6 ff. (7); BGH v. 6. 11. 1958, VersR 1958, 883; BGH v. 22. 6. 1965, VRS 29, 171 = Betrieb 1965, 1360 = NJW 1965, 1708 = VerkMitt. 1965, 82; BGH v. 19. 3. 1968, VerkMitt. 1968, 71.

[92] BGB v. 17. 11. 1958, VersR 1959, 233/4; wegen weiterer Nachweise vgl. *Erman/Sirp*, § 254 BGB, Anm. 4 a.

[93] *Lehmann*, Enneccerus/Lehmann, § 16, II, 3, S. 77; so auch BGH v. 28. 5. 1957, NJW 1957, 1187.

[94] *Zitelmann*, Das Recht des BGB, S. 161 ff.

[95] Vgl. z. B. RG v. 4. 5. 1914, JW 1914, 827; RG v. 6. 1. 1926, RGZ 112, 284.

[96] I. d. S. Dunz, JZ 1961, 406; *Esser*, SchuldR I, § 47, I 2 a; *Weyl*, System, § 68, S. 517 ff.; *Zitelmann*, Recht des BGB, Allg. T., S. 152, hat als erster den Gedanken in die Diskussion gebracht, daß die Beschädigung eigener Rechtsgüter nicht rechtswidrig sein könne. Wie *Zitelmann* Enneccerus/Nipperdey II,

Venzmer sieht den an den Geschädigten zu richtenden Vorwurf darin, daß dieser einen Beitrag geleistet hat, der erst zur Ersatzpflicht des Schädigers führte und somit einem Dritten eine Belastung verschafft habe, die ihm selbst in keiner Weise nützlich war[98]. Diese Konstruktion hat aber wenig überzeugt. Sie würde letztlich die Verpflichtung des potentiell Geschädigten bedeuten, den Schaden des Schädigers gering zu halten, da die Verletzung eigener Interessen als solche nicht gegen das Gesetz verstößt. Eine solche allgemeine Schadenverhinderungspflicht ist jedoch dem deutschen Deliktsrecht (mit Ausnahme des § 826 BGB) unbekannt[99].

Um hervorzuheben, daß es an einer dem Schädiger gegenüber bestehenden Pflicht fehlt, hat man auch den Begriff der „Obliegenheit" vorgeschlagen[100]. Danach soll für den Verletzten die „Obliegenheit" bestehen, sich auf den etwaigen Schadensersatzanspruch einzustellen und mitwirkende Selbstschädigung bei Verlust des eigenen Anspruchs zu unterlassen[101].

Diese Bezeichnung dürfte zugleich dem Prinzip näher stehen, das die herrschende Meinung § 254 BGB zugrunde gelegt oder zumindest als zusätzliche Begründung anerkannt hat[102]. Danach soll sich die Mitverschuldensanrechnung als durch Treu und Glauben gebotene Folge widersprüchlichen Verhaltens des Geschädigten darstellen[103].

In einem derartigen Verständnis läge aber zugleich die Konsequenz, daß nicht das den Schaden verursachende Verhalten des Verletzten, son-

---

§ 213, V, *Erman/Erman*, § 276, Anm. 2; *v. Tuhr* II, § 89, IV, *Weidner*, Mitverursachung, S. 16. *Rother*, Haftungsbeschränkung, S. 80, meint, daß das Verschulden mit der Rechtswidrigkeit so verschmolzen sei, daß dessen Anwendung auf alle Fälle des Selbstverschuldens nicht sinnvoll sei.

[97] I. d. S. auch *Weyers*, Unfallschäden, S. 90.

[98] *Venzmer*, Mitverursachung, S. 119 - 123.

[99] Ähnlich schon *Gottschalk*, Das mitwirkende Verschulden, S. 29 ff.

[100] *Reimer/Schmidt*, Die Obliegenheiten, S. 105 ff.; *Larenz*, Schuldrecht, Allg. Teil, Anm. 1 zu § 14, V a. Aber auch die Obliegenheit ist dem Grunde nach eine Verpflichtung, wenn auch minderer Wertung (*Reimer/Schmidt*, S. 317) oder minderer Zwangsintensität (*Enneccerus/Lehmann*, S. 14); vgl. auch *Staudinger/Werner*, § 254 BGB, Rdz. 27. Auch der BGH hat diesen Ausdruck übernommen; vgl. BGH v. 3. 7. 1951, BGHZ 3, 46/50 = LM Nr. 1 zu § 254 BGB; BGH v. 28. 5. 1962, VersR 1962, 1005.

[101] So *Reimer/Schmidt*, S. 110.

[102] Ausführliche Nachweise bei *Rother*, Haftungsbeschränkung, S. 84/85.

[103] So z. B. BGH v. 14. 3. 1961, BGHZ 34, 355 = JZ 1961, 602 = MDR 1961, 403 = NJW 1961, 655 = VersR 1961, 284; OLG Stuttgart v. 14. 11. 1962, BB 1963, 59; *Adriani*, Schuldbegriff, S. 22 ff.; BGB-RGRK (Nastelski), § 254, Anm. 1; *Brox*, Allgemeines Schuldrecht, Rdz. 216, S. 123; *Enneccerus/Lehmann*, § 16, S. 76; *Erman/Sirp*, § 254, Anm. 1, S. 469; *Keller*, Mitverschulden, S. 22 f.; *Deutsch*, JZ 1966, 705 ff.; *Larenz*, Schuldrecht I, § 15, I a, S. 177, mit Hinweis auf BGH v. 14. 3. 1961, s. oben; *Soergel/Siebert/Reimer/Schmidt*, § 254, Rdz. 1, S. 12; *Staudinger/Weber*, Anm. 1 vor § 823, führt selbst die Haftung für unerlaubte Handlung auf Treu und Glauben zurück. A. A. *Flume*, Anm. zu BGH v. 14. 3. 1961, JZ 1961, 605; mit Bedenken für einen Ausfluß aus § 242 BGB Reimer *Schmidt*, S. 110 f.

dern erst das Schadensverlangen trotz Mitverursachung Gegenstand des Vorwurfs bildete[104]. Nicht die Gefährdung eigener Interessen zu einem bestimmten Zweck könnte mißbilligt werden, sondern die Tatsache, daß der Dritte dann für den hierbei verursachten Schaden aufkommen soll.

Das in § 254 BGB genannte „Verschulden" soll sich aber nicht auf das Schadensbegehren, sondern auf den ursächlichen Tatbeitrag des Verletzten beziehen[105]. Nur dann soll die Ersatzpflicht des Schädigers als zu Treu und Glauben im Widerspruch stehend angesehen werden, wenn der Beitrag des Verletzten zurechenbar, d. h. nach der von der Rechtsprechung gebrauchten Formulierung entgegen der gebotenen Weise der Rechtsgutsbewahrung gesetzt wurde[106].

Einer so verstandenen Interpretation des § 254 BGB steht entgegen, daß die Schadensaufteilung nicht erst im Verfahrenswege, sondern, worauf der Wortlaut der Norm hinweist, unmittelbar im Zusammenhang mit der Entstehung des Anspruchs des Verletzten erfolgen soll. Dieser Zeitpunkt ist auch ausschlaggebend für die Abwägung der jeweiligen Tatbeiträge, die für die Frage des Schadenverlangens naturgemäß keine Rolle spielt[107].

Die Hauptschwäche der Theorie dürfte somit darin liegen, daß sie den dem Verletzten gegenüber zu erhebenden Vorwurf des „Verschuldens" von dem zeitlich nachfolgenden Schadenverlangen abhängig macht[108].

Weidner[109] entzieht sich diesen Schwierigkeiten, indem er zunächst davon ausgeht, § 254 BGB sei Ausfluß des Gedankens, daß jeder die Folgen eigener Nachlässigkeit selbst zu tragen habe. Ausnahmsweise könne der Geschädigte die erlittene Einbuße an seinen Rechtsgütern abwälzen. Diese Möglichkeit sei ihm aber teilweise wieder genommen, wenn neben dem haftpflichtbegründenden Verhalten des Schädigers auch ein „Mitverschulden" des Verletzten bei der Entstehung des Schadens mitwirke. Von hier aus gelangt er zu der weiteren Feststellung, daß es, um zu dem genannten Ergebnis zu gelangen, gar keines Verschuldens bedürfe. Insoweit sei § 254 BGB mißglückt[110].

Die Formulierungen der höchstricherlichen Rechtsprechung lassen mitunter Anklänge eines anderen Verständnisses von § 254 BGB erkennen. Wenn der BGH in einem Urteil vom 28. 5. 1962[111] feststellt, der Rechtsgedanke des § 254 BGB sei in einem Verstoß gegen das Gebot der Wahr-

---

[104] So Dunz, JZ 1961, 408.

[105] Reimer *Schmidt*, S. 115; *Staudinger/Werner*, § 254, Rdz. 27.

[106] Vgl. *Adriani*, Schuldbegriff, S. 27 ff.

[107] Zur Kritik ausführlicher *Weidner*, Mitverursachung, S. 21 - 23.

[108] Vgl. auch *Rother*, Haftungsbeschränkung, S. 85.

[109] *Weidner*, S. 24.

[110] *Weidner*, S. 1.

[111] VersR 1962, 1005.

nehmung der eigenen Interessen zu sehen, so weist das darauf hin, daß bereits die unmittelbare Gefährdung eigener Rechtsgüter Gegenstand der gesetzlichen Mißbilligung sein soll.

Dabei hat der BGH mehrfach den adäquaten Beitrag des verletzten Nicht-Kraftfahrers schon dann zur Herabsetzung der Ersatzpflicht herangezogen, wenn dem Verletzten keinerlei Verstöße gegen Verkehrsregeln vorzuwerfen waren und er lediglich die tatsächliche Möglichkeit gehabt hätte, den Schaden abzuwenden. So wurde z. B. entschieden, wenn neben einer stark befahrenen Straße ein Trampelpfad existiere, dürfe der Fußgänger trotz der ‚§ 37/49 StVO bei Vermeidung des Vorwurfes eines Mitverschuldens die Straße nicht benutzen[112].

In einem Urteil vom 19. 3. 1968 hat der BGH einem Fußgänger, der nachts vorschriftsmäßig auf der linken Seite der Fahrbahn ging und von einem entgegenkommenden Kraftfahrzeug erfaßt wurde, angelastet, er sei nicht nach links neben den Fahrbahnrand beiseitegetreten[113].

Am 1. 12. 1965 wertete er den Tatbeitrag eines Fußgängers als „schuldhaft“ im Sinne des § 254 BGB, der sich auf dem Bordstein befand, aber so nahe an die Bordsteinkante getreten war, daß er von einem die Straße geringfügig überragenden Teil eines vorbeifahrenden Kfz getroffen werden konnte[114].

Einem Kraftradfahrer, der keinen Sturzhelm trug, hatte der BGH zugestanden, er habe zwar keine Rechtspflicht verletzt, jedoch diejenige Sorgfalt außer acht gelassen, die ein ordentlicher und verständiger Mensch unter den gegebenen Umständen zur Vermeidung eigenen Schadens anzuwenden pflege[115].

Im Anschluß an diese Entscheidungen hat sich Kritik an der Tendenz zur fortschreitenden Erweiterung der Mitverschuldensanrechnung gebildet. Z. B. sieht Rother, der den Anwendungsbereich des § 254 BGB für überspannt hält, Begrenzungsmöglichkeiten in einer von ihm für alle Fälle des Zusammenwirkens mehrerer Schädiger vorgeschlagenen Adäquanzformel, wobei die Schadensadäquanz unter hypothetischer Ausklammerung fremder Unrechtshandlungen zu prüfen sei[116].

Er schlägt darüber hinaus eine verstärkte Heranziehung des im Straßenverkehr geltenden Vertrauensgrundsatzes vor, wonach sich die Sorgfaltspflicht des Geschädigten auf ein rechtlich vertretbares Maß reduzieren lasse. Dies solle sowohl für eine Mithaftung dem Grunde nach wie für die Quotelung des Mitverschuldensanteils gelten.

---

[112] BGH v. 24. 11. 1959, MDR 1960, 299.

[113] VerkMitt. 1968, 71, Nr. 9.

[114] WertpMitt. 1966, 192 = BB 1966, 207 = Betrieb 1966, 378.

[115] BGH v. 9. 2. 1965, BB 1965, 349; vgl. die dortigen Verweise auf BGHZ 9, 326 = VRS 5, 323; BGH in VersR 1959, 135, und VersR 1960, 1864.

[116] *Rother*, NJW 1966, 326 ff. und NJW 1965, 177.

Auch Dunz[117], der aber Rothers Vorschläge zur Adäquanztheorie als mit dem geltenden Recht unvereinbar betrachtet, erkennt in gewissen Bereichen den Wunsch nach Einschränkungen der Mitverantwortlichkeit des Verletzten als berechtigt an,

„wo es dem Handelnden (oder Unterlassenden) unter Berücksichtigung des Ranges der gefährdeten Rechtsgüter nach gesetzlicher Regelung oder rechtlich anerkennbarer Verkehrsanschauung nicht zugemutet wird, mit Rücksicht auf die mehr oder weniger hohe Wahrscheinlichkeit eines sich anschließenden fremden Rechtsbruches auf ein an sich erlaubtes Verhalten zu verzichten."

Da die Rechtsprechung nach der von ihr formulierten Voraussetzung eines Verschuldens im Sinne des § 254 BGB (der über § 9 StVG auch bei Kraftfahrzeugunfällen Anwendung findet) praktisch jeden vermeidbaren Beitrag zumindest eines nicht Zurechnungsunfähigen zu dessen Nachteil heranziehen kann, ist sie stets der Gefahr einer zu extensiven Interpretation des § 254 BGB ausgesetzt[118]. Zusätzliche Kriterien für eine einschränkende Anwendung des § 254 BGB, z. B. im Sinne der von Rother und Dunz gegebenen Anregungen, haben sich indes bis jetzt nicht allgemein durchsetzen können.

Zur Bestimmung der Einsichtsfähigkeit hat der BGH § 828 Abs. 2 BGB entsprechend angewendet[119]. Nach Ansicht des BGH, wie auch der herrschenden Meinung in der Lehre, findet daneben die Billigkeitsregel des § 829 BGB im Rahmen des § 254 BGB Anwendung[120]. Auch der Referentenentwurf des Bundesministeriums der Justiz vom Januar 1967 hält an diesen Grundsätzen fest[121].

---

[117] Dunz, NJW 1966, 134.

[118] *Zitelmann*, S. 169, hatte noch die Formel des „Verschuldens gegen sich selbst" mit der in § 276 BGB genannten Verschuldensformel kombiniert, wenn er schrieb, die im Verkehr erforderliche Sorgfalt sei „hier eine solche ..., die die Menschen im eigenen Interesse von sich zu verlangen pflegen." — *Weidner*, S. 17, weist daraufhin, daß Zitelmanns Formel kaum Abweichungen gegenüber dem echten Verschulden brachte.

[119] BGH v. 14. 3. 1961, BGHZ 34, 355 = JZ 1961, 602 = MDR 1961, 403 = NJW 1961, 284 = VRS 20, 241. — Auch die herrschende Meinung innerhalb der Lehre wendet die Voraussetzungen der §§ 827/828 BGB auf das Mitverschulden an. Vgl. Nachweise bei *Rother*, S. 88, und *Weidner*, S. 54, Fußn. 103, die ihrerseits anderer Ansicht sind; so neuerdings auch *Esser*, Schuldrecht, I § 47, I 2d, S. 328.

[120] So BGH v. 24. 6. 1969, DAR 1969, 241 = Betrieb 1969, 1746 = NJW 1969, 1762 = VersR 1969, 860 = VRS 37, 147; BGH v. 10. 4. 1962, BGHZ 37, 102 ff. (105) mit Nachweisen = LM Nr. 2 zu § 254 (C a) BGB mit Anm. Hauß; BGH v. 17. 12. 1963, VersR 1964, 385 ff. = FamRZ 1964, 202; BGH v. 23. 2. 1965, FamRZ 1965, 265 ff.; BGB-RGRK (Haager), § 829, Anm. 1; BGB-RGRK (Nastelski), § 254, Anm. 37; *Erman/Sirp*, § 254, Anm. 3 c, S. 472; *Esser*, Schuldrecht, § 203, 7, S. 864; *Geigel*, Rdz. 17 und 129; *Haberkorn*, MDR 1960, 554 ff.; *Larenz*, § 65, II, S. 407; vgl. die ausführliche Problematik-analyse bei *Rother*, Haftungsbeschränkung, S. 96 ff. mit Darstellung der Rechtsprechung; a. A. *Böhmer*, MDR 1962, 778 ff.

[121] Vgl. Referentenentwurf I, § 254, Abs. 4, und — II, S. 20.

Die genannten Grundsätze gelten nicht gleichermaßen für den Fall, daß der Geschädigte seinerseits Kfz-Halter ist. Hier hat die gesetzliche Regelung des § 17 Abs. 1 S. 2 StVG in Verbindung mit § 17 Abs. 2 StVG die in Frankreich bestehenden Zweifel erspart.

War der Unfall für den geschädigten Kraftfahrer kein unabwendbares Ereignis im Sinne des § 7 Abs. 2 StVG[122], so kann ihm der Schaden ganz oder teilweise auch dann angelastet werden, wenn ihn ein mitwirkendes „Verschulden" nicht trifft. Es reicht hier das Vorliegen einer mitwirkenden Betriebsgefahr aus. Dabei treten sich bei beiderseitigem Schaden die beiden Ansprüche wechselseitig gegenüber[123], und jeder Halter muß sich von seinem Anspruch eine seinem Anteil bei der Verursachung entsprechende Quote abziehen lassen.

Die Zurechnung des vom Verletzten verursachten Schadensanteils liegt hier nicht in einem „Verschulden" des Verletzten im Sinne des § 254 BGB, sondern in seiner aus dem Grundgedanken der Gefährdungshaftung zu entwickelnden Verantwortung für den Betrieb einer gefährlichen Sache.

II. Kriterien einer anteiligen Bewertung der Tatbeiträge

Die Begründung für die Zurechnung eigenen Verhaltens ist nicht ohne entscheidenden Einfluß auf die anteilige Bewertung dieses Verhaltens.

So wird man eher geneigt sein, die Bedeutung der Kausalität für die Abwägung im Rahmen des § 254 BGB zu betonen, wenn man den Grund für die Anspruchskürzung weniger im schuldhaften Verstoß gegen einen Pflichtenkreis als vielmehr im Widerspruch gegenüber vorangegangenem Tun sieht.

Angesichts des Wortlauts von § 254 Abs. 1 BGB, der nur unzureichend Anhaltspunkte für die Bewertung des Tatbeitrags des Verletzten liefert, sind die für eine Abwägung gemachten Vorschläge teilweise entgegengesetzt.

Ein Teil der Lehre hat sich dafür ausgesprochen, daß neben der Bewertung des Schadensbeitrags des Betroffenen unter Gesichtspunkten der Kausalität und des Verschuldens auch andere Momente wie dessen Alter und Vermögen sowie die Art der Beziehungen zwischen Schädiger und Geschädigtem Berücksichtigung finden sollten[124].

---

[122] Wie der BGH wiederholt entschieden hat, setzt die Ausgleichspflicht nach § 17 StVG voraus, daß der Halter, dem der Schädiger die Betriebsgefahr anrechnen will, nach den §§ 7 ff. StVG ersatzpflichtig sein wurde, wenn er — umgekehrt gesehen — diesen geschädigt hätte. Vgl. z. B. BGH v. 30. 5. 1972 VersR 72, 959, 960 mit weiteren Nachweisen.

[123] BGH v. 21. 12. 1956, VersR 1957, 230.

[124] Vgl. z. B. *Adriani*, Der Schuldbegriff, S. 35; *Träger*, Der Kausalbegriff, S. 373; *Böhmer*, VersR 1963, 26 ff., und ders., MDR 1962, 442 ff.; *Schlierf*, NJW 1965, 676.

Böhmer stützt diese Ansicht darauf, daß es sich bei der Regelung des § 254 BGB um eine Ausgestaltung des Prinzips von Treu und Glauben handle[125]. Der in § 254 zum Ausdruck gebrachte Gedanke, das Schadensverlangen des Verletzten dürfe sich nicht als widersprüchlich zu seinem früheren Verhalten darstellen, verlange angesichts des Wortlauts von § 254 BGB die Berücksichtigung sämtlicher Umstände, die innerhalb dieses Gedankens Erheblichkeit gewinnen könnten. Eine mit dieser weiten Interpretation notwendig verbundene Rechtsunsicherheit hält Böhmer für nicht vermeidbar.

Die herrschende Meinung hat sich auf die Kriterien der Verursachung und des Verschuldens beschränkt. Zumindest dürften, so wird Böhmer entgegnet, nur die bei der Entstehung des Schadens mitwirkenden Umstände die Schadensquote beeinflussen können[126]. Dies sei die Folge der Vorstellung, daß in § 254 BGB das Prinzip des Einstehenmüssens für selbstgesetzten Schaden seinen Niederschlag gefunden habe.

Was das Verhältnis von Verschulden und Verursachung betrifft, so steht nach allgemeiner Ansicht entsprechend dem in § 254 Abs. 1 BGB gewählten Wortlaut die Ursachenabwägung als entscheidender Faktor für die Bewertung der jeweils schadenstiftenden Beiträge im Mittelpunkt.

Immer wieder stößt man aber auch in Deutschland auf Mißtrauen gegenüber der Frage, ob es überhaupt möglich ist, eine derartige Abwägung vorzunehmen[127]. So schloß schon Leyden aus dem Umstand, daß bei Fehlen eines Tatbeitrags der Gesamtschaden entfällt, auf die Gleichwertigkeit der einzelnen Beiträge[128].

Venzmer als der wohl entschiedenste Befürworter einer differenzierten Abwägung unter Gesichtspunkten der Kausalität wendet dagegen ein, es sei zwar richtig festgestellt, daß die nicht wegzudenkende Bedingung den Erfolg eintreten lasse, nicht aber, welche Bedeutung diese Bedingung darüber hinaus besitze[129].

Nach Venzmer soll vom Standpunkt des optimalen Beobachters für jeden Tatbeitrag unter Berücksichtigung sämtlicher Gegebenheiten danach gefragt werden, mit welchem Grade der Wahrscheinlichkeit er geeignet war, den konkreten Erfolg zu begünstigen[130]. Entscheidend für die

---

[125] *Böhmer*, s. vorige Anm.

[126] *Klauser*, MDR 1963, 185, und ders., NJW 1965, 1894.

[127] Vgl. bereits die um die Jahrhundertwende in Deutschland entstandenen grundsätzlichen Arbeiten von *Birkmeyer, Rümelin*, Schadenersatz, § 8, S. 53 ff.; *Gottschalk*, S. 95 ff.; *v. Leyden*, Culpa-Compensation, § 21, S. 42 ff.; *Traeger*, §§ 54/55; vgl. zu neueren Arbeiten insbes. *Rother*, Haftungsbeschränkung, S. 42 ff.

[128] *v. Leyden*, s. obige Anm.

[129] *Venzmer*, S. 222.

[130] *Venzmer*, S. 224.

Abwägung der beiderseitigen Beiträge sei somit, in welchem Maße der optimale Beobachter anstelle des Schädigers oder Geschädigten mit dem Verhalten des anderen rechnen mußte. Danach bemißt sich die Ursachenabwägung nach der wechselseitigen Voraussehbarkeit des beiderseitigen Verhaltens[131]. Aus der unter Beachtung sämtlicher Umstände ermittelten Wahrscheinlichkeitsquote könne auf den Umfang der tatsächlichen wechselseitigen Verursachung geschlossen werden[132].

Wenn beide Parteien der gleichen Personengruppe angehörten und damit ihr Verhalten mit gleichen Maßstäben gemessen würde, entspräche nach Venzmers Konzeption ein zur Verursachung hinzutretendes Verschulden dem Grade der Verursachung, bedürfte also keiner besonderen Berücksichtigung mehr. Andernfalls könne das Verschulden zu einer Korrektur des gefundenen Ergebnisses führen[133].

Interessanterweise wird auch in Deutschland dieser Konzeption unter anderem vorgehalten, was sie für reine Verursachenabwägung halte, sei in Wahrheit die Abwägung der objektiven Fahrlässigkeit; zudem gehöre die Adäquanz nicht zum Haftungsgrad, sondern zum Haftungsgrund[134]. Eine Wahrscheinlichkeitsrechnung stelle nur eine Schätzung dar, in welchem Maße sich die Ursächlichkeit tatsächlich ausgewirkt habe[135].

Nach Dunz, der die obige Theorie weiter differenziert[136], soll sich das Verursachungsgewicht danach bestimmen, ob ein im Hinblick auf den eingetretenen Erfolg zurechenbares Eigenverhalten des Geschädigten die Ausgangsposition für den Schädiger durch Erhöhung ihrer Gefahrenträchtigkeit (-wahrscheinlichkeit) gestört hat. Da aber vor der Erzeugung des Schadens bereits mehrere schädliche Kausalketten sich vereint haben könnten, müsse geprüft werden, wie gefährlich eine Kausalkette geworden sei, ehe sie mit einer anderen zusammentreffe.

Dunz zeigt auf, daß mitunter schon ein sehr leichtes Verschulden ein sehr hohes Maß an Gefährdung hervorbringen könne, und folgert daraus, daß das Verschulden unabhängig von dessen Bewertung im Rahmen der Kausalität für eine Abwägung allenfalls Kriterium sein könne, wenn es unmittelbar zum Schaden geführt habe, ehe es sich auf andere Kausalketten auswirken konnte, die dann zusammen den Verletzungserfolg herbeiführten.

Auch Klauser teilt die Vorstellung, daß eine Abwägung entsprechend dem Umfang des Verschuldens der tatsächlich in Ansatz gebrachten Ge-

[131] Ähnlich auch *Müller*, § 17 StVG, Rdz. 20a.

[132] Kritisch zur Praktikabilität dieses Vorschlags *Rother*, Haftungsbeschränkung, S. 59/60.

[133] *Venzmer*, S. 232; *Müller*, Rdz. 22.

[134] *Rother*, S. 66.

[135] Dunz, NJW 1964, 2134.

[136] Dunz. S. Anm. 135.

fährlichkeit einer Kausalkette nicht stets entsprechen würde[137]. Andererseits bezieht er dagegen Stellung, daß auch der nicht nach Gefährdungshaftung Verantwortliche speziell mit dem von ihm ausgehenden Risiko in Ansatz gebracht werden soll. Eine derartige, nur nach der Gefährlichkeit der Beiträge zu treffende Abwägung, die am besten von Sachverständigen vorgenommen werden könnte, führe zu einer allgemeinen „Gefahrenumstandshaftung“, die dem deutschen Recht fremd sei.

Klauser schlägt vor, das Kriterium der „Sachwidrigkeit“ einzuführen, wonach unter Einbeziehung sämtlicher Bewertungskriterien wie Gesetz, Vertrag, allgemeine sozialethische Wertvorstellungen und Ordnungsprinzipien der durch das Verhalten der jeweiligen Beteiligten hergestellte Endzustand gemessen werde. Die Gefährlichkeit eines Beitrags solle im Rahmen der Sachwidrigkeit ein zwar nützliches, aber nicht das allein ausschlaggebende Kriterium sein.

Selbst unter dem Gesichtspunkt der Gefährdungshaftung sollen dann nicht nur die konkrete Gefährlichkeit des jeweiligen zum Schaden führenden Beitrags wie Gewicht, Geschwindigkeit und Größe des Fahrzeugs, sondern bei Unfällen unter Beteiligung nichtmotorisierter Verkehrsteilnehmer zu deren Gunsten zusätzliche Kriterien wie z. B. deren berechtigtes Sicherheitsbedürfnis in Ansatz gebracht werden.

Diese Konzeption scheint den Vorteil für sich zu haben, daß sie die Möglichkeit offenhält, die Besonderheiten verschiedener Zurechnungsgründe entsprechend der jeweiligen Funktion der Haftungsgrundlagen aufeinander abzustimmen. Gerade da, wo der Kraftfahrer nichtmotorisierten Verkehrsteilnehmern Schaden zufügt, kann eine Abwägung nur mittels der jeweils eingebrachten (Selbst-)Gefährdungsmomente sozialrechtlich verfehlt sein. Die Berücksichtigung des besonderen Anliegens der Gefährdungshaftung wie auch des Grundgedankens des § 254 BGB verlangt eher eine Betrachtungsweise, die auch zusätzliche sozialpolitische Gesichtspunkte einzubeziehen in der Lage ist.

Hier wird allerdings noch in erheblichem Umfang wissenschaftliche Arbeit geleistet werden müssen, um auch die Gesichtspunkte einer rationalen Erfassung zugänglich zu machen, die zwar anerkanntermaßen in entscheidendem Umfange den Ausgang der Prozesse zu bestimmen vermögen[138], jedoch in die Entscheidungsgründe nur selten Einzug halten.

Nach einer wiederholt bekräftigten Auffassung der Rechtsprechung ist neben der Feststellung der adäquaten Ursächlichkeit in erster Linie zu prüfen, in welchem Maße die Verhältnisse des einen oder anderen Teils objektiv zum schädigenden Erfolg beigetragen haben, wobei erst in

---

[137] *Klauser*, NJW 1962, 3196, und ders., NJW 1965, 1894.

[138] Vgl. *Weyers*, Unfallschäden, S. 121 ff., insbesondere zur Frage der Wechselwirkungen zwischen Haftpflichtversicherung und Haftpflichtrecht.

zweiter Linie das Maß des beiderseitigen Verschuldens, insbesondere wem das stärkere Verschulden zur Last fällt, zu prüfen ist[139].

Dagegen hat es der BGH mit dem Hinweis, die Verteilung der beiderseits zu vertretenden Verursachung und des Verschuldens sei Aufgabe des Tatrichters, vorsichtigerweise vermieden, näher auf die eigentlichen Abwägungskriterien einzugehen. Aus seinen Formulierungen geht auch nicht deutlich hervor, ob und welche sonstigen Umstände eventuell neben der Verursachung und dem Verschulden zur Abwägung herangezogen werden sollen.

Manchmal ist nur von Verursachung und Verschulden die Rede, manchmal auch von sonstigen Umständen[140]. In einem Urteil vom 28. 5. 1957[141] wurde z. B. pauschal festgestellt, der Grad des Verschuldens sei erst neben den sonstigen Umständen des Falles in Betracht zu ziehen.

Der BGH rügt häufig, wenn nicht auch die Verursachung neben dem Verschulden der Beteiligten gewürdigt wird[142], hat aber auch zugestanden, in Wahrheit werde das Maß des Verschuldens in der Praxis meist maßgebend sein[143]. Eindeutig sind die Urteile jedenfalls in der Erkenntnis, daß die zeitliche Abfolge der jeweils gesetzten Bedingungen kein Kriterium für deren Bewertung bilden kann[144].

Die Formulierungen, die zur Kennzeichnung der als am effektivsten bewerteten Ursache herangezogen werden, sind vielfältig. So spricht der BGH einmal von der „wirksamsten Ursache“[145] oder von der „Ursache, die im Vordergrund steht“[146], von der Ursache, die „naturgemäß besondere Bedeutung besitzt“ oder der Ursache, der „mehr Gewicht“ beizumessen sei[147]. Es tauchen auch die Begriffe „Hauptursache“[148], „überwiegende Ursache“[149] und „eigentliche Ursache“[150] auf[151].

---

[139] So BGH v. 28. 5. 1962, VersR 1962, 1005/6; BGH v. 27. 11. 1958, VersR 1959, 462.

[140] So BGH v. 21. 11. 1953, VersR 1954, 11; *Böhmer*, MDR 1962, 442, hat die Berücksichtigung des jugendlichen Alters des Verletzten in diesem Urteil des BGH als Nachweis dafür herangezogen, daß die Rspr. konkludent sämtliche Umstände berücksichtige. Gerade in diesem Urteil dürfte das Alter jedoch nur als Kriterium für den Umfang des „Verschuldens“ des Verletzten gedient haben.

[141] VersR 1957, 585.

[142] Vgl. z. B. BGH v. 22. 10. 1955, VersR 1955, 760; BGH v. 4. 6. 1957, VersR 1957, 585.

[143] BGH z. B. v. 18. 5. 1955, VersR 1955, 627/8, mit Verweisung auf *Soergel*, § 254, II, 1; vgl. auch Referentenentwurf II, S. 23; *Rother*, Haftungsbeschränkung, S. 60 ff.

[144] BGH v. 15. 7. 1954, VersR 1954, 497; BGH v. 18. 5. 1955, VersR 1955, 627.

[145] BGH v. 1. 3. 1957, VersR 1957, 269.

[146] BGH v. 4. 6. 1957, VersR 1957, 585.

[147] BGH v. 21. 10. 1958, VersR 1958, 851.

[148] BGH v. 28. 10. 1958, VersR 1959, 49.

[149] BGH v. 25. 3. 1969, VersR 1969, 614; OLG Nürnberg v. 11. 6. 1968, VersR 1969, 672.

[150] BGH v. 18. 3. 1969, VersR 1969, 571.

Diese Werturteile, die meist den Beitrag von Kraftfahrzeugen anläßlich eines Unfalles kennzeichnen, haben die vom Kraftfahrzeug ausgehende konkrete Betriebsgefahr als eigentlichen Gegenstand der Bewertung berücksichtigt[152]. Mit dieser Bezeichnung wird die Summe der speziell vom Kfz ausgehenden Gefahrenmomente erfaßt[153]. Als Faktoren kommen z. B. in Betracht: Größe, Gewicht und Beweglichkeit des Kfz, seine Geschwindigkeit (wobei feststeht, daß auch von einem stehenden Kfz eine erhebliche Betriebsgefahr ausgehen kann[154]. Die Betriebsgefahr eines Kfz ändert sich somit entsprechend den Umständen ununterbrochen. Infolge eines bestimmten Verhaltens des Fahrers kann sie wesentlich erhöht werden[155], wobei das mitursächliche fehlerhafte Verhalten des Fahrers stets als ein die Betriebsgefahr des Kfz erhöhender Umstand zu berücksichtigen sein wird[156]. Nach einhelliger Auffassung in der Rechtsprechung soll jedoch nur der Teil der Betriebsgefahr Berücksichtigung finden, der auch tatsächlich für den Unfall ursächlich geworden war[157]. Andererseits ist die Betriebsgefahr des Fahrzeugs des Geschädigten auch dann anzurechnen, wenn dieser seine Ansprüche nur auf die Vorschriften über unerlaubte Handlung stützt[158].

Die von der Rechtsprechung entschiedenen Fälle lassen sich danach trennen, ob die Abwägung im Rahmen des § 17 StVG oder des § 9 StVG in Verbindung mit § 254 BGB vorzunehmen war. Anders als bei § 254 BGB muß bei der Anwendung von § 17 Abs. 1 StVG nicht an ein „Verschulden" des Geschädigten angeknüpft werden. Stets ist in diesen Fällen von Zusammenstößen zweier Kraftfahrzeuge deren Betriebsgefahr auch Unfallursache[159].

Die zusätzliche Berücksichtigung eines Verschuldens auf seiten des Halters oder Fahrers setzt voraus, daß dieses konkret nachgewiesen ist[160] und einen ursächlichen Beitrag zum Eintritt des Schadens leistete[161].

---

151 Vgl. in diesem Zusammenhang auch die obigen Ausführungen zur Theorie der wesentlichen Bedingung in § 5 IV.

152 Vgl. BGH v. 25. 6. 1952, BGHZ 6, 319 = DAR 1952, 183.

153 I. d. S. *Geigel*, Kap. 3, Rdz. 67.

154 Dazu eingehend *Böhmer*, MDR 1957, 597 ff.

155 Vgl. BGH v. 14. 2. 1958, VersR 1958, 268 (erhöhte Betriebsgefahr eines überholenden Kfz).

156 So BGH v. 20. 4. 1959, VersR 1959, 792.

157 So RG v. 3. 3. 1932, DAR 1932, 220; BGH v. 16. 10. 1953, VersR 1953, 732; BGH v. 28. 10. 1957, VersR 1957, 328; BGH v. 11. 7. 1961, VersR 1961, 854; BGH v. 5. 11. 1966, VersR 1967, 138. Vgl. wegen weiterer Beispiele *Bode*, DAR 1960, 29 ff.

158 Vgl. z. B. BGH v. 9. 7. 1962, VersR 1962, 1013; BGH v. 25. 9. 1962, VersR 1962, 1158; BGH v. 30. 5. 1972, VersR 1972, 959, 960; a. A. Böhmer, MDR 1963, 184.

159 I. d. S. BGH v. 16. 1. 1953, VRS 5, 163; BGH v. 8. 6. 1955, VRS 9, 89 - 93; BGH v. 2. 3. 1961, VersR 1961, 536 = VRS 20, 402 - 405.

160 Es genügt also nicht, das Verschulden des Fahrers nach § 18 StVG zu vermuten.

161 Vgl. BGH v. 4. 6. 1957, VersR 1957, 585.

Nach einem vom BGH gebilligten Urteil des OLG Frankfurt soll derjenige, der wegen mittelschweren Verschuldens bei der Verursachung des dem anderen entstandenen Schadens auch aus Delikt ersatzpflichtig ist, gegenüber dem nur für die Betriebsgefahr seines Kfz Verantwortlichen vier Fünftel des Schadens tragen[162]. Umgekehrt erhält dann der geschädigte Halter oder Fahrer eines Kfz, auf dessen Seite kein Verschulden vorliegt, dem aber der Entlastungsbeweis mißlungen ist, von dem schuldhaften Verursacher des Unfalls vier Fünftel des Schadens ersetzt[163].

Ist das Verschulden auf einer Seite besonders groß, so soll demgegenüber die dem anderen Teil anzurechnende Betriebsgefahr in den Hintergrund treten[164]. Im Extremfall soll selbst ein leichtes Verschulden des Klägers unberücksichtigt bleiben können[165].

Im Rahmen dieser allgemeinen Richtsätze ergibt sich die Frage, ob das Verschulden stets nur als Bestandteil einer „erhöhten Betriebsgefahr" in die Abwägung einbezogen wird oder zusätzlich noch eine Korrektivfunktion für das durch Abwägung der jeweils ermittelten Betriebsgefahren gefundene Ergebnis innehat.

Nach Geigel soll sich eine zusätzliche Bedeutung des Verschuldens auf Fälle beschränken, in denen sich dieses nicht auf die Betriebsgefahr ausgewirkt hat[166]. Dieser Forderung dürfte die Rechtsprechung, die das Verschulden auch im Zusammenhang mit allgemeinen Billigkeitserwägungen berücksichtigt, oft nicht gefolgt sein. So zeigt sich in der Rechtsprechung die eigenständige Bedeutung des Verschuldens neben der Verursachung zumindest dann, wenn für die Beteiligten verschiedene Verschuldensmaßstäbe gelten[167]. Hier führt ein Eingehen auf die jeweilige, unterschiedliche Einsichtsfähigkeit der Beteiligten zu einer Bewertung, die nicht von dem durch das Verschulden erzeugten Gefährdungsmoment abhängt.

Immer stehen sich dagegen (unverschuldete) Gefährdung und (verschuldete) Verursachung gegenüber, wo der Geschädigte weder als Halter noch als Fahrer eines Kfz ersatzpflichtig hätte werden können.

Ein erstes Problem ergibt hier die Frage, ob der geschädigte Nichtkraftfahrer sich die von seinem Verhalten ausgehende Gefährdung auch

---

[162] So das vom BGH v. 13. 6. 1967, VersR 1967, 902, gebilligte Urteil des OLG Frankfurt.

[163] *Müller*, § 9 StVG, Rdz. 25.

[164] BGH v. 17. 9. 1965, VersR 1965, 1075; Düsseldorf v. 26. 6. 1967, VersR 1967, 957.

[165] BGH v. 26. 10. 1955, DAR 1956, 12; der BGH ließ hier das leichte Verschulden des Vorfahrtsberechtigten gegenüber dem groben Verschulden des Wartepflichtigen unberücksichtigt.

[166] *Geigel*, 13. Aufl., Kap. 7, Rdz. 68.

[167] Vgl. Bamberg v. 12. 3. 1965, VersR 1965, 889.

dann entgegenhalten lassen muß, wenn sich sein „Verschulden“ nicht auf diese Gefährdung bezieht. So wäre z. B. zu fragen, ob der auf ein Pferdefuhrwerk aufgefahrene Kraftfahrer sich zur eigenen Entlastung auf die von diesem Fuhrwerk ausgehende Gefährdung auch dann berufen darf, wenn diese dem verletzten Lenker in keiner Weise zugerechnet werden kann.

Eine Bejahung hätte immerhin zur Folge, daß jeder Verkehrsteilnehmer im Hinblick auf eine Anrechnung der von ihm gesetzten Gefährdung nach gleichen Maßstäben beurteilt würde wie der aus Gefährdungshaftung Verpflichtete. Um dieses Ergebnis zu vermeiden, will Müller die Betriebsgefahr eines Fahrrades oder Pferdefuhrwerkes auch dann unberücksichtigt lassen, wenn sie entscheidend den Unfallablauf bestimmt hat[168]. Das Reichsgericht hatte zunächst in diesem Sinne geurteilt[169], später jedoch seine Meinung geändert[170], auch der BGH hat sich für eine Anrechnung der Betriebsgefahr ausgesprochen[171].

Diese Lösung ist nicht ohne Bedenken, hängt doch die Bewertung einer möglicherweise recht hohen Betriebsgefahr auf seiten des Verletzten nur davon ab, ob diesem der Vorwurf eines „Verschuldens“ im Sinne des § 254 BGB gemacht werden kann. Man könnte damit argumentieren, daß die Berücksichtigung der beiderseitigen Betriebsgefahr einen Ausnahmefall bilden sollte, der in § 17 Abs. 1 StVG seine Regelung erfahren hat. Eine überzeugende Lösung des Problems dürfte allerdings nur von einem klar definierten und folgerichtig entwickelten Grundverständnis des § 254 BGB möglich sein, dessen Problematik kurz angedeutet wurde.

Die erwähnte Auffassung der Rechtsprechung hat jedenfalls die Folge, daß, wenn auf seiten des Verletzten eine Betriebsgefahr vorlag und auch § 254 BGB eingreift, die Abwägung der Beiträge entsprechend dem bei der Anwendung von § 17 Abs. 1 StVG gefundenen Schema geschieht.

Fehlt es an einer derartigen, durch den Verletzten gesetzten besonderen Betriebsgefahr, so hängt die Bewertung der jeweiligen Schadensbeiträge nach Auffassung der Rechtsprechung ganz „von den Umständen“ ab, und damit nicht zuletzt von dem Rechtsempfinden der jeweiligen erst- und zweitinstanzlichen Richter. Wegen der unzähligen in diesem Rahmen ergangenen Urteile kann auf die einschlägigen Kommentare verwiesen werden.

---

[168] *Müller*, § 9 StVG, Rdz. 23.

[169] RG v. 8. 1. 1931, JW 1931, 859.

[170] RG v. 7. 5. 1938, VAE 1938, 358.

[171] BGH v. 22. 10. 1955, VRS 9, 427 - 29.

III. Die Haftung bei mehreren Schadensverursachern

Haben mehrere Kraftfahrzeuge nebeneinander einen Schaden verursacht, so haften die Halter dem Geschädigten nach § 840 BGB als Gesamtschuldner[172]. Danach kann der Geschädigte jeden der Halter auf Ersatz seines gesamten Schadens in Anspruch nehmen, solange er nicht ein Mitverschulden oder eine Mitverursachung des eigenen Schadens zu vertreten hat. Der interne Ausgleich der Schädiger untereinander bestimmt sich in diesem Falle gemäß § 17 Abs. 1 S. 1 StVG nach den Regeln des § 254 BGB, wie sie oben dargelegt wurden. § 17 Abs. 1 S. 1 StVG hat insoweit die Vorschrift des § 426 Abs. 1 S. 1 BGB ersetzt, die bei Fehlen einer Sonderregelung die Gesamtschuldner zu gleichen Teilen haften läßt. Schon früh wurde jedoch § 426 Abs. 1 S. 1 BGB dahingehend interpretiert, daß bei Schadensschulden der Ausgleich unter Gesamtschuldnern nach dem Verhältnis erfolgen solle, in dem diese zur Entstehung des Schadens beigetragen haben[173].

Unsicherheit konnte angesichts der so fixierten Regelung nur da entstehen, wo ein Mitverschulden des Verletzten den Ausgleich deshalb erschwerte, weil die mehreren Schädiger nicht zu einer Haftungseinheit zusammengefaßt werden können. Für diesen Fall hatte der BGH in Abkehr von seiner früheren Rechtsprechung am 16. 6. 1959[174] sich für das Prinzip der Gesamtabwägung entschieden.

Danach soll zunächst der Beitrag des Geschädigten an der Erzeugung des Schadens gegenüber den jeweiligen Beiträgen der Schädiger gesondert abgewogen werden, was daraus folge, daß dem Geschädigten gegenüber jedem der Schädiger ein selbständiger Schadensersatzanspruch zustehe. Bei einer mittels Gesamtschau ermittelten Schadensverteilungsquote von je einem Drittel für drei Beteiligte könne der Geschädigte somit jeden der beiden Schädiger auf die Hälfte seines erlittenen Schadens in Anspruch nehmen.

Da nun aber eine Gesamtschuld der beiden Schädiger nur in Höhe der jeweils geschuldeten Anteile in Betracht komme, würde bei Annahme einer Gesamtschuld mit der Begleichung der Schuld des einen Schädigers auch die des anderen nach § 422 Abs. 1 S. 1 BGB erlöschen und somit der Geschädigte weniger erhalten, als ihm bei einer Gesamtabwägung zustünde[175].

---

172 BGH v. 16. 6. 1959, VersR 1959, 623 = BGHZ 30, 203.

173 So RG v. 22. 12. 1910, RGZ 75, 251 ff. (256); RG v. 19. 2. 1914, RGZ 84, 268 - 71; RG v. 30. 4. 1914, RGZ 84, 415 ff.; RG v. 30. 5. 1918, RGZ 93, 96/97.

174 BGH v. 16. 6. 1959, BGHZ 30, 203 = VersR 1959, 623 = MDR 1959, 746 = NJW 1959, 1772 = VRS 17, 86.
Ablehnend: *Engelhard*, NJW 1959, 2059, und *Koch*, NJW 1967, 181.

175 So die bisherige Rspr.; vgl. z. B. BGH v. 3. 2. 1954, BGHZ 12, 213 ff. (220) = NJW 1954, 875 = VRS 12, 163 = LM Nr. 5 zu § 840 BGB.

Der BGH hatte sich in dem erwähnten Urteil mit einer dem § 736 HGB entsprechenden Lösungsmöglichkeit beschäftigt, wonach jeder Schädiger nur entsprechend seiner Beteiligung am Gesamtschaden quotenmäßig haftet, diese Quotenhaftung aber abgelehnt. Es fehle hierfür die gesetzliche Grundlage, der Geschädigte würde die Vorteile der Gesamtschuld verlieren, da die Einzelabwägung ihm gegenüber jedem Verursacher einen höheren Anteil verschaffen würde, und schließlich wäre auch die Prozeßführung durch den Zwang, den Tatbeitrag sämtlicher Beteiligter abzuklären, erschwert.

Der BGH gelangte daher zu dem Ergebnis, daß zwar die Einzelabwägung stattfinden müsse, die weiteren Beteiligten aber erst dann frei würden, wenn der Geschädigte entsprechend seinem aus der Gesamtbetrachtung ermittelten Anteil abgefunden sei.

§ 12 Vergleich

Die Untersuchung der Haftungsaufteilung im französischen Recht brachte nicht die gewünschte Klarheit. Mangels gesetzlicher Regelung hat dort eine schwankende Rechtsprechung große Mühe, sich auf die elementaren Voraussetzungen, die einer Verteilung des Schadens auf mehrere Personen zugrunde liegen sollen, festzulegen. Die hierbei auftretenden Schwierigkeiten, die im deutschen Recht meist erst im Zusammenhang mit Fragen des Regresses auftauchen, verhindern eine ausführliche Beschäftigung mit Folgeproblemen, wie sie im einzelnen bei der Darstellung des deutschen Rechts sichtbar wurden. Dazu unterschlagen die knappen Begründungen höchstrichterlicher Entscheidungen wichtige Orientierungshilfen.

Der Versuch, die französische Rechtsprechung im Hinblick auf die in Deutschland deutlicher entwickelte Dogmatik im einzelnen zu überprüfen, dürfte sich angesichts dieser Mängel nicht als besonders fruchtbar erweisen. So wird man sich mit der allgemeinen Feststellung begnügen müssen, daß ein Vergleich beider Rechtsordnungen auch hier überraschend viel Gemeinsamkeiten in den Problemstellungen ergibt. Gerade der geschilderte Wechsel in der neueren französischen Rechtsprechung zeigt die starke Berücksichtigung von kausalen Faktoren bei der Abwägung der jeweiligen Tatbeiträge. Bemerkenswert ist insbesondere, daß nach der zuletzt feststellbaren Rechtslage die Anwendung des französischen Rechts meist zu Ergebnissen führt, wie sie — vgl. z. B. das Urteil im Falle Gueffier — auch der deutsche Richter nicht anders gefunden hätte.

Fünftes Kapitel

Die verantwortliche Person

§ 13 Das französische Recht

I. Voraussetzungen des „gardien"-Begriffes

Die Bestimmung der haftenden Person läßt sich von der Natur des Haftungssystems nicht trennen. Dadurch, daß der Haftende aus seiner Beziehung zu dem den Schaden bewirkenden „fait de la chose" bestimmt wird, wird zugleich der Rahmen seiner Einwirkungsmöglichkeit auf das schädigende Ereignis abgesteckt.

So wie der Wortlaut des Art. 1384 Abs. 1 C.c. kaum Anhaltspunkte über die Natur eines auf ihn zu begründenden Haftungssystems gibt, so sind auch die Hinweise auf die Person des Halters, d. h. des Verantwortlichen, knapp. Aus dem Wortlaut: „On est responsable des choses que l'on a sous sa garde" ergibt sich, daß der für den „fait" der Sache Verantwortliche der „gardien" der schadensstiftenden Sache ist[1]. Eine genauere Bestimmung dessen, was unter „gardien" zu verstehen ist, mußte Doktrin und Rechtsprechung vorbehalten bleiben.

Einen gewissen Hinweis gibt das Gesetz in Art. 1385 C.c., der die Tierhalterhaftung regelt. Dort wird als verantwortlich für den „fait" eines Tieres betrachtet: „le propriétaire ou celui qui s'en sert, pendant qu'il est à son usage." Die Interpreten des Halterbegriffes haben diese Textstelle denn auch durchweg in ihre Betrachtungen einbezogen[2].

Unergiebiger ist der Wortlaut des Gesetzes vom 7. November 1922, das für den Absatz 1 des Art. 1384 C.c. eine Ausnahmeregel schuf. Danach wird unter bestimmten Voraussetzungen von der Haftung ausgenommen „celui qui détient à un titre quelconque tout ou partie de l'immeuble ou des biens immobiliers dans lesquels un incendie a pris naissance".

Die Ungenauigkeit und Weite der Formulierung, wonach „gardien" sowohl der Eigentümer wie der rechtlich legitimierte Besitzer oder

---

[1] I. d. S. Cass. ch. réun. 13. 2. 1930, S 1930.1.121, Anm. Esmein, DP 1930.1.57, concl. *Matter,* Anm. Ripert.

[2] Vgl hier insbes. *Besson,* La notion de garde; *Mazeaud,* Traité II, Nr. 1157, S. 214; *Lalou,* Traité, Nr. 1213; D 1927.1.146, Anm. Savatier; *Savatier,* Traité I, Nr. 336.

auch der bloße Gewahrsamsinhaber sein kann, zeigt, daß der Gesetzgeber eine Fixierung des Halterbegriffs bewußt vermieden hatte und diese vielmehr der Rechtsprechung überlassen wollte[3].

Trotz dieses weit angelegten Spielraums für die Festlegung von Kriterien erschwert der Wortlaut des Art. 1384 Abs. 1 C.c. die Anerkennung eines von den Vertretern des Risikogedankens geforderten Begriffes. Der für die Sache verantwortliche „gardien" sollte derjenige sein, der aus ihrem Gebrauch den wirtschaftlichen Profit zieht[4]. Dieser wirtschaftliche Nutznießer läßt sich aber nur schwer mit der Person identifizieren, die die Sache „sous la garde" (in ihrer Obhut) hat[5]. Auch angesichts der Möglichkeit, daß mehrere Personen gleichzeitig Profit aus der Existenz der Sache ziehen (z. B. Mieter und Vermieter), würde eine eindeutige Bestimmung des „gardien" im erwähnten Sinn außerordentlich erschwert[6].

Die Cour de Cassation hat in ihrem Urteil vom 22. 6. 1943 das Kriterium des wirtschaftlichen Nutzens zur Ermittlung der haftenden Person ausdrücklich zurückgewiesen[7]. Die eigentlichen Ansatzpunkte für die spätere Ablehnung finden sich bereits im Urteil der „chambres réunies" vom 13. 2. 1930. Mit der Hervorhebung der „garde" als Anknüpfungspunkt der Haftungsvermutung von Art. 1384 Abs. 1 C.c. vermied das Gericht eine Anlehnung an die wirtschaftliche Interessenlage und stellte eher auf ein Verhalten der potentiell haftenden Person ab[8].

In dem durch dieses Urteil gekennzeichneten Rahmen waren die Theorien der „garde juridique" und der „garde matérielle" entstanden. Wohl die Mehrheit der Autoren verstand den Gegensatz beider Theorien in der Verfügungsmacht über die Sache („pouvoir de diriger la chose") auf der einen Seite und der bloß tatsächlichen Einflußmöglichkeiten („le fait matériel de sa détention") auf der anderen Seite[9].

---

[3] I. d. S. *Mazeaud/Tunc* II, Nr. 1156, S. 124.

[4] Vgl. *Josserand*, Cours II, Nr. 544; *Blaevolet*, Anm. in D 1955, 37; *Demogue*, Traité V, Nr. 1228 - 31; *Savatier*, Traité I, Nr. 362; D 1920.1.169 und D 1931.1.49, jeweils Anm. Savatier.

[5] Kritik in diesem Sinne übten bes. *Goldmann*, La détermination, Nr. 123; S 1927.1.131, Anm. H. Mazeaud; *Rodière*, Traité, Nr. 1535.

[6] Die französische herrschende Meinung lehnt das Nebeneinander mehrerer „gardiens" ab, sofern dieses Nebeneinander nicht auf der gemeinschaftlichen Ausübung eines Rechts beruht. Vgl. H. L. J. *Mazeaud*, Leçons II, Nr. 518, und *Mazeaud*, Traité II, Nr. 1184 - 2, S. 270.

[7] Cass. req. 22. 6. 1943, D 1947, Anm. Tunc; Cass. civ. 12. 11. 1951, JCP 1952.II. 6677, Anm. Esmein.

[8] Vgl. dazu die Ausführungen *Rodières* in Rev. trim. dr. civ. 1949, 406 ff., Anm. Rodière.

[9] Nachweise bei *Mazeaud*, Traité II, Nr. 1160, S. 218/19, Fußnoten 1 - 9; *Besson*, La notion de garde, 1. Kap.; *Liebmann*, La théorie française, Nr. 65; H. *Mazeaud*, D H 1937. chron. 45, Anm. Mazeaud.

Insbesondere von den Brüdern Mazeaud wurde der Begriff der „garde juridique" verfeinert und durch Entwicklung des Begriffes „direction intellectuelle" an die Forderungen der Praxis angepaßt. Danach konnte nicht nur der unmittelbar über die Sache Verfügende „gardien" sein, sondern auch derjenige, der die unmittelbare Gewalt durch andere ausüben ließ, aber ein Weisungsrecht behielt, wie z. B. der Arbeitgeber oder speziell der vom Chauffeur gefahrene Unternehmer[10].

Die so konzipierte Theorie von der „garde juridique" wurde in einem speziellen Sinne weiterentwickelt, daß nur noch derjenige „gardien" sein sollte, der eine rechtliche Legitimation für die Ausübung seiner Herrschaft über die Sache besaß[11], das heißt: der Eigentümer oder derjenige, dem dieser ein Herrschaftsrecht über die Sache eingeräumt hatte.

Problematisch erscheint hier, daß damit aber auch der Bestohlene Halter der entwendeten Sache geblieben wäre und unter Umständen für die durch diese Sache verursachten Schäden weiterhaften müßte. In diesem Sinne erging dann auch 1936 ein höchstrichterliches Urteil, das den Eigentümer eines gestohlenen Kfz für die Unfallfolgen haften ließ, die sich aus der festgestellten aktiven Beteiligung der Sache am Schadensverlauf ergeben hatten[12].

Die Haltung der Rechtsprechung gegenüber den aufgezeigten Lösungsmöglichkeiten war insofern von großer Bedeutung, als damit gleichzeitig in einem gewissen Umfang ihre Stellung innerhalb der gesamten auf Art. 1384 Abs. 1 C.c. errichteten Haftungssysteme präjudiziert wurde. Nach dem Urteil vom 13. 2. 1930, das nur sehr vage die Umrisse eines noch zu entwickelnden Sachhalterbegriffes absteckte, hatte die höchstrichterliche Rechtsprechung lange mit einer klaren Stellungnahme gezögert. Die französischen Gerichte verlangten in ihrer Allgemeinheit überwiegend vom „gardien" die Macht („pouvoir"), über die Sache gebieten zu können, waren sich aber nicht darin einig, ob diese Macht zugleich von einer rechtlichen Legitimation begleitet sein sollte[13].

Schließlich präzisierte die Cour de Cassation die an die „garde" zu stellenden Anforderungen in einem Urteil vom 2. 12. 1941[14], das unter dem Namen „arrêt Franck" allgemein bekannt geworden ist.

Die Witwe eines tödlich verunglückten Mannes hatte gegen den Beklagten Franck ihren Schaden aus Art. 1384 Abs. 1 C.c. eingeklagt. Es

---

[10] Vgl. im einzelnen H. L. J. *Mazeaud*, Leçons II, Nr. 518.

[11] Nachweise bei *Rodière*, Traité, Nr. 1536, und in DH 1936. chron. 37, Anm. Josserand.

[12] Cass. civ. 3. 3. 1936, Rev. gén. ass. terr. 1936, 357; vgl. dazu auch *Josserand*, s. vorige Anm.

[13] Vgl. dazu die Nachweise bei *Mazeaud*, Traité II, Nr. 1160, S. 218, Fußnoten 4 - 8.

[14] Cass. ch. réun. 2. 12. 1941, S 1941.1.217, Anm. H. Mazeaud; D C 1942.J.25, rapp. Lagarde, Anm. Ripert; Gaz.Pal. 1942.2.467, rapp. Lagarde.

gelang ihr der Nachweis, daß das Auto, das ihren Mann überfahren hatte, dem Beklagten gehörte. Diesem war jedoch zur fraglichen Zeit der Wagen, den er seinem minderjährigen Sohn zu einer Ausfahrt überlassen hatte, gestohlen worden. Der Dieb, bzw. der flüchtige Verkehrssünder, wurde nie ermittelt.

Die Klage war zuerst vor den Gerichtshof nach Nancy gekommen, der sie abgelehnt hatte[15], dann durch die Revision an den Gerichtshof von Besançon verwiesen worden[16]. Als auch dieses Gericht die Klage wegen fehlender Haltereigenschaft des Beklagten abgewiesen hatte[17], kam sie vor die Vereinigten Senate („chambres réunies") der Cour de Cassation. Diese lehnten es ab, Franck zum Unfallzeitpunkt noch als Halter zu betrachten. Beraubt der „usage, direction et contrôle" über seinen Wagen, habe er nicht mehr die „garde" gehabt und sei damit vor einer Anwendung des Art. 1384 Abs. 1 C.c. geschützt.

Das Urteil stellte damit allgemeingültig fest, daß der Bestohlene mit der Benutzungsmöglichkeit, der Leitung und der Kontrolle über sein Fahrzeug die Haltereigenschaft verliert. Der Dieb selbst wurde in dem Urteil nicht ausdrücklich zum Halter erklärt; daß ihn das Gericht als Halter betrachtete, ergibt sich u. a. aus der Feststellung, der Dieb habe sowohl Gebrauch als auch Leitung und Kontrolle über das Fahrzeug übernommen.

Diese Grundsätze bedeuten die Ablehnung der Theorie einer „garde juridique" durch das Gericht. Ob zudem eine enge räumliche Beziehung zur Sache als Voraussetzung der Haltereigenschaft gefordert wurde, ergibt sich erst aus einer Interpretation der Begriffe „direction, contrôle, usage". Die Bedeutung der „direction" kann sowohl in einem materiellen und physischen wie auch in einem intellektuellen Sinne verstanden werden. So hat z. B. der auf Reisen befindliche Kfz-Eigner keine unmittelbare Möglichkeit, auf seinen zu Hause abgestellten Wagen einzuwirken, er ist jedoch jederzeit in der Lage, den Wagen betreffende Weisungen zu erlassen. Ein Verlust des in diesem Sinne verstandenen intellektuellen Einflußbereichs („direction") träte erst in dem Augenblick ein, in dem ein Dieb das Fahrzeug entwendete. Daß das obige Urteil die „direction" in diesem Sinne interpretiert sehen wollte, ergibt sich indirekt daraus, daß der Verlust der Haltereigenschaft zum Zeitpunkt des Diebstahls und nicht schon mit der Übergabe des Wagens an den minderjährigen Sohn geprüft wurde.

---

[15] Nancy 10. 7. 1931, Gaz.Pal. 1931.2.779, D 1936.1.81 unter Cass. civ. 3. 3. 1936.

[16] Cass. civ. 3. 3. 1936, D 1936.1.81, Anm. Capitant, S 1937, 109, Gaz.Pal. 1937. 1.499.

[17] Besançon 25. 2. 1937, S 1937.2.97, Anm. Durand, DH 1937, 182, Gaz.Pal. 1937.1.499.

Eine größere Zahl von im folgenden ergangenen Urteilen zur Haftung des Chauffeurs oder Untergebenen ergibt zudem, daß nach Auffassung der Rechtsprechung die persönliche Abhängigkeit einer solchen Mittelsperson von Weisungen des Vorgesetzten zur Bejahung von dessen Haltereigenschaft ausreicht; dies auch dann, wenn sich der Betreffende nicht in unmittelbarer Reichweite der Sache befindet[18].

Aus dem Umstand, daß die Begriffe „usage, direction, contrôle" von nahezu sämtlichen einschlägigen Urteilen gemeinsam angeführt werden und ihre Voraussetzungen auch stets global geprüft werden, wird man folgern dürfen, daß die Rechtsprechung sie nicht als jeweils selbständige Kriterien, sondern als Betrachtungsweisen einer einheitlichen Idee verstanden wissen will[19].

In einem Urteil vom 15. 6. 1948[20] hatte die Cour de Cassation allerdings auf das Erfordernis des „usage" verzichtet. Es war die Frage zu entscheiden, ob der Vater eines 17jährigen Jungen und Kfz-Benutzers als Halter für die durch das Fahrzeug verursachten Schäden verantwortlich war. Das Gericht hatte die Frage bejaht, da der Vater als Erzieher ein stetiges Einwirkungsrecht auf den Minderjährigen und damit auch auf die von ihm benutzten Sachen habe. Dabei schien dem Gericht unerheblich, daß der Vater die Sache selbst nie benutzte.

Nach Ansicht der Brüder Mazeaud soll hier auch „usage" im Sinne einer intellektuellen Aufsicht über die Benutzung der Sache begriffen werden[21]. Eine derartig weite Wortinterpretation wirkt jedoch gekünstelt. Es erscheint wohl zweckmäßiger, den „usage" im Sinne einer Gebrauchsmöglichkeit, d. h. einer Realisierungsmöglichkeit der stets vorhandenen Machtstellung gegenüber der Sache zu begreifen[22].

II. Übergang der „garde" auf Dritte

Wie angedeutet wurde, ergibt sich aus der Interpretation der „garde" in einem intellektuellen Sinne, daß der Eigentümer zumindest dann

[18] Vgl. Nachweise bei *Mazeaud*, Traité II, Nr. 1160, S. 221, Fußn. 15; weiterhin Cass. ch. réuni. 9. 3. 1960, JCP 1960.II.11559, Anm. Rodière, D 1960, 329, Anm. Savatier, Cass. civ. 15. 1. 1960, Bull. cass. II, Nr. 46, S. 29; Cass. civ. 2. 3. 1961, Bull. cass. II, Nr. 185, S. 134; Cass. civ. 22. 6. 1961, Bull. cass. II, Nr. 493, S. 350; Cass. civ. 5. 10. 1961, Bull. cass. II, Nr. 636, S. 444; Cass. civ. 17. 7. 1962, Gaz. Pal. 1962.2.281

[19] I. d. S. H. L. *Mazeaud*, Les grands arrêts, S. 316; H. *Mazeaud*, Anm. in S 1954.1.41; *Goldmann*, La détermination du gardien, Nr. 83, 116, 123, 124; *Tunc*, Anm. in D 1947.J.145.

[20] Cass. civ. 15. 6. 1948, D 1948.J.485, Anm. Ripert, JCP 1949.II.4695, Anm. Savatier.

[21] H. L. *Mazeaud*, Les grands arrêts, S. 316.

[22] So insbes. *Mazeaud*, Traité II, Nr. 1160, S. 224, Fußn. 23; a. A. *Goldmann*, La détermination du gardien, Nr. 1162 ff.

nicht seiner Haltereigenschaft verlustig geht, wenn sein Angestellter sie im Rahmen eines bestehenden Abhängigkeitsverhältnisses benutzt. Parallel dazu weigert sich die Rechtsprechung unter Berufung auf das Prinzip der „noncumulation de la garde", den Angestellten, der die unmittelbare tatsächliche Gewalt über die Sache ausübt, auch nur als Mithalter zu betrachten[23]. Nur der sei Halter, der die Sache auf seine eigene Rechnung benutzt, sie beaufsichtigt und kontrolliert[24].

Angesichts dieser Prinzipien galt es abzugrenzen, wodurch der Vorgesetzte seine Halterstellung an den Angestellten verlor. Es erschien dabei unbillig, den Geschäftsherrn zwar dann nicht mehr nach Art. 1384 Abs. 5 C.c. haften zu lassen, wenn der Angestellte den ihm zugewiesenen Aufgabenbereich überschritt, andererseits jedoch weiterhin eine Halterhaftung nach Art. 1384 Abs. 1 C.c. aufrechtzuerhalten. Bereits am 17. 4. 1947 hatte die Cour de Cassation über einen Fall zu entscheiden, in dem ein Angestellter das Fahrzeug seines Arbeitgebers unbefugt benutzt und einen Unfall verursacht hatte[25]. Der Senat war dabei zu dem Ergebnis gelangt, daß die Haltereigenschaft auf den Angestellten übergegangen sei, womit sie ihn insoweit dem unbekannten Dieb im Falle Franck gleichstellte.

Diese Entscheidung leitete eine Reihe von Urteilen ein, wonach der seine Befugnisse überschreitende Angestellte, für dessen Verhalten der Geschäftsherr nicht mehr nach Art. 1384 Abs. 5 C.c. einstehen muß, „gardien" wird, sofern er nur die tatsächliche Herrschaftsgewalt über die Sache erlangt[26].

---

[23] So z. B. Cass. civ. 19. 2. 1958, D 1958, 531; Cass. civ. 16. und 17. 3. 1960, Gaz.Pal. 1960.2.57; Cass. civ. 9. 11.1960, D 1961. somm. 27; Cass. soc. 18. 5. 1960, JCP 1961.II.11918, Anm. Raoul; Cass. civ. 17. 7. 1962, Gaz.Pal 17. 7. 1962, Gaz. Pal. 1962.2.281; vgl. auch *Pierron*, JCP 1958.I.1437; *Esmein*, Traité, Nr. 394 und Nr. 614 - 2; *Lalou*, Traité, Nr. 1128 und 1213.

[24] *Besson*, La notion de garde, Kap. 2; Dejardin, Rev. trim. dr. civ. 1949, 491; *Durand*, S 1937.2.97, III; *Esmein*, Traité, Nr. 614; *Lalou*, Traité, Nr. 1127 bis; Lamand in D 1961, 193; *Mazeaud*, Traité II, Nr. 1175, S. 248 ff.; *Roubier*, JCP 1942.I.257, § 3 III; *Savatier*, Traité, Nr. 408; ders. in D 1925.1.49 und in D 1927.1. 146, D 1951.1.44 und D 1953.1.473.

Damit führt Art. 1384 Abs. 1 Ziff. 1 C.c. zusammen mit Art. 1384 Abs.1 Ziff. 5, der jedoch ein Verschulden des „préposé" voraussetzt, zu einer umfassenden Haftpflicht des Unternehmers für die Schäden, die auf die Beteiligung einer zum Betrieb gehörenden Sache zurückzuführen sind. Vgl. dazu *Hübner*, S. 104, der hierin die Überlegenheit des französischen Betriebshaftpflichtrechts gegenüber den im deutschen Recht angewendeten Lösungsversuchen erblickt.

[25] Cass. civ. 17. 4. 1947, D 1947.J.362, Gaz.Pal. 1947.1.252; JCP 1947.II.3642, Anm. L. B.

[26] Cass. civ. 6. 6. 1952, Gaz.Pal. 1952.2.183 (Der Eigentümer eines Autos hört danach auf, „gardien" zu sein, „si son chauffeur l'utilise au dehors de ses fonctions".) Cass. req. 8. 10. 1940, Gaz.Pal. 1940.2.65; Cass. civ. 17. 6. 1946, JCP 1947.II.3382, Anm. Coste; Cass. civ. 17. 4. 1947, JCP 1947.II.3642, Anm. C B; Cass. civ. 6. 6. 1952, Gaz.Pal. 1952.2.183; Cass. civ. 23. 3. 1953, D 1953, 337, JCP. II.7761, Anm. Esmein; Cass. civ. 17. 7. 1962, Gaz.Pal. 1962.2.281; i. d. S. *Besson*

Ausschlaggebend ist stets, daß für den mißbräuchlich Handelnden das Subordinationsverhältnis seine entscheidende Kraft einbüßt.

Diese Konzentration der Halterstellung auf eine Autoritätsperson wurde von der Rechtsprechung noch in einem weiteren Bereich vorgenommen: So wird grundsätzlich dem „chef de famille“ die Haltereigenschaft hinsichtlich der Objekte zuerkannt, die von den Familienmitgliedern benutzt werden[27]. Diese Rechtsprechung erscheint jedoch nach dem am 1. 1. 1971 in Kraft getretenen Personenstandsgesetz, das die Stellung der Frau in der Familie aufwertet, einer Überprüfung bedürftig.

III. *„garde de la structure“ und „garde du comportement“*

Obwohl es der Rechtsprechung im Urteil Franck gelungen schien, klare Aussagen zur Bestimmung des „gardien“ zu treffen, ist es heute nicht mehr möglich, von einer abgesicherten Klärung des Halterbegriffs zu sprechen. Grund der Verunsicherung ist die von Mazeaud vorgeschlagene[28] und von Goldmann entwickelte[29] Unterscheidung zwischen „garde de la structure“ und „garde du comportement“, die in der Doktrin rasch aufgegriffen wurde[30].

Ausgangspunkt der Unterscheidung ist die Überlegung, daß Art. 1384 Abs. 1 C.c. nach der von der Rechtsprechung vorgenommenen Interpretation eine doppelte Haftung ausspricht: „responsabilité de plein droit“ auf der einen Seite, die erst mit dem Nachweis einer „cause étrangère“ fällt, und eine unbedingte Garantie für infolge von Fehlern der Sache verursachte Schäden, von der sich der „gardien“ auch nicht durch den Nachweis befreien kann, er habe den Schaden weder verhindern noch vorhersehen können.

Je nachdem, ob nun der Unfall durch die Handhabung der Sache entstanden ist oder aber als Folge einer in der Sache selbst angelegten inneren Fehlerquelle, soll die Zurechnung des Schadens einer bestimmten Person

---

in Rev. gén. ass. terr. 1937, 317, Anm. Besson; JCP 1956.II.9332, Anm. De Fußn. 3. Nach Cass. civ. 21. 6. 1972, D 1972 som. 187 spricht allerdings eine Vermutung für die Benutzung des Fahrzeugs zu dienstlichen Zwecken.

[27] So für die Frau: Cass. civ. 13. 3. 1957, Bull. cass. II, Nr. 289, Agen 30. 5. 1952, D 1952, 495; für Kinder: Grenoble 14. 1. 1954, D 1954, 4451; Nancy 5. 10. 1955, Gaz.Pal. 1955.2.T. resp. civ. Nr. 167.

[28] H. L. *Mazeaud,* Traité II, 4. Aufl., Nr. 1179.

[29] *Goldmann,* De la détermination, Nr. 116, 117, 131; ders., Garde de la structure et garde du comportement: Mélanges Roubier 1961, S. 515.

[30] *Tunc,* JCP 1957.I.1384, JCP 1960.I.1592; *Aubry/Rau/Esmein,* Droit civil II, Nr. 517; *Carbonnier,* Droit civil II, Nr. 192; *Lalou,* Traité, Nr. 1213; *Mazeaud/Tunc* II, Nr. 1160 - 3, 1164, S. 145/46; *Mazeaud,* Traité II, Nr. 1160 - 2, S. 225 ff.; *Rodière,* Traité, Nr. 1533, Anm. 2; ders., in D 1927, 261, Anm. Rodière; H. L. *Mazeaud,* Leçons II, Nr. 517; Weill, in JCP 1952.II.7045, Anm. Weill.

gegenüber unter verschiedenen Kriterien erfolgen. Denn, so wird argumentiert, wenn eine „faute“ Grundlage der Haftung sei, so müsse der „gardien“ derjenige sein, dessen „faute“ vermutet werden könne; sei der Profit Grundlage der Haftung, derjenige, der aus der Sache Nutzen ziehe, und wenn eine Risikohaftung vorliege, der Eigentümer oder der Fabrikant[31], je nachdem, wem man das Risiko zuweisen kann. Mit der genannten Aufteilung wollte man dabei insbesondere den Fällen gerecht werden, in denen die gemietete, geliehene oder transportierte Sache einen Schaden verursacht, der eine Folge ihrer fehlerhaften Beschaffenheit ist.

Gegen die genannte Theorie bestehen insbesondere zwei Einwände.

So ist das Opfer, das sich zwischen mehreren möglichen Schuldnern entscheiden muß, mit einem erhöhten Prozeßrisiko belastet. Zumindest muß es, wenn es aus Sicherheitsgründen beide als „gardien“ in Betracht kommende Personen verklagt, die Kosten einer Teilabweisung in Kauf nehmen[32]. Diese Vorstellung läuft aber dem Sinn des Art. 1384 § 1 C.c. als einer zugunsten des in Beweisschwierigkeiten befindlichen Verletzten entwickelten Norm zuwider. Zum anderen werden in der Praxis des öfteren beide genannten Haftungselemente bei der Entstehung des Schadens beteiligt sein, ohne daß es möglich sein wird, Art und Ausmaß der Beteiligung im einzelnen aufzuhellen[33]. Um den Vorwurf einer Schlechterstellung des Geschädigten zu entgehen, schlägt Tunc eine gesamtschuldnerische Haftung der jeweiligen „gardiens“ vor mit der Möglichkeit eines internen Ausgleichs im Regreßweg[34]. Rodière regt an, eine Vermutung zu Lasten eines der fraglichen „gardiens“ aufzustellen[35].

Urteile, die sich eindeutig im Sinne einer Trennung zwischen „garde de la structure“ und „garde du comportement“ aussprechen, sind selten[36]. Speziell die höchstrichterliche Rechtsprechung läßt keine eindeutige Stellungnahme zu dieser Problematik erkennen.

---

[31] Vgl. insbesondere *Tunc*, in JCP 1960.I.1592, Nr. 2.

[32] I. d. S. *Esmein*, JCP 1960.II.11824; *Goldmann*, La détermination, Nr. 113; Savatier, JCP 1953.II.78251, Anm. zu Cass. civ. 11. 6. 1953; *Rodière*, Anm. D 1954, 21; *Tunc*, JCP 1957.I.1384, Nr. 5; *Mazeaud/Tunc* II, Nr. 1160 - 3, S. 1104 ff.; *Mazeaud*, Traité II, Nr. 1160 - 2, S. 225 ff.

[33] Nachweise s. Anm. 32.

[34] *Tunc*, JCP 1957.I.1384 und JCP 1960.I.1592.

[35] *Rodière*, Anm. zu Cass. civ. 5. 1. 1956, D 1957, 201; ähnlich H. L. *Mazeaud*, Leçons II, Nr. 521.

[36] So z. B. *Poitiers* 29. 10. 1952, JCP 1953.II.7410, Anm. Savatier, Gaz.Pal. 1953.1.2 janvier; hier sprach sich das Gericht anläßlich der Explosion einer Gasflasche auf dem Transport als Folge eines Sachmangels der Flasche deutlich für eine Unterscheidung im obigen Sinne aus. Im gleichen Sinne urteilten Paris am 1. 3. 1968, Gaz.Pal. 1968.2.111, und Rennes 20. 2. 1968, JCP 1968.II. 15526.

In einem Urteil vom 11. Juni 1953[37] hatte der zweiten Senat der Cour de Cassation entschieden, der Mieter eines Fahrzeuges werde dessen „gardien" — mit der Folge, daß er gegenüber Dritten für sämtliche infolge der Beteiligung des Fahrzeugs entstandenen Schäden einstehen müsse, auch wenn sie aus einem Mangel der Sache stammten. Diese Entscheidung wurde allgemein als konkludente Verurteilung der Theorie von zwei „gardiens" interpretiert[38].

In einer noch im *gleichen* Monat ergangenen Entscheidung hatte dagegen der Senat für Handelssachen den Transporteur einer beim Entladen explodierten Gasflasche entlastet und die Haftung für den entstandenen Schaden dem Eigentümer auferlegt[39]. Dieser, identisch mit dem Versender der Sache, habe allein die Mittel gehabt, Mängel der Sache („vices de structure de tube") abzustellen. Dabei wird die Haftung des Versenders zwar nicht ausdrücklich, aber doch sinngemäß mit seiner Eigenschaft als „gardien" der Sache begründet.

Auch die folgenden zur gleichen Frage ergangenen höchstrichterlichen Entscheidungen befassen sich ausschließlich mit Fällen, in denen Gasflaschen auf dem Transport explodierten. Wenn damit auch nicht unmittelbar die Kraftfahrzeughaftpflicht betreffende Entscheidungen vorliegen, sollen doch einige der Urteile wegen ihrer möglichen Auswirkungen auf diesen Bereich untersucht werden.

Erwähnenswert erscheinen dabei insbesondere die Urteile vom 3. 1. 1956[40] und vom 10. 6. 1960[41]. In beiden Fällen war eine Sauerstoffflasche auf dem durch einen Dritten übernommenen Transport zum Käufer aus unbekannter Ursache explodiert, wobei das Gericht darüber zu befinden hatte, ob der Eigentümer als Verkäufer seine Halterschaft dadurch verloren hatte, daß er die Flasche dem Transporteur übergeben hatte[42]. Beide Urteile, die sich im Wortlaut stark annähern, bekräftigen zunächst die Kriterien des „usage, pouvoir de surveillance" und der „contrôle" ähnlich den im Franck-Urteil aufgestellten Bedingungen einer Haltereigenschaft. Beide sehen den Veräußerer, der noch Eigentümer der Sache war, als „gardien" an, da er nicht bewiesen habe, daß dem Transportunternehmer jegliche Möglichkeit eingeräumt worden sei, einen potentiell von der Sache ausgehenden Schaden zu vermeiden.

---

[37] Cass. civ. 11. 6. 1953, D 1954, 21, Anm. Rodière, JCP 1953.II.7825, Anm. Weill.

[38] Vgl. insbesondere H. *Mazeaud,* in Rev. trim. dr. civ. 1954, 95, Nr. 20.

[39] Cass. com. 30. 6. 1953, JCP 1953.II.7811.

[40] Cass. civ. 3. 1. 1956, JCP 1956.II.9095, Anm. Savatier, D 1957, 261, Anm. Rodière, Gaz.Pal. 1956.1.181, Rev. trim. dr. civ. 1956, 340, observ. H. L. Mazeaud.

[41] Cass. civ. 10. 6. 1960, JCP 1960.II.11824, Anm. Esmein, D 1960, 609, Anm. Rodière.

[42] Diese Urteile hoben jeweils die Entscheidungen der Appelationsgerichte von Poitiers vom 29. 10. 1952, JCP 1953.II.7410, Anm. Savatier, und von Angers vom 15. 5. 1957, JCP 1957.II.10058, D 1957, 438, auf.

Nicht unähnlich stellt sich auch ein späteres Urteil[43] dar in einem Fall, in dem der Angestellte des Käufers durch die Explosion von Bierflaschen nach deren Abnahme verletzt wurde[44]. Auch hier stellt der Senat insbesondere darauf ab, daß der Angestellte noch keinerlei Möglichkeit gehabt hatte, den Schaden durch ein entsprechendes Verhalten zu vermeiden. Es habe ihm die absolute Herrschaft gefehlt, deren Übergang auf andere der Verkäufer als Eigentümer der Flaschen beweisen müsse — und damit die Eigenschaft eines „gardien".

Auch in anderen Urteilen wurde entweder der Eigentümer oder der „exploitant professionel" als „gardien" für Schäden verantwortlich gemacht, die durch bestimmte gefährliche Sachen verursacht wurden, ohne daß der jeweilige Gewahrsamsträger der Sache dabei auf die Entstehung des Schadens Einfluß hatte. So stellte die Cour de Cassation fest, die Gesellschaft, die Metallflaschen mit Hochdruckgas abfülle, bliebe deren „gardien"[45]; der Eigentümer eines Lastwagens sei auch dann „gardien" des geplatzten inneren Rades geblieben, wenn ein Vulkaniseur am äußeren Doppelrad arbeitete[46], oder umgekehrt machte sie den Mieter eines Pferdewagens als dessen „gardien" für einen vorhandenen Defekt in der Beleuchtung verantwortlich[47].

In diesen Urteilen wird, ohne daß im übrigen direkt auf ein vorwerfbares Verhalten abgehoben wird, die objektiv gegebene Einwirkungsmöglichkeit zur Voraussetzung der „garde" gemacht.

Im Gegensatz zur höchstrichterlichen Rechtsprechung scheinen die Gerichte der unteren Instanzen eher geneigt, den Begriff der „garde de la structure" ausdrücklich zu verwenden. So hat die Cour de Paris festgestellt, der Eigentümer hafte gegenüber dem Mechaniker für Schäden, die Folge eines versteckten Fehlers des Fahrzeugs sind, als „gardien de la structure"[48], oder, der Eigentümer könne „gardien de la structure" eines Kfz bleiben, das einem anderen zum beliebigen Gebrauch überlassen wurde[49, 50].

[43] Cass. civ. 13. 2. 1964, JCP 1964.IV.ed G, 46; Rev. trim. dr. civ. 1964, 558, observ. Tunc.

[44] Der Sachverhalt komplizierte sich hier zusätzlich noch dadurch, daß der Käufer zwar Eigentum am Bier, nicht aber an den Flaschen erworben hatte.

[45] So Cass. civ. 8. 7. 1959, JCP 1959, IV éd. G, 110, und Cass. civ. 11. 12. 1968, Bull. cass. II, Nr. 304, S. 217.

[46] Cass. civ. 22. 6. 1961, Bull. cass. II, Nr. 492, S. 349.

[47] Cass. civ. 21. 7. 1960, JCP 1960, IV éd. G, 142.

[48] Paris 23. 6. 1958, JCP 1959.II.11082, Anm. Savatier.

[49] Paris 1. 3. 1968, Gaz.Pal. 1968.2.110.

[50] Vgl. die in ähnlichem Sinne ergangenen Urteile: St-Etienne 5. 11. 1958, JCP 1959.IV éd. G. 92; Bernay 22. 11. 1964, Gaz.Pal. 1964.1.90; Bourges 30. 1. 1962, JCP 1962.IV.éd. G 68; Paris 14. 4. 1962, JCP 1964.II.13749, Anm. Martin; Montpellier 3. 5. 1963, Rev. trim. dr. civ. 1965, 12 Nr. 9, obs. Rodière. (Dieser weigert sich allerdings, das Urteil als Anerkennung der „garde de la structure" zu bewerten.)

Aus diesen Urteilen, die unter dem Blickwinkel verstanden werden müssen, daß das französische Recht — von Fällen einer Rechtsgemeinschaft abgesehen — hinsichtlich des gleichen Objekts grundsätzlich nur einen „gardien" kennt, lassen sich im Rahmen der hier behandelten Fragestellung wohl folgende Feststellungen treffen:

Die Rechtsprechung stellt die im Urteil Franck aufgestellten Kriterien einer Haltereigenschaft der Sache nach nicht in Frage. Während die unteren Gerichte die Unterscheidung zwischen „garde de la structure" und „garde du comportement" teilweise ausdrücklich übernehmen, scheut die Cour de Cassation vor dem Gebrauch dieser Begriffe zurück. Dafür bemüht sie sich, den „gardien" unter Berücksichtigung der konkreten Unfallursache zu bestimmen. In der Folge können je nach Unfallursache für die gleiche Sache verschiedene Personen als „gardien" in Betracht kommen.

Im Zweifel gilt der Eigentümer als „gardien" der Sache. Die Voraussetzungen, unter denen der Eigentümer eine Übertragung der Halterstellung darlegen kann, sind äußerst streng. Er muß sich dadurch entlasten, daß er aufzeigt, daß der Unfall nicht Folge eines Fehlers der Sache ist, oder aber, daß der Inhaber der tatsächlichen Gewalt über die Sache (Mieter, Transporteur) die Möglichkeit hatte, diesen Mangel zu erkennen und abzustellen[51]. Die Frage ist, ob die so formulierten Grundsätze speziell für die Kfz-Haftung zum Tragen kommen. Angesichts der Tatsache, daß die Urteile meist im Hinblick auf explodierende Gasflaschen ergangen sind, erscheint dies nicht gesichert. Dazu kommt, daß nach Aussage der Cour de Cassation die bloße Feststellung, daß die Fehlerquelle in der Beschaffenheit des Fahrzeugs lag, dann nicht ausreicht, wenn der Inhaber der Herrschaftsmacht über die Sache mit Übernahme dieser Stellung auch die tatsächliche Möglichkeit zur Behebung dieses Mangels übernommen hatte. Eine Aufspaltung der Haltereigenschaft für Kraftfahrzeuge könnte daher zunächst nur angesichts versteckter Mängel in Betracht kommen.

Rodière wendet hier ein, daß, wenn die „garde de la structure" auf der Verpflichtung des Eigentümers beruhe, für die genannten Mängel der Sache einzustehen, diese Haftung der Hersteller und nicht der Eigentümer tragen müsse[52]. Dieser Vorschlag wurde von der Cour de Cassation nicht aufgegriffen. Dafür wird dem Eigentümer grundsätzlich eine Regreßmöglichkeit gegenüber dem Hersteller zugestanden[53].

Eine zusätzliche Bedeutung der aufgezeigten Grundsätze dürfte in den Fällen liegen, in denen die Umstände, die zum Unfall führten, im

---

[51] Vgl. hier insbes. Cass. civ. 11. 6. 1953, D 1954, 21, Anm. Rodière, JCP 1953. II.7825, Anm. Weill, und Cass. civ. 21. 7. 1960. IV. ed. G. 142.

[52] D 1957, 261, und D 1960, 609, jeweils Anm. Rodière.

[53] So z. B. Cass. civ. 11. 6. 1953, D 1954, 21, Anm. Rodière, JCP 1953.II.7825, Anm. Weill.

einzelnen nicht erhellt werden konnten. Hier geht die Rechtsprechung grundsätzlich von einer tatsächlichen Vermutung der Haltereigenschaft des Eigentümers aus[54].

Diese Regel bedürfte indes unter dem Blickwinkel der Unterscheidung zwischen „garde de la structure" und „garde du comportement" einer neuen Interpretation. Sollte sie keine Vermutung für eine bestimmte Unfallursache darstellen, so ergäbe sich, daß der Eigentümer entweder als „gardien de la structure" oder als „gardien du comportement" oder als beides zugleich vermutet würde. Er könnte sich daher nur dadurch entlasten, daß er einmal die konkrete Unfallursache aufzeigte, und zum anderen, daß er hinsichtlich dieser Ursache keine Halterstellung innehatte. Die erwähnten Urteile vom 11. 6. 1953, vom 10. 6. 1960 und vom 13. 2. 1964 weisen in diese Richtung. Es kann allerdings nicht übersehen werden, daß dort die Unfallursache mit hoher Wahrscheinlichkeit als in der mangelhaften Beschaffenheit der Sache angelegt feststand, zudem die besondere Problematik des Transportrisikos in die Fallösung mit hineinspielte.

Daher läßt sich aber auch nicht mit Sicherheit feststellen, daß eine von Tunc speziell für den Bereich der Verkehrsunfälle vorgeschlagene Interpretation zum Widerspruch zur höchstrichterlichen Rechtsprechung steht. Danach soll von einer Vermutung dafür ausgegangen werden, daß der Unfall Folge einer bestimmten Handhabung der Sache ist, also dem „gardien du comportement" zuzurechnen wäre. Der Eigentümer als vermuteter „gardien" hätte dann zu seiner Entlastung nur die Übertragung der tatsächlichen Gewalt auf eine andere Person nachzuweisen, bräuchte jedoch nicht zusätzlich aufzuzeigen, daß der Unfall sich nicht als Folge eines Mangels der Sache ereignete.

Tatsächlich hat sich die Rechtsprechung zum Fragenkreis nicht festgelegt. Sie hat zwar den von Tunc stammenden Vorschlag[55] einer Parallelhaftung der beiden möglichen „gardiens" unter Berufung auf das Alternativprinzip der „garde" abgelehnt[56], hat aber den „gardien" jeweils

---

[54] Cass. req. 3. 6. 1904, D 1904.1.177, Anm. Josserand; Cass. civ 12. 1. 1927, S 1927.1.129, Anm. Mazeaud, DP 1927.1.145, Anm. Savatier; Cass. civ. 10. 11. 1936, Gaz.Pal. 1936.2.943; Cass. civ. 30. 4. 1952, D 1952, 471, JCP 1952.II.711, Anm. Blaevolet; Cass. civ. 26. 6. 1953, JCP 1953.II.7801, Anm. Rodière, S 1954.1. 41, Anm. H. Mazeaud; Cass. civ. 5. 1. 1956, D 1957, 261, Anm. Rodière; Cass. civ. 24. 10. 1956, Gaz.Pal. 1956.2.423; Bull. cass. II, Nr. 507, S. 362 zu Cass. civ. 7. 6. 1962.

[55] *Tunc*, JCP 1957.I.1584, Nr. 7 u. 12, und JCP 1960.I.1592, Nr. 24; *Mazeaud/ Tunc* II, Nr. 1164, S. 145/46.

[56] Cass. civ. 15. 11. 1955, JCP 1956.II.9106, Anm. Rodière; Cass. civ. 11. 5. 1956, D 1956, 113, Anm. Savatier; Cass. civ. 31. 10. 1956, Bull. cass. II, Nr. 555, S. 356; Cass. civ. 19. 2. 1958, D 1958, 531; Cass. civ. 18. 7. 1960, Bull. cass. II, Nr. 490, S. 339; Cass. civ. 22. 3. 1962, Bull. cass. II, Nr. 326, S. 231; Cass. civ. 18. 10. 1962, Bull. cass. II, Nr. 658, S. 480.

wohl mehr nach der Wahrscheinlichkeit der Unfallursache im konkreten Fall als nach einer abstrakten Beweisregel zu bestimmen versucht[57].

IV. Die Bedeutung der Zurechnungsfähigkeit für den Begriff des „gardien"

Während es im vorgegebenen Rahmen nicht möglich ist, auf Einzelfragen beim Wechsel des „gardien" einzugehen[58], verdient hervorgehoben zu werden, wie die Rechtsprechung die Forderung nach der Zurechnungsfähigkeit des „gardien" behandelt hat.

Nach der klassischen Theorie der „faute" kann ein Geisteskranker oder ein Kind keine „faute" begehen[59]. Er erschien daher den Interpreten des Art. 1384 Abs. 1 C.c. als ein besonderes Signal, als die Cour de Cassation im Jahre 1947 entschied, daß die Benutzungsmöglichkeit („usage"), die Fähigkeit zur Lenkung und Kontrolle der Sache als Grundlage der in der „garde" liegenden Verpflichtung die Zurechnungsfähigkeit verlangte[60].

Dieses Urteil sah sich selbst von seiten der Mazeauds heftiger Kritik ausgesetzt, die von einem normativen „faute"-Verständnis her auch das verkehrswidrige Verhalten eines Geisteskranken als möglicherweise „fautif" zu betrachten wünschten[61]. Insbesondere wurde jedoch gegen das Urteil eingewendet, es sei unter dem Gesichtspunkt der Risikoverteilung nicht zu vertreten, daß z. B. ein Geisteskranker oder unmündiger Fuhrunternehmer nicht für die durch seine Fahrer verursachten Schäden einstehen müsse, eine Konsequenz, der die Rechtsprechung gerade durch Übernahme des Begriffes der „garde juridique" zu entgehen gesucht hatte.

Nachdem auch von seiten der unteren Gerichte Kritik an der erwähnten Entscheidung nicht ausblieb[62], nahm das Kassationsgericht eine andere Haltung ein. Im Urteil vom 8. 12. 1964 stellte es fest, ein vorübergehendes Aussetzen der geistigen Fähigkeiten, selbst wenn es nach

[57] Die geäußerte Vermutung ist allerdings wegen der knappen und oft sehr vom Einzelfall losgelösten Begründungen der höchstrichterlichen Rechtsprechung nur schwer nachzuweisen. Vgl. jedoch *Tunc*, Rev. trim. dr. civ. 1964, 555, Nr. 17.

[58] Vgl. hierzu die ausführliche Darstellung der Problematik in *Mazeaud*, Traité II, Nr. 1179, S. 256, und die zahlreichen dort zitierten Entscheidungen, so z. B. Fußn. 1 zu Nr. 1179 (Miete, Leihe), Fußn. 2 (Transport), Fußn. 5 (Verwahrung.

[59] Nachweise bei *Mazeaud*, Traité II, Nr. 1300, S. 412.

[60] Cass. civ. 28. 4. 1947, JCP 1947.II.3601, Anm. J. P. D 1947, 329, Anm. Lalou.

[61] *Mazeaud*, Les grands arrêts, Nr. 360 - 364.

[62] Vgl. z. B. Toulouse 19. 11. 1951, D. 1952, 155, Gaz.Pal. 1952.1.104, JCP 1952.II.6930; Nîmes 13. 3. 1961, JCP 1961.II.12360, Anm. Esmein.

Art. 64 des Code pénal als Unzurechnungsfähigkeit zu qualifizieren sei, schlösse die Haftung des Beklagten nicht aus[63]. Daraus folgt, daß auch ein zum Zeitpunkt des Unfalls Unzurechnungsfähiger „gardien" sein kann.

Im gleichen Sinne erging ein Urteil am 21. 1. 1966, demzufolge eine Schwächung der geistigen Fähigkeiten und eine psychische Gleichgewichtsstörung keinen Entlastungsgrund für den „gardien" darstellen soll[64]; im nahezu gleichen Zeitpunkt erkannte die Cour de Cassation einem Fünfzehnjährigen die Eigenschaft eines „gardien" zu[65].

Schließlich bestimmte der französische Gesetzgeber im Jahre 1968[66] in dem neuen in seiner Bedeutung über die „gardien"-Haftung hinausgehenden Art. 489 - 2 C.c., daß es für das Eingreifen der gesetzlichen Schadensersatzpflicht auf den Geisteszustand nicht mehr ankommt. Damit bleibt jedoch im Rahmen der Art. 1382, 1383 C.c. das Erfordernis, alle objektiven Elemente der „faute" nachzuweisen, was Art. 1384 Abs. 1 C.c. nicht verlangt[67].

§ 14 Das deutsche Recht

I. Voraussetzungen des Halterbegriffes

Die deutsche Rechtsprechung hat sich früh einen Halterbegriff geschaffen, der heute in unverminderter Weise Geltung besitzt. Es war ihr dabei möglich gewesen, an den bereits zu § 833 BGB entwickelten Tierhalterbegriff anzuknüpfen, einen der wenigen im BGB verankerten Tatbestände einer Gefährdungshaftung.

Halter eines Kfz ist danach, wer das Fahrzeug für eigene Rechnung in Gebrauch hat und die Verfügungsgewalt darüber besitzt, die ein solcher Gebrauch voraussetzt[68].

Es besteht nahezu Einigkeit darüber, daß die einzelnen Voraussetzungen dieser Definition aus der tatsächlichen und wirtschaftlichen

[63] Cass. civ. 18. 12. 1964, JCP 1965.II.14305, Anm. Dejean de la Batie, D 1965, 191, Anm. Esmein.

[64] Cass. civ. 21. 1. 1966, Gaz.Pal. 1966.1.384.

[65] Cass. civ. 2. 10. 1966, D 1966 J. 333 concl. Schmelck; vgl. auch Cass. civ. 15. 1. 1970, D 1970 som. 152e col.: Minderjähriger wird „gardien" des vom Arbeitgeber entliehenen Fahrrades.

[66] Loi no. 68-5 vom 3. 1. 1968.

[67] Vgl. hierzu *Hübner*, S. 87/88.

[68] So RGZ 55, 163; 78, 79; 91, 269; 93, 223; 120, 157; 127, 174 = JW 1930, 1953; RGZ 141, 402 = JW 1933, 2582; RGZ 170, 182 = DR 1943, 641; BGHZ 13, 351 = NJW 1954, 1198 = VRS 7, 30 = DAR 1954, 182 = VersR 1954, 365 = JZ 1954, 514.

Situation heraus zu bestimmen sind, wobei sonstige rechtliche Verhältnisse nur Indizwirkung haben sollen[69]. So sollen insbesondere die Eigentümerstellung und die Eintragung bei der Zulassung des Kfz eine starke Vermutung für die Haltereigenschaft begründen[70].

Problematisch erscheint die genauere Abgrenzung der für die Haltereigenschaft bestimmenden Kriterien und ihr Verhältnis zueinander. So hängt bei wörtlicher Auslegung der von der Rechtsprechung gefundenen Definition der Umfang der zu fordernden Verfügungsmacht von der Bestimmung dessen ab, was unter „Gebrauch für eigene Rechnung" verstanden werden muß. Die Rechtsprechung hat jedoch, was noch zu zeigen sein wird, dem Merkmal Verfügungsgewalt mitunter auch eine gewisse Selbständigkeit eingeräumt, wobei das Reichsgericht darauf hingewiesen hat, in Einzelfällen könne auf das Merkmal des Gebrauchs gänzlich verzichtet werden[71].

Insgesamt wurde das Erfordernis des Gebrauchs von der Rechtsprechung recht weit interpretiert und ihm die Bedeutung des „Nutzungen-Ziehens" in einem Sinne beigelegt, daß Gebrauch bereits der haben soll, der an dem Betrieb des Fahrzeugs ein auch nur mittelbares wirtschaftliches Interesse hat[72]. Damit kann nicht nur jeder, der einem anderen ein Fahrzeug entgeltlich überläßt, Halter bleiben[73], sondern auch der, der durch die Benutzung des Fahrzeugs durch einen Dritten Vorteile wirtschaftlicher Art hat wie z. B. der Verlag, der seinem Mitarbeiter das Kfz als eine Art Teilentgelt für dessen Leistungen zur Verfügung stellt[74]. Daß die Nutzungen gewerblicher oder finanzieller Art sind, ist nicht erforderlich; es wird als ausreichend betrachtet, daß der Gebrauch des Kfz zu Vergnügungszwecken erfolgt oder sich in Vorteilen der Bequemlichkeit erschöpft[75].

Auch der zusätzliche Gebrauch des Kfz durch weitere Personen stellt kein Hindernis dar, wenn nur die in Frage stehende Person ebenfalls Nutzungen zieht[76]. Daß der Gebrauch für eigene Rechnung erfolgen

[69] So *Geigel*, Kap. 19, Rdz. 5; *Wussow*, 698; BGH v. 10. 3. 1952, BGHZ 5, 269/70 = NJW 1952, 581 = VersR 1952, 891; BGH v. 23. 5. 1960, MDR 1960, 909 = NJW 1960, 1572 = DAR 1960, 232 = VersR 1960, 690. A. A. *Müller*, § 7 StVG, Rdz. 180, der verlangt, der Halter müsse immer rechtswirksam bestimmen können, zu welchem Zweck und von wem das Kfz in Betrieb genommen wird.

[70] So *Wussow*, Rdz. 698; *Floegel/Hartung*, § 7 StVG, Nr. 3, S. 859; *Geigel*, Kap. 25, Rdz. 5; RGZ 127, 175;OLG Köln, VersR 1968, 124.

[71] Vgl. RG v. 24. 11. 1942, RGZ 170, 182/85 = VAE 1943, 50 = JW 1943, 641.

[72] So RG v. 18. 9. 1933, RGZ 141, 400 - 403; Karlsruhe v. 31. 1. 1934, HRR 1935, Nr. 1151; Düsseldorf v. 18. 10. 1937, NJW 1937, 3110; Hamm v. 1. 2. 1955, VersR 1956, 131/32.

[73] Vgl. u. a. BGH v. 23. 5. 1960, NJW 1960, 1572 = VRS 1960, 650 = MDR 1960, 909= DAR 1960, 232 = VRS 19, 9; Köln v. 25. 10. 1968, VRS 1969, 357.

[74] So RG v. 24. 11. 1942, RGZ 176, 182 = JW 1943, 641 = VAE 1943, 50.

[75] I. d. S. *Geigel*, Kap. 25, Rdz. 8.

[76] Dies ergibt sich aus der möglichen Existenz von mehreren Haltern. Vgl. dazu die Rspr. z. B. RG v. 24. 11. 1942; München v. 6. 12. 1955, VerkBl 1957,

muß, weist nach herrschender Ansicht darauf hin, daß nur der Halter sein kann, der auch die Kosten des Betriebes bestreitet[77]. Auch hier ist die Rechtsprechung von dem Erfordernis der Ausschließlichkeit weit entfernt; eine anteilige Übernahme der Betriebskosten soll durchaus ausreichen[78], nach Darstellung Müllers sogar schon dann, wenn die Kosten nur verauslagt, später aber von einem Dritten ersetzt werden[79].

Das Erfordernis der Kostentragung stellt im Zweifel das ausschlaggebende Kriterium in den Fällen dar, in denen das Ziehen der Nutzungen und die Kostentragung auseinanderfällt. So ist z. B. der Reisende — eventuell neben seinem Dienstherrn — nur Halter, wenn er die Kosten der Unterhaltung des Wagens trägt[80]; auch bei Miet- und Leihverhältnissen kommt es zur Entscheidung der Frage, ob Vermieter oder Verleiher Halter bleiben, maßgebend darauf an, ob Unkosten oder sonstige Verpflichtungen übernommen werden[81]. Dabei wird der Mieter allerdings noch nicht Halter, wenn er das Fahrzeug nur für wenige Stunden und für eine bestimmte Dienstfahrt gemietet hat[82].

Das so gekennzeichnete Kriterium eines Gebrauchs für eigene Rechnung hat insbesondere zur Folge, daß die Möglichkeit bleibt, hinter dem Benutzer im eigentlichen Sinne den zu erfassen, der, wenn es um Fragen der Nutzung und den Unterhalt des Kfz geht, die wirtschaftlich entscheidende Position hat.

Bei den bisherigen Ausführungen wurde das Kriterium der Verfügungsgewalt nicht berührt. Entsprechend der vorgenannten Definition müßte sie sich nach dem Umfang der an den Gebrauch zu stellenden Anforderungen bestimmen; Verfügungsmacht wäre somit die Einwirkungsmöglichkeit, die es ermöglicht, zumindest zu einem gewissen Teil Vorteile aus dem Betrieb des Kfz zu ziehen und die Kosten zu übernehmen. Diese vage Umschreibung deckt sich in etwa mit den von der Rechtsprechung aufgestellten Forderungen, wobei die Verfügungsgewalt weniger in abstracto definiert als in ihren für den Einzelfall geltenden Minimalforderungen umschrieben wird.

Man war sich allerdings stets darüber einig, daß unter Verfügungsgewalt keine irgendwie geartete rechtliche Stellung zu verstehen sein

---

308; BGH v. 29. 5. 1954, BGHSt 13, 351 = NJW 1954, 1198 = JZ 1954, 514 = VRS 7, 30 = DAR 1954, 282. Für das Verhältnis Eigentümer — Entleiher vgl. BGH v. 11. 7. 1958, VersR 1958, 646.

[77] So RG v. 19. 11. 1917, RGZ 91, 269.

[78] I. d. S. RG v. 19. 11. 1917; Karlsruhe v. 19. 10. 1932, VR 1932, 601; Köln v. 31. 10. 1934, DAR 1935, 57; KG v. 10. 11. 1938, VAE 1939, 30/31; RG v. 18. 9. 1943, DR 1944, 196 = VAE 1944, 13; Celle v. 4. 4. 1960, VersR 1960, 764.

[79] *Müller*, § 7 StVG, Rdz. 176.

[80] So RdK 1937, 276.

[81] Köln v. 31. 3. 1938, DAR 1938, 268; Karlsruhe v. 18. 5. 1953, DAR 1954, 41.

[82] Vgl. BGH, DAR 1960, 232.

solle, sondern eine rein tatsächliche Einwirkungsmöglichkeit. So kann auch der Nachweis einer rechtlichen Änderung in der Situation des Halters stets nur als Indiz für einen möglichen Verlust der Haltereigenschaft verwertet werden[83].

Das Reichsgericht hat umgekehrt in einem Urteil vom 17. 11. 1932 deutlich zum Ausdruck gebracht, daß die Begründung der Haltereigenschaft nicht an der Befugnis zur Benützung des Kfz hängt[84]. Es besteht somit kein grundsätzlicher Hinderungsgrund, den Dieb eines Kfz als dessen Halter zu betrachten, wobei das Problem im Einzelfall nur in der Fixierung des Zeitpunktes, in dem die Halterqualität entsteht, liegt, und auch in der Frage, ob und wann gegebenenfalls der bisherige Halter diese Stellung verliert[85].

Es fällt schwer, die damit recht inhaltsleere Voraussetzung der Verfügungsgewalt im Rahmen der durch die Rechtsprechung entwickelten Grundsätze exakter zu begrenzen.

Müller, der aus den §§ 7 Abs. 3, 23 Abs. 2, 24 Abs. 2, 26 Abs. 2 und 4 StVG das Erfordernis einer dauernd vorhandenen Einwirkungsmöglichkeit des Halters darauf folgert, wo, wann, zu welchem Zweck und von wem das Kfz in Betrieb genommen wird, definiert Verfügungsgewalt als die tatsächliche Möglichkeit, über die angegebenen Einzelpunkte — wenigstens in groben Umrissen — zu bestimmen[86]. Dabei muß er aber, um die Fälle miterfassen zu können, in denen der (bisherige) Halter einem anderen das Kfz zum Gebrauch überläßt, den Begriff des Vertreters in der Verfügungsmacht schaffen, der die Verfügungsmacht mit Zustimmung des bisherigen Halters für diesen ausübt.

Bedenken begegnet diese Konstruktion deshalb, weil mit dem Wort Vertreter eine von dem gebräuchlichen Vertreterbegriff abweichende Vorstellung verknüpft ist, die Verwirrung stiften kann. Zudem dürfte der Typus dieses Vertreters wegen seiner Bindung an tatsächliche Interessen- und Einflußsphären einer exakteren Bestimmung nicht zugänglicher sein als die bisher unter dem Blickwinkel der Verfügungsmacht zu prüfende Halterstellung.

Die Rechtsprechung ging bei der Frage, ob die Verfügungsgewalt mit der Gebrauchsüberlassung des Fahrzeugs an Dritte nicht beseitigt würde, von der Überlegung aus, daß es mit dem Grundgedanken der Halterhaftung nicht vereinbar wäre, wenn der bisherige Halter seine Stellung durch kurzfristige Weggabe seines Fahrzeugs verlöre[87]. Es fehlt aller-

[83] Vgl. im einzelnen *Haberkorn*, MDR 1967, 453.

[84] RG v. 17. 11. 1932, RGZ 138, 320/21.

[85] Vgl. Weimar, JR 1963, 378, und die dort angeführten weiteren Nachweise.

[86] *Müller*, § 7 StVG, Rdz. 181.

[87] I. d. S. RG v. 29. 11. 1926, Warn. 1927, Nr. 17 = RGZ 127, 175; *Müller*, § 7 StVG, Rdz. 183; *Wussow*, Rdz. 699.

dings eine genauere Aussage, wie lange eine Weggabe noch als kurzfristig bezeichnet werden kann[88]. Jedenfalls fordert die Rechtsprechung nicht, daß der Halter während der Fahrten des anderen auf Fahrzeug und Führer einwirken kann.

Aus all dem folgt, daß die Bedingung der Verfügungsgewalt in der Tat nicht viel mehr beinhaltet als, wie es das Reichsgericht früh festgestellt hatte[89], die Befugnis, irgendeinen Nutzen aus dem Betrieb des Kfz zu ziehen, wobei Befugnis als rein tatsächliche Fähigkeit verstanden werden muß.

Die so gekennzeichnete Grenzziehung und die angedeutete Verschränkung der einzelnen Begriffsmerkmale machen es schwer, den Halterbegriff so zu verdeutlichen, daß er in zweifelhaften Fällen an eindeutigen Voraussetzungen gemessen werden kann. Das deutsche Recht ist hier insofern flexibler, als die Rechtsprechung die Möglichkeit eines Nebeneinanders von mehreren Haltern anerkannt hat[90]. Der BGH ging dabei so weit einzuräumen, es sei nicht erforderlich, daß bei jeder der in Betracht kommenden Personen sämtliche genannten Voraussetzungen für die Haltereigenschaft zusammenkommen müßten. Zudem könne auf das Erfordernis, das bei jedem der Haftungsträger sämtliche für die Haltereigenschaft wesentlichen Merkmale zutreffen sollen, auch verzichtet werden, sobald man damit zu dem unzulässigen Ergebnis käme, es sei überhaupt kein Halter vorhanden gewesen. In diesem Fall soll abgewogen werden, auf wen die Voraussetzungen am ehesten zutreffen[91].

Fällen, in denen z. B. der Benutzer des Fahrzeugs neben dem bisherigen Halter für Unkosten des Fahrzeugs aufkommt, kann die Rechtsprechung dadurch gerecht werden, daß sie den Benutzer neben Vermieter[92], Verleiher oder selbst Bestohlenen als Halter betrachtet[93].

Es kann nicht Aufgabe dieser Arbeit sein, mit Hilfe der geschilderten Grundlagen in die umfangreiche Kasuistik einzudringen und spezielle Probleme der Abgrenzung aufzugreifen. Auf die ausführlichen Erörterungen der Kommentarliteratur sei hier ausdrücklich Bezug genommen.

---

[88] Vgl. OLG München v. 6. 12. 1955, VkBl 1957, 308 einerseits und OLG Hamm v. 7. 7. 1955, DAR 1956, 111 = VersR 1956, 326 andererseits.

[89] RG v. 6. 10. 1919, Recht 1920, 483.

[90] So RGZ 120, 154 (160); 127, 174 (176); 141, 400 (405/6); 170, 182 (186); BGH v. 29. 5. 1954, BGHSt 13, 351 = NJW 1954, 1198 = JZ 1954, 514 = VRS 7, 30 = DAR 1954, 182.

[91] I. d. S. z. B. RG v. 24. 11. 1942, RGZ 170, 182.

[92] So BGH v. 23. 5. 1960, Betrieb 1960, 1098; Düsseldorf, OLG v. 12. 7. 1956, MDR 1956, 677.

[93] Vgl. Rechtsprechungsnachweise in *Floegel/Hartung*, § 7 StVG, Nr. 3 b und 3 c.

II. Die Bedeutung der Schuldfähigkeit für die Haltereigenschaft

Im Anschluß an die Darstellung des französischen Halterbegriffes interessiert speziell die Fragestellung nach dem Erfordernis der Verschuldensfähigkeit und die Überlegung, ob die Zweigleisigkeit auch der Halterhaftung nach § 7 StVG Einfluß auf die Herausbildung des Halterbegriffs nimmt.

Daß auch ein Geschäftsunfähiger Halter sein kann, ist im deutschen Recht unbestritten[94].

Gewisse Schwierigkeiten bereitet die Frage, unter welchen Voraussetzungen der Minderjährige die Haltereigenschaft erwerben kann, sofern nicht ein Fall der Gesamtrechtsnachfolge gegeben ist. Ausgangspunkt der Frage ist die Überlegung, daß wegen der Möglichkeit einer Haftung für bloße Verursachung des Schadens durch die Sache der Erwerb der Haltereigenschaft Nachteile mit sich bringen kann, vor denen der Minderjährige geschützt werden muß.

Während die wohl herrschende Meinung hier die Grundsätze über die Geschäftsfähigkeit entsprechend heranzieht[95], scheint die Lösung Hofmanns[96] eher im Sinne eines gerechten Interessenausgleichs zwischen Schutz des Verkehrsopfers und Schutz des Minderjährigen zu liegen. Danach soll gemäß § 828 Abs. 2 S. 1 BGB darauf abgestellt werden, ob der Minderjährige im Zeitpunkt des möglichen Erwerbs der Haltereigenschaft die zur Erkenntnis seiner Verantwortlichkeit erforderliche Einsicht hatte. Keinerlei Bedenken bestehen, wenn der gesetzliche Vertreter der Begründung einer Halterstellung zugestimmt hat[97]. In Fällen offensichtlicher Unbilligkeit eines Haftungsausschlusses wegen fehlender Haltereigenschaft des Minderjährigen könnte auch § 829 BGB entsprechend herangezogen werden. Ist allerdings die Begründung der Haltereigenschaft einmal bejaht, kommt es, wie erwähnt, auf die Frage der Zurechnungsfähigkeit nicht mehr an.

§ 15 Vergleich

Ein Vergleich der jeweiligen, dem Halterbegriff zugrunde liegenden Kriterien ergibt eine weitgehende Übereinstimmung beider Rechtskreise. Im Gegensatz zum französischen ist dem deutschen Recht die

[94] Vgl. *Floegel/Hartung*, § 7 StVG, Nr. 3 h; *Wussow*, Rdz. 701; *Hofmann*, NJW 1964, 228, Fußn. 4; vgl. auch BGB — RGRK (Kraft), § 833 BGB, Anm. 6.

[95] Nachweise bei *Hofmann*, NJW 1964, 229.

[96] *Hoffmann*, vgl. Fußn. 94, ähnlich auch *Wussow*, ZfVers.wesen 1965, 177.

[97] So auch *Wussow*, 178.

Unterscheidung zwischen einer Halterstellung hinsichtlich Struktur und Gebrauch der Sache unbekannt[98]. Dies dürfte darauf zurückzuführen sein, daß das deutsche Recht den Grundsatz des Kumulationsverbots mehrerer Halter für die gleiche Sache nicht kennt.

Die Unmöglichkeit, mehrere Personen, die nicht in einer bestimmten Rechtsgemeinschaft zueinander stehen, zugleich als Halter eines Fahrzeugs zu betrachten, führt im französischen Recht dazu, daß als „gardien" und damit Haftender stets derjenige ausgewählt wird, der in besonders enger Beziehung zu der jeweiligen Unfallursache steht. Die Zweigleisigkeit der Halterhaftung bringt es dabei mit sich, daß je nach Art des zugrunde gelegten Haftungsprinzips die verantwortliche Person unterschiedlich bestimmt wird.

Die darin liegende Chance für ein Mehr an begrifflicher Exaktheit fehlt dem deutschen Recht. Hier tauchen die entsprechenden Probleme erst bei der Frage des Regresses der Halter untereinander auf und sind damit für die begriffliche Abgrenzung ohne Relevanz. Der Halterbegriff ist wiederum so dehnbar gewählt, daß er gleichermaßen die Zurechnung gegenüber dem für sein Fahrverhalten wie auch gegenüber dem für Mängel seines Fahrzeugs Verantwortlichen ermöglicht[99].

---

[98] *Müller*, § 7 StVG, Rdz. 180, fordert allerdings unter Bezugnahme auf die an die Halterhaftung anknüpfenden Strafvorschriften der §§ 23 II, 24 II, 26 II StVG eine Halterdefinition, die sich enger an eine Eingriffsmöglichkeit in den Betrieb des Kfz anlehnt, wie sie von einer Ahndung für Zuwiderhandlungen gegen die Betriebssicherheit vorausgesetzt werden muß. Das von ihm geforderte Merkmal einer Verfügungsgewalt im engeren Sinne dürfte als Ansatzpunkt für die Zurechnung schuldhaften Verhaltens gegenüber dem Halter auch geeigneter sein als die von der Rechtsprechung entwickelten Bestimmungsgrößen. Fraglich ist dann allerdings, ob bei Übernahme der von Müller vorgeschlagenen Definition Raum und Verwendung für einen weiteren Halterbegriff im Sinne des „gardien de la structure" vorhanden wäre.

[99] Denkbar ist ein Nebeneinander zweier verschieden bestimmter Halter bei Schienenbahnen, wenn eine Eisenbahngesellschaft die Gleisanlagen einer anderen Gesellschaft benutzt. Hier träfe die Haftung für Betriebsunfälle einen verschiedenen Haftungsträger, je nachdem, ob die Unfallursache der Gleisanlage oder der Fortbewegung der Bahn zuzurechnen wäre.

Schluß

Es wurde gezeigt, wie zwei Rechtssysteme von gänzlich verschiedenen Voraussetzungen her zu weitgehend übereinstimmenden Fallösungen gelangen konnten. Dabei erwies sich allerdings im französischen Recht die Unmöglichkeit, die Haftung aus Art. 1384 § 1 C.c. der Höhe nach und auf bestimmte gefährliche Sachen zu begrenzen, als Hindernis für die konsequentere Ausformung einer strengen Gefährdungshaftung. Insbesondere der Zweite Senat der Cour de Cassation, von Boré ironisch als „laboratoire de recherche" betitelt[1], mußte sich, von sämtlichen Seiten abwechselnd mit Kritik und Beifall bedacht, auf das mühselige Unterfangen einlassen, sich im Spannungsfeld zweier entgegengesetzter Theorien an praktikable Lösungen heranzutasten. Daß dabei große Opfer zu Lasten der Berechenbarkeit und dogmatischen Klarheit des Rechts gebracht wurden, verwundert nicht. Es war wohl paradoxerweise gerade die Achtung vor diesem Bemühen der Rechtsprechung, die in Frankreich bis heute die inzwischen überwiegend als notwendig anerkannte Kodifizierung des Verkehrshaftpflichtrechts verhindert hat.

Inzwischen zeigt sich dieser Mangel aber auch von einer positiven Seite. Scheint es doch in der augenblicklichen Situation eher möglich, sich über ein einheitliches europäisches Haftpflichtrecht zu verständigen, als dann, wenn alle Seiten beharrlich an einer liebgewonnenen nationalen Regelung festzuhalten bemüht sind.

Zu der heute vieldiskutierten Frage, ob es sinnvoll erscheint, im deutschen Haftpflichtrecht statt oder neben den vielen speziellen Haftungsgesetzen eine generelle Norm zu schaffen, die hinsichtlich aller Sachen eine Gefährdungshaftung vorsieht, konnte im Rahmen dieser Untersuchung nicht Stellung genommen werden. Die vielfältigen Unsicherheiten, denen sich der Rechtssuchende in Frankreich ausgesetzt sieht, lassen zumindest erhebliche Bedenken gegenüber der Praktikabilität einer derartigen generellen Haftungsnorm aufkommen[2]. So scheint sich auch die Entwicklung in Europa eher auf eine Vereinheitlichung des Kfz-Haftpflichtrechts als auf die Einführung einer generellen Gefährdungshaftung zuzubewegen.

---

[1] *Boré*, JCP 1971.I.2369, Nr. 1.

[2] Vgl. jedoch *Hübner*, Die Haftung des gardien, S. 162, 182 f., der für eine Generalklausel plädiert.

Beispiel ist hier insbesondere der Entwurf eines Europäischen Übereinkommens über die zivilrechtliche Haftpflicht für die durch Kraftfahrzeuge verursachten Schäden, der vom 25. 1. 1971 datiert und der nach dem Beschluß der Ministerbeauftragten des Europarats anläßlich der 52. Sitzung des Ministerrats im Mai 1973 in Straßburg zur Zeichnung aufliegt[3]. Ob dieses Übereinkommen, das eine strenge Gefährdungshaftung für den Kfz-Halter vorsieht, für die Bundesrepublik Deutschland gezeichnet werden wird, steht augenblicklich noch nicht fest. Hier werden noch Untersuchungen darüber erforderlich sein, in welchem Umfang sich bei der Annahme dieses Übereinkommens Auswirkungen auf die Höhe des Schadensaufwandes der Haftpflichtversicherer und damit der Versicherungsprämien ergeben können. Selbst wenn dieses Übereinkommen für die BRD gezeichnet werden sollte, ist jedenfalls damit zu rechnen, daß die Vorbereitung des Entwurfs eines Zustimmungsgesetzes sowie die Beratung des Gesetzentwurfes durch die gesetzgebenden Körperschaften längere Zeit in Anspruch nehmen wird. Entsprechendes scheint für die Situation in Frankreich zu gelten.

Es wird daher die Diskussion um das ob und wie einer neuen Regelung weiterhin andauern und in Frankreich die bisherige Kritik an den geltenden Regelungen weiterhin ausreichend Nahrung finden.

---

[3] Nach Art. 2 des Entwurfs setzt eine Haftung grundsätzlich voraus, daß der Schaden durch ein Kfz verursacht wurde und ferner, daß dieses Kfz „in Bezug zum Verkehr" stand. Damit kann an die obigen Ausführungen zu den Merkmalen „bei dem Betrieb eines Kfz" angeknüpft werden. Eine Entlastungsmöglichkeit des Halters für unabwendbare Ereignisse ist — außer bei Verschulden des Verletzten — nicht vorgesehen. Der Halter wird daher oft auf den Regreßweg verwiesen sein. Bei Beteiligung mehrerer Kfz am Schaden wird der Beitrag unter dem Gesichtspunkt der Kausalität festgestellt.

Zitierweise und Abkürzungen

Die zitierten Kommentare, Lehrbücher, Monographien, Aufsätze und sonstigen Publikationen sind im Literaturverzeichnis in alphabetischer Reihenfolge der Autoren aufgeführt. Damit der Anmerkungskatalog entlastet wird, werden sie in den Fußnoten vielfach nur nach Autor und Seitenzahl oder, wenn ein Autor mehrfach vertreten ist, mit angegebenem Kurztitel oder Hinweis auf die Fundstelle zitiert.

Für das deutsche Recht wird für die in der Arbeit verwendeten Abkürzungen zugrunde gelegt:

Kirchner, Abkürzungsverzeichnis der Rechtssprache, 2. Aufl., Berlin 1968.

Für das französische Recht gilt das folgende Abkürzungsverzeichnis:

I. Abkürzungen der Entscheidungen

Cass.	= Entscheidung des französischen Kassationsgerichtshofs
Cass. civ.	= Entscheidung eines Zivilsenats
Cass. req.	= Entscheidung der (heute nicht mehr bestehenden) Chambre des Requêtes
Cass. crim.	= Entscheidung eines Strafsenats
Cass. com.	= Entscheidung des Senats für Handelssachen
Cass. ch. réun.	= Entscheidung der Vereinigten Zivilsenate des Kassationsgerichtshofes
Cass. belge	= Entscheidung des belgischen Kassationsgerichtshofes
concl.	= conclusion (Stellungnahme des Generalanwaltes)
Cons. d'Etat	= Entscheidung des Conseil d'Etat
Lyon	= Entscheidung eines Appellationsgerichtes (hier z. B. Cour d'appellation de Lyon)
rapp.	= rapport (Bericht des von dem Senat ernannten Berichterstatters)
Trib. de ...	= Entscheidung eines Gerichts erster Instanz

II. Abkürzungen der Zeitschriften und Gesetze

Bull. cass. I, II	= Bulletin civil des arrêts de la Cour de Cassation, 1. und 2. Senat
C.c.	= Code civil
chron.	= chronique

D	= Recueil Dalloz de doctrine, de jurisprudence et de législation
D C	= Dalloz, Recueil critique de jurisprudence et de législation
D H	= Dalloz, Recueil hebdomadaire de jurisprudence
D P	= Dalloz, Recueil périodique et critique de jurisprudence, de législation et de doctrine
Gaz. Pal.	= Gazette du Palais
J A	= Jurisprudence automobile
JCP	= Juris Classeur Périodique, La semaine juridique
J T	= Journal des tribunaux (belgisch)
Pas.	= Pasicrisie belge, Recueil général de la jurisprudence des cours et tribunaux et du Conseil d'Etat Belgique
Rev. crit.	= Revue critique de législation et de jurisprudence
Rev. gén. ass. et resp.	= Revue générale des assurances et des responsabilités (belgisch)
Rev. gén. ass. terr.	= Revue générale des assurances terrestres
Rev. int. dr. comp.	= Revue internationale de droit comparé
Rev. trim. dr. civ.	= Revue trimestrielle de droit civil
S	= Sirey, Recueil général des lois et des arrêts

Literaturverzeichnis

I. Verzeichnis der französischen Literatur

Aubry et *Rau:* Cours de droit civil français, 6. Aufl., Bd. 6, Les obligations, Bearbeitung von Esmein, 1951 (zitiert: Aubry/Rau/Esmein)

Aydalos: Conclusions in D 1964, 733 ff.

Bancal: L'application réciproque de l'article 1384 al. 1er à propos des accidents, JCP 1966.I.2039

Bedour: Précis des accidents d'automobiles, 5. Aufl., 1968 (zitiert: Bedour, Précis)

— Pour un droit spécial aux accidents de la circulation routière, Paris 1968

Besson: La notion de garde dans la responsabilité du fait des choses, thèse, Dijon 1927 (zitiert: Besson, La notion de garde)

Besson et *Picard:* La conférence sur l'assurance automobile — Questions de responsabilité, Rev. gén. ass. terr. 1964, 145 ff. (zitiert: Besson/Picard)

Blaevolet: Nouvelle orientation de notre système de responsabilité, D 1966. chron. 113

Boré: Le recours entre co-obligés „in solidum", JCP 1967.I.2126

— Les arrêts de la Chambre mixte du 20 décembre 1968 en matière de transport bénévole, JCP 1969.I.2221

— La causalité partielle en noir et blanc ou les deux visages de l'obligation „in solidum", JCP 1971.I.2369

Boulanger et *Ripert:* Traité de droit civil d'après le traité de Planiol, 4. Aufl., 1952 (zitiert: Boulanger/Ripert, Traité)

Capitant: Les fluctuations de la théorie de la responsabilité du dommage, causé par le fait des choses inanimées, D H 1927. chron. 49 ff.

— Les passages cloutés, D H 1931. chron. 18 ff.

Carbonnier: Droit civil, Bd. 1 und 2, 1957, 1959 (zitiert: Carbonnier I, Carbonnier II)

Carel: De la responsabilité civile au cas de pluralité d'auteurs fautifs, Gaz. Pal. 1959. doctr. 50 ff.

Chabas: L'influence de la pluralité de causes sur le droit à réparation, thèse, Paris 1965

— Remarques sur l'obligation „in solidum", Rev. trim. dr. civ. 1967, 310 ff.

— Bilan de quelques années de jurisprudence en matière de rôle causal, D 1970. chron. 113 ff.

Colin et *Capitant:* Cours élémentaire de droit civil français, 10. Aufl. 1959 in der Bearbeitung von J. de la Morandière (zitiert: Colin/Capitant)

Coste: Essai sur quelques problèmes de la responsabilité, JCP 1947.I.624

Dalcq: L'intérêt et le profit dans la garde, Rev. gén. ass. terr. 1956, 368 ff.

Dalloz: Répertoire du droit civil, Paris 1951, mit Ergänzungslieferungen

David: La notion du fait de la chose dans l'article 1384 al. 1er, thèse, Lille 1933

Demogue: Traité des obligations en général, Bd. 2 und 4, 1923, Bd. 5, 1925, Bd. 6, 1932 (zitiert: —, Traité II, IV, V, VI)

Dareux: De la réparation due par l'auteur d'une seule des fautes dont le concours a causé un préjudice, Rev. trim. dr. civ. 1944, 156 ff.

Esmein: Planiol et Ripert, Traité théorique et pratique du droit civil français, 2. Aufl., Bd. 6, 1952 (zitiert: Planiol/Ripert/Esmein, Traité)

— L'article 1384 du Code civil, est-il applicable à celui qui heurte une chose immobile? D H 1937. chron. 65 ff.

— Le nez de Cléopâtre ou les affres de la causalité, D 1964. chron. 205 ff.

— La théorie de la responsabilité civile et les arrêts de la Cour de cassation relatifs au naufrage de Lamoricière, Gaz. Pal. 1952. chron. 8 ff.

Favier: La relation de cause à effet dans la responsabilité quasi délictuelle, thèse, Paris 1951 (zitiert: Favier, La relation)

Flour: Les rapports de la responsabilité du fait des choses et de la responsabilité du fait d'autrui, Rev. crit. lég. et jur. 1935, 379 ff.

Fossereau: L'incidence de la faute de la victime sur le droit de ses ayants-causés agissant à titre personnel, Rev. trim. dr. civ. 1963, 9 ff.

Français: De la distinction entre l'obligation solidaire et l'obligation „in solidum", thèse, Paris 1936

Gény: Méthode d'interprétation et sources en droit privé positif, 1938

Goldmann: La détermination du gardien responsable du fait des choses inanimées, thèse, Lyon 1946

— Garde de la structure et garde du comportement, in Mélanges Roubier 1961, S. 515 ff.

Gorphe: Formations de la nouvelle jurisprudence sur la responsabilité des accidents, Rev. crit. lég. et jur. 1931, 177 ff.

Graulich: La responsabilité du fait des choses inanimées, in: Les cours de droit, Annex aux cours de droit civil 1948 - 49 par M. Le Balle

Hammel: Rapport général sur la responsabilité du fait des choses, Premier congrès international de l'Association Henry Capitant, Quebec - Montreal 1939, S. 593 ff.

Husson: Les transformations de la responsabilité, 1947, S. 138 ff.

Josserand: De la responsabilité du fait des choses inanimées, Paris 1897 (zitiert: —, De la responsabilité)

— Cours de Droit civil positif français, 3. Aufl., 1938 (zitiert: —, Cours)

— Les transports en service intérieur et en service international, à l'exclusion des transports maritimes, 2. Aufl., 1926 (zitiert: —, Les transports)

— Le travail de refoulement de la responsabilité du fait des choses inanimées, D H 1930, 5 ff.

— Le gardien de l'automobile, le voleur et la victime d'un accident, D H 1936. chron. 37 ff.

Juris Classeur: La responsabilité civile, hrsg. v. Houin und Breden, 1959, mit späteren Ergänzungen

Lalou: Traité pratique de la responsabilité civile, 6. Aufl. von Azard, 1962 (zitiert: Lalou/Azard)

— Les choses intertes et l'article 1384 § 1er, D H 1933. chron. 93 ff.

Laurent: Principes du droit civil français, Bd. 17 und 20, 1876 (zitiert: Laurent, Principes)

Locré: La législation civile, commerciale et criminelle de la France, Bd. 13, 1882

Marty et *Raynaud:* Droit civil, Bd. 2, Les obligations, 1962 (zitiert: Marty/Raynaud II)

Matter: Conclusions zu Cass. ch. réun. 13.2.1930, 1 1930.1.66 ff.

Mazeaud, H. et L.: Traité théorique et pratique de la responsabilité civile délictuelle et contractuelle, 4. Aufl., Bd. 1 1947, Bd. 2 1949, Bd. 3 1950 (zitiert: Mazeaud, Traité, 4. Aufl., I, II, III)

— — 5. Aufl., Bd 2, bearbeitet von Tunc, 1958 (zitiert: Mazeaud/Tunc II)

— — 6. Aufl., Bd 1, bearbeitet von Tunc, 1965 (zitiert: Mazeaud/Tunc I)

— — 6. Aufl., Bd 2, bearbeitet von Mazeaud, J., 1970 (zitiert: Mazeaud, Traité II)

Mazeaud, H.: Les grands arrêts de la Cour de cassation dans le domaine de la responsabilité quasi délictuelle du fait des choses inanimées, Cours de droit approfondi, Paris 1952/53 (zitiert: H. Mazeaud, Les grands arrêts)

— La faute dans la garde, Rev. trim. dr. civ. 1925, 793 ff.

— Le fait actif de la chose, Etudes de droit civil à la mémoire de H. Capitant, 1939 (zitiert: H. Mazeaud, Le fait actif)

Mazeaud, H. L. J.: Leçons de droit civil, 4. Aufl., Bd 2, 1969 (zitiert: H. L. J. Mazeaud, Leçons II)

Meurisse: Le déclin de l'obligation „in solidum", D 1962. chron. 243 ff.

— Les ayants-cause agissant à titre personnel, peuvent-ils se voir opposer la faute de la victime? D 1962. chron. 92 ff.

Page, de: Traité élémentaire droit civil belge, 2. Aufl., 1948, dazu Ergänzungsbände aus dem Jahr 1951

Philomenko: Essai sur la responsabilité civile, Etude de droit comparé français et belge, JCP 1937.I.22 ff.

Pierron: Un préposé peut-il devenir gardien? JCP 1958.I.1437

Planiol: Responsabilité du fait des choses, Rev. crit. lég. et jur. 1906, 80 ff.

Planiol et *Ripert:* Traité de droit civil français, 2. Aufl., Bd 6, bearbeitet von Esmein, 1952 (zitiert: Planiol/Ripert/Esmein VI)

— — Bd, 7 von Esmein, Radouant und Gabolde, 1954 (zitiert: Planiol/Ripert/Esmein u. a. VII)

Pleytel: La responsabalité partagée et la présomption de l'article 1384, Gaz. Paz. 1942. doctr. 7 ff.

Radouant: Du cas fortuit et de la force majeure, thèse, Paris 1920

Raynaud: Cours de droit civil 1967/68, Bd. 2, Les obligations (zitiert: Raynaud, Cours)

— La faute du gardien et la responsabilité du fait des choses inanimées, Rec. Acad. Législ. Toulouse, Bd. 1, 1952, S. 150 (zitiert: Raynaud, La faute du gardien)

Ripert: La règle morale dans les obligations civiles, 4. Aufl., 1949 (zitiert: Ripert, La règle morale)

Rodière: La responsabilité civile, 1952 (zitiert: Rodière, La responsabilité)

— Sur la présomption de la responsabilité du fait des choses inanimées, in: Le droit privé français au milieu du XXe siècle, Etudes offertes à G. Ripert, Bd. 2, S. 188 ff. (zitiert: Rodière, Sur la présomption)

— Les sources des obligations autres que les contracts, Extrait du Cours de Droit civil français de Ch. Beudant et P. Lerebourg-Pigeonnière, Paris 1952 (zitiert: Rodière, Les sources)

— De l'obligation de sécurité due par le gardien et ses degrés, Rev. trim. dr. civ. 1947, 409 ff. (zitiert: Rodière, De l'obligation)

Roubier: L'arrêt des chambres réunies du 2 décembre 1942 et la théorie générale de la responsabilité, JCP 1942.I.257 ff.

Salleiles: Les accidents de travail et la responsabilité civile, Essai d'une théorie objective de la responsabilité délictueuse, Paris 1897

Savatier: Traité de la responsabilité civile en droit français, 2. Aufl., Bd. 1 und 2, 1951 (zitiert: —, Traité I und II)

— Les métamorphoses économiques et sociales du droit civil d'aujourd'hui, 2. Aufl., Bd. 1, 1952 (zitiert: —, Les métamorphoses)

— La veuve et l'orphelin demandant raison à l'homme dont la faute a contribué à la mort de leur époux ou de leur père, peuvent-ils négliger la part de la faute de cet époux ou de ce père dans l'accident? D 1964. chron. 155 ff.

Schmelck: Conclusions zu Cass. civ. 18. 12. 1964, D 1965, 191 ff.

Starck: Essai d'une théorie générale de la responsabilité civile considérée en sa double fonction de garantie et de peine privée, thèse, Paris 1947 (zitiert: Starck, Essai)

— Les rayons et les ombres d'une esquisse de loi sur les accidents de la circulation, Rev. trim. dr. civ. 1966, 635 ff.

— La pluralité des causes de dommage et la responsabilité civile (La vie brève d'une fausse équation: causalité partielle — responsabilité partielle), JCP 1970.I.2239

Toulemon et *Moore:* Reflexions sur la responsabilité civile, Gaz. Pal. 1966. D.120 ff.

Tunc: La sécurité routière: Esquisse d'une loi sur les accidents de la circulation, Paris 1966 (zitiert: Tunc, La sécurité routière)

— Force majeure et absence de faute en matière contractuelle, Rev. trim. dr. civ. 1945, 235 ff.

— Force majeure et absence de faute en matière délictuelle, Rev. trim. dr. civ. 1946, 171 ff.

— Garde du comportement et garde de la structure dans la responsabilité du fait des choses inanimées, JCP 1960.I.1592

— Traffic Accident Compensation in France — the Present Law and a Controversial Proposal, Harv. L. Rev. 79 (1965/66), 1409 ff.

— Un bilan provisoire (mit anschließenden Stellungnahmen verschiedener Autoren zum „Projet Tunc"), Droit social, numéro spécial, févr. 1967, 71 ff.

— Sur un projet de loi en matière d'accidents de la circulation, Rev. trim. dr. civ. 1967, 82 ff.

Viney: Le déclin de la responsabilité individuelle, thèse, Paris 1965

Vray: A propos d'un petit bonhomme prématurément enterré: Le rôle passif en matière de responsabilité du fait des choses, Gaz. Pal. 1968. doctr. 131 ff.

II. Verzeichnis der deutschsprachigen Literatur

Adriani: Der Schuldbegriff in § 254 BGB, Leipzig 1939

Bezold: Das Verhalten eines beim Betrieb beschäftigten Dritten als unabwendbares Ereignis, DAR 1933, 97 ff.

Bienenfeld: Die Haftungen ohne Verschulden, Berlin 1933

Birkmeyer: Über Ursachenbegriff und Kausalzusammenhang im Strafrecht, Rostock 1885

Bloembergen: Auf dem Wege zur Abschaffung der Haftpflicht bei Verkehrsunfällen? DRiZ 1968, 34 ff.

Bode: Die Rechtsprechung des BGH in Kraftfahrzeughaftpflichtsachen, DAR 1960, 29 ff.

Böhmer: Das betriebsfremde Ereignis, RdK 1954, 177 ff.

— Überspannung an die Anforderungen der Sorgfaltspflicht gemäß § 7 Abs. 2 StVG, DAR 1956, 288 ff.

— Zum Begriff der erhöhten Betriebsgefahr, RdK 1950, 50 ff.

— Zum Schadensersatzanspruch des schuldlosen Kraftfahrers gegen den fahrlässigen Fußgänger, J R 1966, 92 ff.

— Zum Begriff „Umstände" i. S. des § 254 BGB, MDR 1962, 442 ff.

— Zum Begriffe „bei dem Betrieb" im Hinblick auf ein stehendes Kfz, VersR 1958, 587 ff.

— Kann § 829 BGB auch im Fall des § 254 BGB analog angewendet werden? MDR 1962, 778 ff.

— Hat die Schadensverteilung nach § 254 BGB nur nach dem Maß der Verursachung und des Verschuldens zu erfolgen? VersR 1963, 26 ff.

— Gedanken zur Ursachenabwägung nach § 254 BGB, MDR 1963, 731 ff.

— Zur Frage der Betriebsgefahr eines stillstehenden Kraftfahrzeuges, MDR 1957, 597 ff.

— Analoge Anwendung des § 7 StVG, MDR 1963, 184 ff.

Borgmann: Soll unser System der Zuteilung von Unfallschäden reformiert werden? ZRP 1973, 53 ff.

Brox: Allgemeines Schuldrecht, München 1969

Bürger: Der Artikel 1384 Abs. 1 Code civil und die Entwicklung der „théorie du risque", Diss., Würzburg 1964

Caemmerer, v.: Wandlungen des Deliktsrechts, in: Hundert Jahre deutsches Rechtsleben, Festschrift zum hundertjährigen Bestehen des deutschen Juristentages 1860 - 1960 (zitiert: v. Caemmerer, Wandlungen)

— Ausgleichsprobleme im Haftpflichtrecht in rechtsvergleichender Sicht, ZfRV 1968, 81 ff.

— „Höhere Gewalt", in: Rechtsvergleichendes Handwörterbuch für das Zivil- und Handelsrecht des In- und Auslandes, 4. Band, Berlin 1933, S. 239 ff. (zitiert: v. Caemmerer, Höhere Gewalt)

Clauß: Zur Lehre vom sozialadäquaten Verhalten, VersR 1963, 996 ff.

Das Bürgerliche Gesetzbuch: Kommentar hrsg. von Reichsgerichtsräten und Bundesrichtern, 11. Aufl., 1959 ff. (zitiert: BGB — RGRK [Bearbeiter])

Deutsch: Grundmechanismen der Haftung nach deutschem Recht, J Z 1968, 721 ff.

Deutsch: Privilegierte Haftung und Schadensfolge, J Z 1966, 705 ff.

— Fahrlässigkeit und erforderliche Sorgfalt. Eine privatrechtliche Untersuchung, Köln 1963 (zitiert: Deutsch, Fahrlässigkeit)

Dickertmann: Betrieb eines Kfz nach § 7 Abs. 1 KFG, DAR 1952, 81 ff., 97 ff., 113 ff.

— Zum entlastenden „unabwendbaren Ereignis", DAR 1957, 141 ff.

— Fehler in der Beschaffenheit und Versagen der Verrichtungen des Kfz nach § 7 Abs. 2 StVG, DAR 1956, 206 ff.

Dunz: Wesen und Grenzen des eigenen Mitverschuldens, J Z 1961, 406 ff.

— Fremde Unrechtshandlungen in der Kausalkette, NJW 1966, 134 ff.

— Abwägungskriterien bei der Schadensausgleichung, NJW 1964, 2133 ff.

Enneccerus/Kipp/Wolff: Lehrbuch des Bürgerlichen Rechts, 1. Bd.: Allgemeiner Teil des Bürgerlichen Rechts, 15. Auflage von Nipperdey, 2. Halbbd. 1959 (zitiert: Enneccerus/Nipperdey)

Enneccerus/Lehmann: Recht der Schuldverhältnisse, 15. Aufl. von Lehmann, 1958

Erman: Handkommentar zum Bürgerlichen Gesetzbuch, 4. Aufl., 1967 (zitiert: Erman/Bearbeiter)

Esser: Grundlagen der Gefährdungshaftung, München/Berlin 1941 (zitiert: Esser, Gefährdungshaftung)

— Grundfragen und Reform des Schadensersatzrechts, AcP 148 (1943), 121 ff.

— Die Zweispurigkeit unseres Haftpflichtrechts, J Z 1953, 129 ff.

— Lehrbuch des Schuldrechts, 3. Aufl., Teil I, 1968 (zitiert: Esser, Lehrbuch)

Floegel/Hartung: Straßenverkehrsrecht, 18. Aufl. von Jagusch, München/Berlin 1969 (zitiert: Floegel/Hartung)

Füchsel: Verkehrshaftpflichtrecht am Scheidewege, DAR 1961, 292 ff.

Geigel: Der Haftpflichtprozeß mit Einschluß des materiellen Haftpflichtrechts, 4. Aufl., München/Berlin 1969 (zitiert: Geigel, Haftpflichtprozeß)

— Unabwendbares Ereignis und höhere Gewalt, RdK 1950, 37 ff.

Gottschalk: Das mitwirkende Verschulden des Beschädigten bei Schadensersatzansprüchen nach dem BGB, Diss., Berlin 1903 (zitiert: Gottschalk, Das mitwirkende Verschulden)

Güllemann: Ausgleich von Verkehrsunfallschäden im Licht internationaler Reformprojekte. Untersuchungen zur Einführung einer obligatorischen Unfall- und Sachversicherung. Schriften zum Wirtschaftsrecht, Bd. 11, Berlin 1969 (zitiert: Güllemann, Ausgleich von Verkehrsunfallschäden)

Haberkorn: Zum Halterbegriff des § 7 StVG, MDR 1967, 453 ff.

— Anrechenbarkeit des Verhaltens nicht deliktsfähiger Personen nach § 254 BGB bei Verkehrsunfällen, MDR 1960, 554 ff.

Hauß: Der Haftpflichtschutz des Kraftfahrzeuginsassen in der neueren Rechtsprechung, in: Festschrift für P. Möhring, S. 345 ff., München/Berlin 1965

— Entwicklungslinien des deutschen Schadensersatzrechts, ZVersWiss 1967, 151 ff.

— Haftungsbeschränkung im Schadensrecht, DRiZ 1965, 160 ff.

Haueisen: Die Theorie der wesentlichen Bedingung — eine wichtige Ursachenlehre, JZ 1961, 9 ff.

Hippel, v.: Schadensausgleich bei Verkehrsunfällen. Haftungsvoraussetzung durch Versicherungsschutz. Eine rechtsvergleichende Untersuchung, Berlin/Tübingen 1968 (zitiert: v. Hippel, Schadensausgleich)

— Schadensausgleich bei Verkehrsunfällen — Umrisse eines neuen Systems, NJW 1967, 1729 ff.

— Entwicklungstendenzen des Schadensrechts, NJW 1969, 681 ff.

Hofmann: Minderjährigkeit und Halterhaftung, NJW 1964, 229 ff.

Hübner: Die Haftung des Gardien im französischen Zivilrecht, Karlsruhe 1972 (zitiert: Hübner, Die Haftung des Gardien)

Kamp: Zur Haftung ohne Verschulden des Kfz-Halters im französischen Recht, Diss., 1961.

Kämmer: Bemühen um eine Verbesserung des Systems der Entschädigung von Unfallopfern in England, VersR 1967, 12 ff.

Keller: Mitverschulden als Generalklausel und als Spezialkorrektur von Einzelhaftungsnormen im deutschen, schweizerischen und französischen Recht, Tübingen 1965 (zitiert: Keller, Mitverschulden)

Klauser: Abwägungsgrundsätze der Schadensverteilung bei Mitverschulden und Mitverursachung, NJW 1962, 3169 ff.

— Zum Begriff der „Umstände" i. S. des § 254 BGB, MDR 1963, 185 ff.

— Kriterien zur Bestimmung der Haftungsquote, NJW 1965, 1894 ff.

Larenz: Methodenlehre der Rechtswissenschaft, Berlin/Göttingen/Heidelberg 1960 (zitiert: Larenz, Methodenlehre)

— Schuldrecht. Allgemeiner Teil, Bd. 1 und 2, 9. Aufl., 1968 (zitiert: Larenz, Schuldrecht I und II)

Lehmann: Enneccerus/Lehmann, Schuldrecht, 14. Bearbeitung, 1958 (zitiert: Lehmann, Enneccerus/Lehmann)

Leyden, v.: Die sogenannte Culpa-Compensation im BGB, Berlin 1902

Marschall v. Bieberstein: Reflexschäden und Regreßrechte. Die Ersatzansprüche Dritter bei mittelbaren Vermögensschäden infolge vertraglicher und ähnlicher Beziehungen zum Verletzten, 1967 (zitiert: Marschall, Reflexschäden)

Müller: Straßenverkehrsrecht, 21. Aufl., 1959; 22. Aufl. von Full u. a., 1969

Müller-Stüler: Der Direktanspruch gegen den Haftpflichtversicherer, Karlsruhe 1966

Oftinger: Schweizerisches Haftpflichtrecht, 2. Aufl., Bd. 1: Allgemeiner Teil, 1958, Bd. 2, 2. Teil, 1962

Pesch: Ursache im Bürgerlichen Recht und in der gesetzlichen Unfallversicherung, NJW 1958, 1074 ff.

Rasehorn: Das Verkehrshaftpflichtrecht am Scheideweg, DAR 1960, 107 ff., und MDR 1961, 380 ff.

Referentenentwurf eines Gesetzes zur Änderung und Ergänzung schadensersatzrechtlicher Vorschriften, Bd. 1: Wortlaut, Bd. 2: Begründung, hrsg. v. Bundesministerium der Justiz, 1967 (zitiert: Referentenentwurf I und II)

Rinck: Gefährdungshaftung, Göttingen 1959

Rother: Adäquanztheorie und Schadensverursachung durch mehrere, NJW 1965, 177 ff.

— Haftungsbeschränkung im Schadensrecht, München 1965 (zitiert: Rother, Haftungsbeschränkung)

— Grenzen des mitwirkenden Verschuldens, NJW 1966, 326

Roth-Stielow: Ausweitung der Betriebshaftung durch Richterrecht? DAR 1958, 123 ff.

Rümelin: Schadensersatz ohne Verschulden, Tübingen 1910 (zitiert: Rümelin, Schadensersatz)

— Die Verwendung der Kausalbegriffe im Straf- und Zivilrecht, AcP 90 (1900), 171 ff.

Schmidt Reimer: Die Obliegenheiten, Karlsruhe 1953

Schneider: Der Fonds de Garantie Automobile im Rahmen des Schutzes der Verkehrsopfer. Arbeiten zur Rechtsvergleichung, Bd. 32, Ffm/Berlin 1967

Schlierf: Abwägungskriterien bei der Schadensausgleichung nach § 254 BGB, NJW 1965, 676 ff.

Schweizer: Schleudern und Rutschen eines Kraftfahrzeugs als „Versagen seiner Verrichtungen" i. S. des § 7 Abs. 2 StVG, VersR 1969, 18 ff.

Soergel/Siebert: Bürgerliches Gesetzbuch mit Einführungsgesetz und Nebengesetzen, 10. Aufl., 1967 ff. (zitiert: Soergel/Siebert/Bearbeiter)

Staudinger, v.: Kommentar zum Bürgerlichen Gesetzbuch mit Einführungsgesetz und Nebengesetzen, 11. Aufl., 1957 ff. (zitiert: v. Staudinger/Bearbeiter)

Thur, v.: Der Allgemeine Teil des Deutschen Bürgerlichen Rechts, 1910 ff. (zitiert: v. Thur, Der Allgemeine Teil)

Traeger, v.: Der Kausalbegriff im Straf- und Zivilrecht, Marburg 1904 (zitiert: Kausalbegriff)

Venzmer: Mitverursachung und Mitverschulden im Schadensersatzrecht, München/Berlin 1960 (zitiert: Venzmer, Mitverursachung)

Walter: Das Gleiten und Schleudern des Kfz als unabwendbares Ereignis i. S. des § 7 Abs. 2 des Kfz-Gesetzes, IRPrV 1933, 313 ff.

Weidner: Die Mitverursachung als Entlastung des Haftpflichtigen, Karlsruhe 1970

Weimar: Wann wird der Dieb eines Kfz zu dessen Halter? JR 1963, 378 ff.

— Mitverschulden des Verletzten und unabwendbares Ereignis, JR 1960, 12 ff.

Weitnauer: Nochmals: Ein verfehlter Angriff auf § 1 RHG, VersR 1962, 687 ff.

— Remarques sur l'évolution de la responsabilité civile délictueuse en droit allemand, Rev. int. dr. comp. 1967, 807 ff.

— Aktuelle Probleme des Rückgriffs des Versicherers gegen den Schädiger, DB 1968, 879 ff.

— Buchbesprechung zu „Unfallhaftpflichtrecht" von Wussow, NJW 1968, 194 f.

— Ist Schleudern oder Rutschen eines Kraftfahrzeugs als „Versagen seiner Verrichtungen" i. S. des § 7 Abs. 2 StVG anzusehen? VersR 1969, 680 ff.

— Zur Lehre vom adäquaten Kausalzusammenhang. Versuch einer Ehrenrettung, in: Revolution der Technik — Evolution des Rechts, Festgabe für K. Oftinger, S. 321 ff. (zitiert: Weitnauer, Zur Lehre v. adäqu. Kausalzus.)

— Aktuelle Fragen des Haftungsrecht, VersR 1970, 585 ff.

Weyers: Unfallschäden, Praxis und Ziele von Haftpflicht- und Vorsorgesystemen, Ffm 1971 (zitiert: Weyers, Unfallschäden)

Weyl: System der Verschuldensbegriffe im Bürgerlichen Gesetzbuch, München 1905 (zitiert: Weyl, System)

Wussow: Das Unfallhaftpflichtrecht, 10. Aufl., Köln u. a. 1969 (zitiert: Wussow, Unfallhaftpflichtrecht)

Wussow: Ist die Ohnmacht des Fahrers ein unabwendbares Ereignis? DAR 1952, 102 ff.

— Kann ein Minderjähriger Kfz-Halter sein? ZfVerswesen 1965, 177 ff.

Zitelmann: Das Recht des Bürgerlichen Gesetzbuchs, Allgemeiner Teil, 1900 (zitiert: Zitelmann, Das Recht des BGB)

Zweigert/Kötz: Die Haftung für gefährliche Anlagen in den EWG-Ländern sowie in England und den Vereinigten Staaten von Amerika, Tübingen 1966 (zitiert: Zweigert/Kötz)

Kolibri 360 GmbH
Ferdinand-Jühlke-Straße 7
99095 Erfurt, Deutschland
produktsicherheit@kolibri360.de

Druck:
CPI Druckdienstleistungen GmbH
im Auftrag der
Kolibri 360 GmbH
Ferdinand-Jühlke-Str. 7
99095 Erfurt